東洋文庫
835

平凡社

シャマニズム 2

アルタイ系諸民族の世界像

ウノ・ハルヴァ
田中克彦 訳

装幀　原　弘

目次

第十六章　供養祭　9
第十七章　死者の世界　29
第十八章　死者と生者の関係　50
第十九章　自然の主《ぬし》たち　73
第二十章　狩猟儀礼　93
女と野獣　98
狩人と野獣　104
森林動物の骨の保存　120
第二十一章　シャマン　133

シャマンの能力と素質　136
シャマンの諸霊　142
シャマニズムと動物界　148
シャマンの樹　162
白シャマンと黒シャマン　164
シャマンの叙品　167
シャマンの装束　180
シャマンの太鼓　202
シャマンの職能　214
第二十二章　供犠と供犠祭　235
原注　250
参考文献　268

訳者のあとがき　294
再刊にあたって　303
東洋文庫版へのあとがき　318

第1巻目次

序　説
第一章　世界像
第二章　大地の起源
第三章　人間の創造
第四章　世界の終末
第五章　天神
第六章　天神の《息子》と《助手》
第七章　出産と出産霊
第八章　星々
第九章　雷
第十章　風
第十一章　火
第十二章　神格としての大地
第十三章　霊魂崇拝
第十四章　死と物忌みと服喪
第十五章　死者の身支度
雑誌類略称
原注

本著作は一九七一年に三省堂より刊行された。

シャマニズム 2

アルタイ系諸民族の世界像

ウノ・ハルヴァ
田《た》中《なか》克《かつ》彦《ひこ》訳

第十六章　供養祭

トゥルハンスク地方のツングースには、追善のために特に定められた日もなければ、葬式後、故人の墓に詣《もう》でる習慣もない。かれらが死者を恐れるのは大変なもので、森を通って行くとき、葬地に近づいたことに気づくと、すぐに引きかえすとトレチャコフは書いている。だがたまたま近親者を葬った場所へやって来るようなことがあれば、そこにかけてある鍋の中に、燃えている炭・脂肪・煙草を入れる。(1)

ヤクートについてマークは同じことを述べており、ロシア人と接触の度合の深いものだけが、死後九日目、二十日目、四十日目に、死者のために饗宴《きようえん》を催すと指摘している。その際、追善用の料理を、部屋の隅のテーブルの上に一時間、ときにはもっと長く並べておき、あとは貧しい者たちに分けてやる。死者の《魂》は開け放った窓から入って食事にやって来るものと人々は信じている。追善の日どりと同じように、儀礼の方もまたロシア人から受け入れたものらしい。ロシア人もまた死者を祭に呼ぶとき、やはり窓を開き、死者が食事をすませた後、その残りを貧しい人たちに分けてやる。(2)

アルタイ系諸民族で、特定の日を定めて法要を営むのは、主として、キリスト教あるいはイスラム教の影響圏に入ったものである。前者に数えられるのは特にアバカン・タタールとアルタイ・タタールである。アバカン・タタールの風習は比較的古い性質のものであって、死後しばらくは、食事のたびに、死者にも一部を供《そな》える。食物や飲み物を火に投じて死者に供える特別の祭は死後三日目、七日目、二十日目、四十日目、それに命日に行なう。最後の二つの追善日には多数の近親者や隣人が食べ物をもって食事に集まり盛大に行なわれる。故人のための食物は特別の器に入れる。儀礼は通常夕刻に始まり――夜は死者が出歩くときである――翌日まで続いて、その日は墓地へ行く。墓の傍らには火を燃やして、死者をもてなす。アバカン・タタールは、死後四十日目に、その間誰も用いなかった死者の愛馬を屠《ほふ》るという。その肉は墓地で食べ、馬の頭蓋は墓地の傍らに立てた棒の先に突き刺しておく(3)。

ベルチルは近親者の死後三日目、七日目、二十日目、四十日目以外にも、半年および一年目に追善を行なう。三日目と二十日目には身内の者だけが死者の家へ集まり、食事を始めるにあたって、死者を回想しながら食物や飲み物をかまどの火に投ずる。近親者が死者に食物をもって来る七日目には墓地へも行く。葬った場所の頭の側に火を燃やした後、すべての参会者から肉を一切れずつ集めて特別の器に入れ、同時に、一人ずつの容器から少量の火酒を、特別の盃《さかずき》にそそぐ。さらに各人は「この火酒を飲み、食べ物を食べてください」と言って、火酒を墓の上に少しずつ三度そそぐのが義務である。それから、上に述べた皿と盃を墓塚の上に置いて、今度は死者の家族と近親者自身が食べたり飲んだりする。終わりに、死者にあてた酒盃は火にそそいで空《から》にするが、肉の皿の方は三つかみだけ、火に投じて、残りはみなで分ける。墓から帰って来ると、食事は死者の家で続行する。ベルチル人は死後四十日目、半年目、一年目にこのようにして追善の供養をするのである。最後に墓地を離れるとき、寡婦は東から西へ三度墓のまわりをまわって、「もう行きますからね」と言う。現地の慣例によれば、寡婦はこれを行なった後は自由となり、新たな結婚生活に入ることができる。(4)

サガイ人とカルギンズはほとんど同じようなやり方で供養を行なう。墓地では棺《ひつぎ》の頭にあたる方で、供養のために屠った動物の骨も燃やすが、その骨は決して壊してはならないといわれる。上に述べたとき以外にも、カルギンズは春、郭公《かっこう》の声を聞き始めるとすぐに、故人のことを偲《しの》んで祀《まつ》る。(5)

テレウートは死後七日目、四十日目、および命日にのみ供養（üzüt-pairamy, pairam＜ペルシア語でbairam祭）を行なう。当日は、家で死者にも遺族にも食事を作る。食器は窓に置き、あとで庭の、棺を作った場所へ移す。そのとき、食事を運んで来る者は「生前あんたは自分で食べたが、死んだ今はあんたの《魂》(sünä)が食べる」と言う。それから、死者に供えた分は犬どもにやる。(6) 死後七日目に、テレウートは死者の愛用馬を屠ってあの世で使えるようにと、とどけてやる。死んだ当日、馬はすでに家へ連れて来て、その背に高価な覆いと布を着せ、たてがみと尾に絹のリボンを結んでおく。野辺送りには、死者を乗せた橇《そり》か車の前につなぐ。埋葬後七日間は、馬はずっと鞍《くら》をはずさず、前述の覆いをかけたままで飼われ、次いで近親者や隣人の家を引きまわされる。そのとき、みなは馬に燕《えん》麦《ばく》を、馬子には茶と火酒をふるまわねばならない。それから馬を屠り、その鞍と覆いは貧しい人たちに分けねばならない。馬は死者のものになると信じられているにもかかわらず、ときによると馬そのものまでふるまってしまうことがある。(7)

死後七日目と四十日目には、近親者は供物《くもつ》用の食物と火酒をたずさえて墓地へも行く。墓のそばでは、二か所で火を燃やし、死者の頭の側には、死者のために小さな火を、その反対側には参会者のために大きな火を燃やす。小さい方の火には、死者に供える食物を投ずる。テレウートは、死者（üzüt）は火をなかだちにして、分け前を取りに来るものと信じているという。儀礼が終わった後、会衆の中の最年長者が火を踏み消して、「おまえの火を消して、その灰にうどんのご馳走をかけてやろう」と言う。四十日目の法要にはいわゆる住居の祓い浄めが行なわれる。そのためにはシャマン（カム）を招《よ》ばねばならない。シャマンはいろいろと儀礼を行なって死者を見つけ出し、追い払うしぐさをする。指で太鼓を打ち鳴らしながら住居の隅から隅まで捜して、やっと死者を捕えると前庭におどり出て、「サウ sau」と絶叫する。すぐにシャマンは死者をいざなって、かれのために《こしらえた樹》（棺）のところへ行き、かれのために《掘られた大地》（墓）に横たわるよう勧める。人間の生命を奪う死の使いアルダチ aldačy もまた死者と一緒に追い出す(8)。

死者が身内の者と別れるのを特にいやがる場合には、もっと偉いシャマンを求めて遠くまで出かけて行って、死者を追い払ってもらうのが、アルタイ人の習わしであるとラドロフは述べている。一八六〇年のこと、ラドロフはケンギ湖畔で、死後四十日目に天幕の浄《きよ》めが行なわれ、死んだ女の《魂》を捜し出して追い払うありさまをみずから目撃する機会があった。夕闇が迫るとともに、外で太鼓の音が響くと、シャマンは百歩ほどの間隔をもって、天幕のまわりを環を描いて歩みながら、単調な歌をうたう。シャマンは、次第に環をせばめて行って、やがて天幕の壁の外側にぴったりと沿って歩み、最後には燃えさかるかまどの火に照らし出されながら、天幕の戸口から入って行く。シャマンは太鼓の表も裏も煙にかざしてから、戸口とかまどの間に坐ると、次第に歌はだんだん静かになり、太鼓をたたくのもまばらになり、やがてはかすかに悲歎の声が聞こえるだけになる。シャマンは注意深く立ち上がると、ゆっくりかまどのまわりをめぐり、死んだ女の名を呼びながら、まるでその女を捜すかのようにあたりをうかがう。「ときどきシャマンは女の声色をまねながら、私を身内の者から引き離さないでおくれと、涙まじりに切々と哀願するようすを裏声で話す」。死の国へ至る道は遠く、それを一人ぽっちで歩きとおすのは恐ろしいことであって、死者は身内の者と別れたくないのである。シャマンは手に太鼓をもって、隅から隅へと死者を追いつめて行き、やがて太鼓とばちの間に魂をはさむと、太鼓で地面に押さえつけることに成功する。死者は今や天国に導かれ、太鼓の音はいよいよ沈痛に響く。最後にシャマンがひときわ強く太鼓を打ち鳴らすと、これによって、シャマンが魂をもって目的地に到着したことが明らかになる。ところがシャマンと死の国にいる近親者たちとの話し合いを聞いてみると、前に死んだ者たちは新しい魂を仲間に迎えることを拒んでいる。そのときシャマンは死者らに火酒をふるまい、これもまた儀式の中で表現するのであるが、こうして死者たちが酔っぱらっているすきに、魂を死者たちの間にうまくすべり込ませることができるのである。それからシャマンは跳びかつ叫びながら、ついには「全身汗を浴び、意識を失って地にくずおれる」までになって、この世にもどり着くのである。[9]

シャマンのやり方は、人によって少しずつ違いがあるという。ときには、魂がシャマンの手を逃れて、天幕へ舞いもどってくることもあり、こうした場合、仕事はまた一からやりなおさなければならない。シャマンによっては、死者の魂につき添って行くとき、死の国の住人に気づかれることがないように、顔に煤《すす》を黒く塗りつける。[10]天幕を浄める儀礼の助手としてヤユク・カン jajyk-kan あるいはナマ Nama（洪水の王）もしばしば呼び出され、そのときにシャマンは押し寄せる水のざわめきをまねる。ナマの役目は、死者があの世へ連れて行く家畜を追いやることでもある。ところによっては死者を表わす鶏を、死の床に結びつけて、それをシャマンが追いたてる。死の使いアルダチは、天幕の中で杜松《ねず》を燃やすことによって追い払う[11]。

アルタイ地方の住民は、元来は特定の時期に供養を営むことはしなかったし、死者の仲間に入ることを恐れて墓地に近づかぬよう警戒していたとするポターニンの主張はたぶん正しいであろう[12]。それに反して、北方民族のもとでよく見られ、それがシャマンの最も重要な役目と考えられている、生者の世界から死の国への死者の搬出は、きわめて古い起源のもののように思われる。しかし、これを四十日目の供養と結びつけたのは明らかに後代に始まったものである。

大部分がキリスト教化しているヴォルガ沿岸のチュワシもまた、特定の日に供養を行なう。死後三日目にはすでに、かれらの習慣に従って、山羊とか鶏とかが前庭の、しかも棺を作った場所で屠られる。食事が始まると、まず最年長者が、次いで他のすべての者が、年の順に死者に一口ずつ供える。食物はやはり前庭の門から外へ投げる。大多数の近親者が集まるのは七日目が最初であり、次は特に四十日目である。そのときはろうそくや食物をもって来て、一晩中故人をもてなすのである。ある者は、死者を食事に招ぶために、鈴の音を響かせながら橇や車に乗って墓地までやって来る。そこへ着くと、まるで生きている人間に話しかけるように死者と話をし、家へ帰って、かまどの傍らに坐り、からだを温めたらどうかと勧める。炉ばたのテーブルの上には、死者のために空の食器と盃が並べられ、近親者たちは供養の食事を食べ始めるとき、順々にその中に食物と飲み物を入れるのである。食器の縁には、ときとして小さなろうそくに火をつけて立てることもある。死者をもてなすために、歌をうたい、遊び踊る。そのほかに、チュワシの場合は、ヴォルガ沿岸のフィン系諸民族と同様に、遺族の代表に選ばれた一人が、夜中に故人の服を着るという習慣がある。夜明けを迎えると、死者は再び、連れて来たときと同様、盛大に墓地へ送りとどけられる。死者と一緒に食事もまたそこへとどけるが、供養のために殺した馬の頭、あるいは頭と脚、死者が身につけていたシャツ、ズボン、靭皮《じんぴ》の靴、それに食器、ひしゃく、皿、さじなどのようなさまざまな品物もそこへもって行く。ときには墓穴のそばでも、歌ったり踊ったりすることがある。一方、家に残った者は、故人に食物を供えたテーブルを路上に出して饗宴を続行しているうちに、とうとう誰かが踊っているはずみにテーブルをひっくり返して、そこへ犬どもが食物めがけて殺到して来るといったようなことでお開きになる[13]。

　チュワシは上に述べた日のほかにも、特に初めのうちは毎木曜に死者を供養する。さらに死んで間もない者には、十月の第一木曜、あるいは十月中のその他の期日に行なう通常の供養の間、特別の注意を払う。そのとき、死者の性別によって馬か牛、ときには仔牛か仔山羊を屠り、ビールを大量に醸《かも》す。一般に故人が生前中により多くの尊敬を受けていれば、準備もそれだけ大がかりとなる。準備が整うと、死者の近親者たちのある者は馬に馬具をつけ、首環の木に数多くの鈴をつけて森へ入って行く。火酒、焼いた鶏、小さな卵菓子、一枚のフェルトの敷物もまたもって行かねばならない。森の中に適当な菩提樹が見つかれば、男たちはそれを伐《き》り倒して、長さ二フィートの柱を作り、上端には彫刻をほどこす。柱にはもって来たフェルトの覆いを巻きつける。食物はみな森に放置しておくが、火酒は死者の平安を祈って、わずかだけ地にそそぐ。家へ帰って来ると男が四人がかりで覆いの中に巻き込んだ柱を、まるで死者を扱うかのように部屋へ運び入れて、壁ぎわの長椅子の羽布団の上に載せる。ただちに死者の衣類を、たとえば、故人がおとめならばその頭巾を、柱に着せる。次いで部屋の中ではゲームと踊りが始まり、ある者は涙にくれる。あとで、家族と近親者はその柱をもって墓へ行くが、そのとき、いろいろな食物ももって行く。柱は死者の墓に、「ちょうど故人のための住まいのようにして」立てる。墓地で行なったように、家に帰っても夜どおし祀り、食べる。(14)

イスラム教に移行したテュルク系諸民族もまた、特定の期日に供養を行なう。もっとも儀式そのものは、たいていすこぶる質素なものである。ロシアのタタールは、死後三日目、七日目、四十日目に死者の追善を行なうが、特に四十日目には、広い範囲の親族が死者の家に集まる。(15) さらに東テュルク諸族の供養日は二十日目と命日である。(16) 同じ期日に、カサック［カイサック］・キルギスもまた供養をするが、かれらの場合、特に興味深い習慣がいくつか残っている。たとえば喪中はずっと上座に鞍を置き、鞍の留金には死者の服、頭巾、帯をかけておく。若い男を祀る場合は、さらに一本の槍《やり》を立てかけ、その尖《さき》に赤いリボンを結ぶ。槍は天幕の上から尖がのぞくように、天幕の中央に立てかける。命日になって初めて「よい人間」がそれをとって折る。主婦とその娘は槍を握って泣き、渡すまいとするが、男はそれをもぎとって折ってしまう。それからさかんに火をたいて、槍はその中で燃やしてしまう。槍をとり去った報酬として、男は主婦から新しい外套をもらう。別の習俗を伴う供養日を挙げれば、七日目に故人の愛馬の尾を断ち切って、原っぱに投げる。四十日経つと、かまどの傍らの上座に小さな灯火をつける。どの供養日にも、とりわけ命日には、人々をもてなして食事を分かつのが普通である。[17]

やむをえず喪中に転居しなければならない場合には、故人の馬の尾に赤い布を結び、鞍は前を後ろにして背に載せる。鞍の留金には故人の外套と頭巾、それにかれの火打石銃と刀とを吊るす。馬はそれから故人の寡婦、あるいはそれが存命していない場合は、その娘が引いて行く。一方、妻が死んだ場合は、鞍はらくだの背に載せて、衣服と布でおおう。娘あるいは嫁がらくだの綱を引いて行く。一年後、故人の馬を殺す場合、骨が壊れないように注意しなければならない。

カサック・キルギスが供養を行なう場合には、競馬も催される。入賞者が故人と同じ村（ウルス）の住人である場合、賞品は故人の天幕に運び入れられる。一着の馬には賞品に馬三百頭、あるいは牛三百頭が与えられることがある。ラドロフは競馬に出される十種類の賞品を挙げている。「第一は、あらゆる必要な家具をそなえた、赤い布でつくった小さな天幕であった。天幕の前には、頭にセユケレ säükälä をつけて、花嫁衣裳に身を飾った少女が鞍を置いた馬に乗っていて、そのほか天幕の傍らには、いろいろな種類の家畜（らくだ・馬・牛・羊）五十頭ずつがあった。第二の賞は洋宝《ヤンポ》銀貨十枚と、各種家畜十頭ずつ、等々。第十位は馬五頭であった」。そのほか、さまざまな種類のすもうが行なわれる。競馬とすもうは、トルファン・テュルクの場合にも、故人が男であれば追善供養日にも行なわれる。[18] さらにこの風習はすでに古代ギリシアにも知られているし（たとえばイーリアス二三）、カフカス諸族にはごく普通である。[19]

カターノフは、中国西部のテュルク人の場合、先立たれた方の配偶者が、男は四か月、女は七か月と決められた喪の期間が満了する前に新しい結婚生活に入ろうとすれば、当人は水差し一杯の水を墓へもって行って、死者の頭のところへそそがねばならないと書いている。[20]

供養を営むべく定められた日は、したがって、キリスト教化した場合でも、あるいはイスラム化した場合でも普通は同じである。七日目ではなく、九日目に供養を行なうヤクートは、この場合ロシア教会のごく一般的な習慣に従っているのである。死者は四十日間は相変わらずもとの住みかと近いかかわりをもつという観念もまた、双方の宗教に共通している。ところによっては、四十日目の告別の祭を、死者が死の国へ旅立つほんとうの別れのときであるとすら考えている。こうした日どりが何にもとづくか明らかでないが、すでにキリスト教の初期において、キリストは四十日目に昇天したという観念が拡まっていた。死者に対する最後の特別の祭という意味での命日の祭は、おそらく、かなり古い起源をもっているのであろう。

ラマ教でキリスト教とイスラム教の四十日目にあたるのは、四十九日目すなわち七週目である。カルムクはこの期間中は、死者の魂に災いが起きないようにと、猟もしなければ家畜も屠らず、虫一匹も殺さないとパラスは述べている。つまりこの期間中、《魂》は地上をさまよい、それから四十九日目にやっと裁きの庭に立って、最終的に受けるべき処遇が決まるのである。だから供養の日には、死者に似せて作った紙の像を焼く習わしがある。[21]グブリンはラマ教化した「黄ウイグル」についても書いていて、かれらは四十九日に死者を偲んで、茶とパンを供えて「紙」を燃やすという。同時に死者を祀って灯明をあげる。[22]富裕なモンゴル人は、命日も営むという。上述のウイグル人は命日を三度も営み、第一回目は灯明を一つ、二回目は二つ、三回目は三つあげることになっている。[23]

ソヨートもまたこの四十九日の期間を知っていて、それぞれの七日目は神聖であると考えているらしいが、いろいろな点から見てそれは七週間だけである。というのは、その間は何物も、乳すらも死者の家からもち出して他の家へ持って行くなどとは、決して許されないからである。デルベトの見解によれば、この禁忌は、同じ数字が現われる日付に関するものである。たとえば故人が月の三日に死んだとすれば十三日、二十三日に、九日であれば十九日、二十九日には、死者の家から何物も持ち出してはならない。このような観念と習慣はもちろん、外来文化の影響の現われである。[24]

アムール流域では、供養祭にはシナ的特徴が目につく。ゴルドの場合、シナと同様、各地で、夫の死後しばらくは、妻は墓地で夜を過ごし、夫の墓で眠るのが習わしである。家では、特にそのために作った白いクッションが死者を表わしていて、埋葬後七日目、あるいは、ときにはそれより早く作って、故人の寝台の上に置いておく。故人が男なら、クッションの上にその服と頭巾を、女の場合なら、特にその装身具を載せておく。こどものときなら、もちろんその玩具である。ゴルドはこのクッションをファニャ fania〔фаня—アニシモフ〕と呼び、それは死者ときわめて近い関係にある。食事のたびごとにファニャの傍らに茶碗を供える。眠りに就くとき、寡婦はファニャを抱いて同じ布団に入る。ファニャの前には、胸に穴を開けたもう一つの木製の霊像（アヤミ・フォニャルコ ajami-fonjalko）を置く。供養をするときは、煙草を詰めて火をつけたきせるをこの穴へ挿し込んでやる。[25] このようにして、ファニャは「大供養日」まで引き続いて大切にするが、その日が来ると焼いてしまう。

ゴルドの供養祭のうち、二つは特に注目に値する。一つはニムガン nimgan と称し、行なわれる場所はまちまちであって、時も葬儀後七日あるいはもっと後に、ときには二か月後にさえ行なわれるというふうにまちまちである。もう一つは、やはり「大供養祭」とも称されるカサタウリ kasatauri である。この後者の供養祭に行なわれる最も重要な儀式は、死者の冥土への送り出しである。ニムガンの場合と同じように、この祭の日どりは正確には決まっておらず、身内や近親者が自分たちでとり決めるのである。日どりを早めようとする者もあれば、一年あるいはそれ以上もずらせようとする者もいる。その日まで月に一度小さな追善を営み、その日は日暮れに食物と水飲み容器をファニャの前に並べる。(26)

ゴルドはニムガンの準備をするとき、この祭につきもののパンを焼くが、その一つは鳥の形に作り、その他いろいろな食物を作る。そのときシャマンも招ばれてファニャの傍らに座を占める。ファニャに火酒と葉たばこを供え、アヤミ・フォニャルコの胸に火をつけたきせるを入れて、女たちは前庭に、東西二つに戸口のついた天幕を立てる。それからこの天幕の中にファニャをもち入れて、清潔な靭皮の敷物の上に据える。二つの入口の前にはそれぞれ火を燃やすが、東向きのは《大地》の側に、西向きのは《死者の国》(ブニ buni)の側にあたる。女たちはさらに乾草でムグデ mugde という人形を作って、それに故人の服を着せる。それがすむと、シャマンも装束を着て、天幕に入って来る。喪意を表わすためにシャマンは白い帯をしめ、その他の者は弁髪に白いリボンを結ぶ。そのほか通常の慣習によれば、参会者一同は手に柳の枝をもってやって来る。天幕、ファニャ、ムグデがしかるべく整えられているかどうかをあらためると、シャマンは故人の《魂》を捜し、それをファニャの中に入れようとする。初めのうち、シャマンはかすかに、とぎれとぎれに太鼓を鳴らすだけであるが、やがて自分の歌に合わせて、だんだん強く打ち鳴らしながら、諸霊（セオン seon）に助けを求める。同時に、諸霊を見ているような、そしてその答えを聞いているようなしぐさをする。参会者一同、注意深くシャマンの表情や所作を見守る中で、シャマンはただちに失神状態に陥り、再び回復すると跳びはね、またも魂を捜し始める。最後にシャマンは歓喜の叫びをあげて、手で何かをつかむような動作をすることによって、魂をつかんだとみなに信じ込ませるのである。魂が歩きまわっているうちに、傷ついたり病気にかかってしまっている場合には、ファニャに入れる前に、シャマンはそれを治してやらねばならない。魂はその後、クッションから逃げて行ったりすることもあるので、それをまた連れもどして来たときには女たちはファニャの前に食事を運んで来る。シャマンもまた「酒を飲んで一緒に喜んでくれ」と言って火酒をさし出す。ファニャにはまた、ただの水も供える。食事の残りと人形のムグデは最後に火に投じて燃やすが、ファニャはもとの家へもどす[27]。

最後の追善供養カサタウリの場合にも、同じような儀式が繰り返される。人がシャマンを呼びに行って火酒をさし出すと、シャマンはまず人差し指をその中につけて、自分の諸霊（セオン）の供物として、左手に数滴を振りかける。次にシャマンは装束を身につけて太鼓をとり、自分の諸霊に力添えを乞う。死者の家へ着くと、ひとまずそのファニャの傍らに坐り、それからニムガン祭に張った天幕へ運んで、もう一度二つの戸口の前で火を燃やす。それから人形ムグデを作り、故人の服を着せて、足が川下を向くように、流れの方向に向けてファニャの傍らに置く。シャマンはまずすっかり身支度をすませて、太鼓を鳴らし、天幕の中に忍び込んでいるかもしれない悪霊を追い出してから、これもまた祭をやっている間に遠くへ行ってしまっているかもしれない魂を捜し始める。シャマンしている間、シャマンは自分の諸霊と死者の国へ行く旅の道連れについて語り、太鼓を叩いて踊り、叫び声をあげる。また天幕のまわりも走りまわる。助手たちは急いでその後を追って、その長い帯に手をかけて引きとどめる。シャマンはやがて手に魂をつかんで天幕の中へもって来る。それから、故人の身内の者に、その魂のこれこれが故人の特徴にぴたり一致するかどうか尋ねながら、捕まえた魂がほんとうに故人のものであるかどうかを確かめる。見つけた魂が間違いないと確信すると、それをファニャの中に移し入れる。シャマンはファニャの前にひざまずいて、両手をその上に置いてから手の平を一吹きすると、魂が入る。魂が歩きまわっている間に怪我をしている場合には——悪霊が耳をそぎとったり、目をくりぬいたりすることがあるものだから——魔術を用いてそれを治すのがシャマンの役目である。また故人の魂がほんとうに治ったかどうかは、くじを引いて調べる。それから故人のもてなしが始まり、他の者も深夜まで供養の食物や酒の相伴にあずかる。故人を喜ばせようと努めるのは言うまでもない。最後に、シャマンは食物と火酒の残りを火に投げ入れ、女たちは天幕に寝床を運び入れて、その中にファニャとムグデを横たえる。次いでシャマンは寝床の傍らにひざまずいてファニャに語りかけ、眠るように勧めて、布団をかける。そのとき、シャマンと家族のうちの誰かが同じ天幕の中に眠るのである。

翌日、シャマンはもう一度装束を着て、太鼓を打ち鳴らすことによって、死者の眠っている魂を呼びさます。次いで、布団の中からクッションと像を取り出し、女たちは再び食事の準備をして、もてなしと饗宴は続行される。料理の一部分はやはり燃えている火に投ずる。夕刻になると、前日と同じように、ファニャを再び眠らせる。このようにして、最後の供養の最も重要な行事である故人を死者の国へ送り込む日まで、ときには何日も何日もこうして祭を行なう。シャマンはさらに、すでに朝のうちに歌謡をうたってファニャを食事にいざない、たっぷり食べよと勧めるが、ただし火酒は飲み過ごして酔っぱらえば、死者の国への旅の途中で遭遇する危険に打ち勝つ力を失うからと注意する。そうしてもてなしは夕方まで続く。日没になってやっと死者のおごそかなあの世入りが始まる。

この重要な行事を始めるにあたって、シャマンは歌い踊り、それから顔に炭ですじを描き――すなわちアルタイ人と同じような防禦手段を用いる――そうして激しく太鼓を打ち鳴らしながら、諸霊に力添えを呼びかけ始める。諸霊が自分のところに来て坐ってくれるようにと願って、シャマンはまるでそれらを呑み込んでしまうようにして、ただちに大きな口を開ける。それから頭を振り、跳ねまわり、諸霊（セオン）がその姿をとって現われる動物や鳥の身振りや鳴き声をまねる。これらの動物や鳥に、死者の国（ブニ）への道を教えてくれるよう頼んでから、特にそのために立てられた段をつけた樹に近づいて、その一番上の段まで登ると、あたりをうかがう。小手をかざしながら、死者の国へ通ずる道を確かめる。そのときシャマンは、ついでにみんなから尋ねられている秘密のものも見ることができる。いつアムール河は凍結するのか、この冬、雪は多いのか少ないのか、猟がうまくいくかどうかなども、シャマンに尋ねることができる。世界樹を意味しているとも言える、この段をつけた樹は、シャマンにとって一種の予見の塔である。

シャマンが天幕にもどって、再びファニャの前に坐ると、近親者たちは魂と一緒に旅立ってくれないかと頼む。するとシャマンは、ブッチュ bučču とコーリ koori に力添えを求める。ブッチュは翼のある一本足の人間の姿をしていて、コーリは首の長い鳥の形をしている。この二つに似せて木偶《でく》を

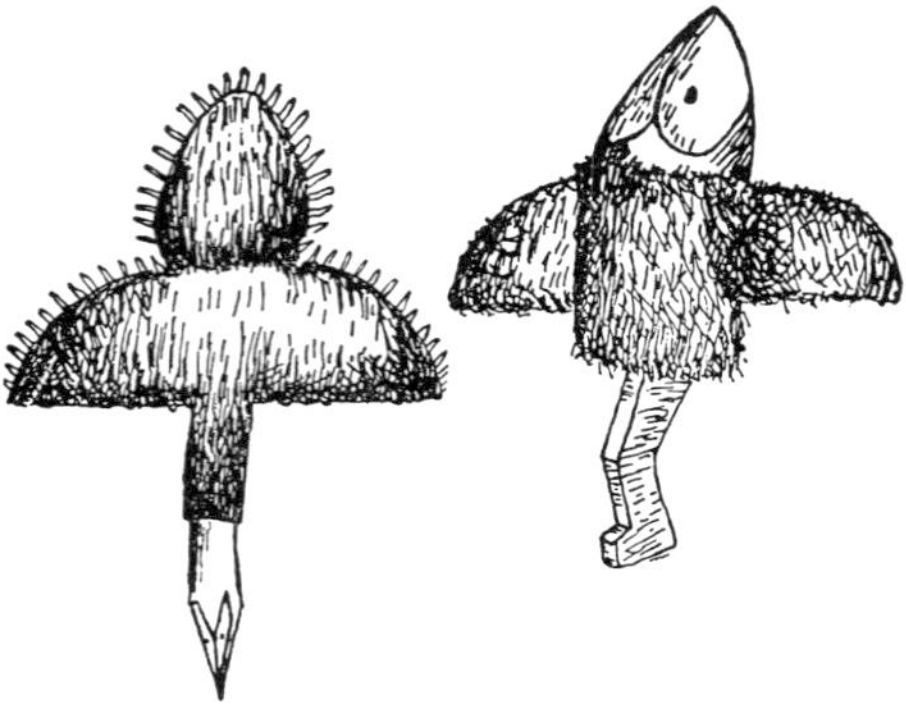

37（右）・38図　ゴルドのシャマンが死の国へ行くときに伴をするブッチュとコーリ。シムケヴィッチによる

作り、若いのろの毛皮を胴体にかぶせる（37・38図）。儀式の間、ブッチュはふつうは縦に、コーリは横にしてかけておく。いずれも、死者の国へシャマンが旅する間ずっとつき添い、同じところを一緒に進んでいるということである。さらに、コーリ鳥の助けがなければ、シャマンはどんなにしても死者の国からもどって来ることができないので、魂を死者の国へ送り出すとき、コーリ鳥だけはどうしても連れて行かねばならないといわれる。旅の最も難儀な部分を、シャマンはほかならぬこの鳥の背に乗って切り抜けるのである。

長い間、へとへとになるまで巫術《ふじゅつ》を行なった後、シャマンはシベリアの橇を表わした板の後ろに顔を西に向けて坐る。板の上にファニャ、ムグデ、それに食物を入れた籠が載せられると、シャマンは自分の諸霊を呼んで、大急ぎで橇に犬をつけるよう頼む。さらにもう一人の《下僕》に自分の後ろに乗るように勧める。それから犬に向かってかけ声をかけて走らせる。旅の道中で出会ったできごとや苦労話とか、死者と《下僕》との会話とかは、すべてシャマンの歌謡、身振り、声色《こわいろ》に映し出される。こうしてシャマンは参会者に、見たり聞いたり経験したことをすべて語るのである(28)。

橇を犬に牽《ひ》かせて、死者の国へ旅するのはアムール沿岸のゴルドだけであって、もっと北の方に住む者はトナカイに乗って旅をするとシムケヴィッチは指摘している。[29] トナカイはときに九頭も用いられることがあり、八頭までは故人の荷物を運ぶ。故人そのものが乗るのは九番目である。さらに、トナカイの《魂》はシャマンであると信じられているので、トナカイは故人を運んでいる間、危険な個所はみな避けて通っているのだと理解されている。[30]

シャマンとその従者が死者の国へ着くと、諸霊がやって来て、どこに住んでいるのか、誰に言われて来たのか、新来者は誰かなどと仔細に尋ねる。むろん慎重なシャマンは、自分や生きている者の名前は教えない。シャマンは前に死んだ近親者らに、この新しい魂をあずけると帰途につくが、道中の困難と危険はコーリとブッチュの助けで切り抜ける。旅行手段として犬を使うのは、往路では旅立ちのときに、帰路では旅の終わりだけである。この不思議な旅から帰って来ると、身内の者は、旅は上首尾だったか、死者の国はどうだったか、魂は手厚く受け入れられたかなどと尋ねる。シャマンは聴き手に対して、死の国から、誰それにはよろしくと伝言があったとか、たとえば黒てんのおみやげをもらって来たなどと、一部始終を話して聞かせる。黒てんのみやげをもらった者は、次に狩に出かけたとき、このようなものを手に入れるであろうという意味である。儀式が終わると、シャマンはファニャもムグデも火に投ずる。死者のためにとっておいた食物の籠も火に投ずる。同時に、シャマンの助手たちが草で綱を一本編むと、その一端はシャマンが、他端は死者の近親者たちがもつ。綱を火の上にかざすと、シャマンはそれを断ち切って、両端あるいは一方の端だけを火に投じ、残った部分は切り刻んで西の方向に投げる。これは、故人とその身内の間にあったすべての関係が最後的に断たれたことを意味する。近親者たちの義務もまた、ここにおいて切れる。死者は今後、遺族に何も要求することはできない(31)。

ロパーチンは、ムグデの像は単に死者を具体的に示す目的だけのために作られるということを指摘した。同時に、もてなしと祈願はファニャおよびそれと一緒に天幕に運び込まれて、ファニャの前に置かれるアヤミ・フォニャルコだけでなく、ムグデの像にも向けられているのだとロパーチンは述べている(32)。ファニャもムグデも、死者を代表しているのに対し、アヤミ・フォニャルコは死者の一種の守護霊であろうというロパーチンの指摘は文句なく正しい。だが、ゴルドの場合のように、死者を代表するものに、像とクッションという二つのものがある場合、そのどちらがより起源的であるかという問題が生じて来る。

この問題を論ずるにあたっては、像の方はいつも供養のときに一回一回新しく作るのに、クッションの方は喪の期間中ずっととっておくという事実に注目しなければならない。この習慣が西ツングース諸族のところにも存在したかどうかは知られていないが、少なくともイルティシ沿岸のオスチャークは、追善供養祭にクッションを寝床に置き、それは死者を代表しているのだとパトカノフは書いている(33)。トゥルハンスクのツングースは、シャマンが生者の世界から魂を連れて行かねばならなくなったときに初めて死者の像（ムグデ）を作るのである。その際、死者の像は、図から見られるとおり（39図）、イロロン irollon と呼ばれる木製のものにとりつけられる。それがどんなものなのか、私がツングースと話し合ったときも、残念ながらイロロンとはそもそも何を表わしているものか明らかにならなかった。

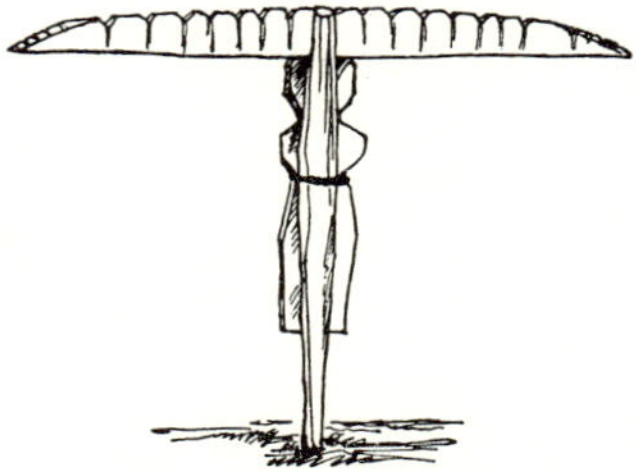

39図　西ツングース族が死者の《魂》をつける支柱イロロン

ラップもまた、死者に供物をする際に、その時々に応じて、特定の儀式的行事にだけ木偶《でく》を作る。だがそれは、喪の期間中ずっと死者の家にとっておく、本来の死者を表わす人形と混同してはならない。我々がすでに北方オスチャークと、隣接のサモエド人について知っている、このような死者の人形は、キルギス人もまた所有するところであったらしい。少なくともポターニンは、キルギス人の女は夫の死後、夫に似せた人形を作って、決まったときにその傍らに坐って泣き、日暮れになると自分の傍らに置いて一緒に寝床に入ると述べている[34]。プリクロンスキーはヤクートの死者礼拝について、こどもが死ぬと、牛か馬のひづめで人形を彫り、それに高価な毛皮を着せて銀の飾りをつけると述べている。この像には食物を供え、それは毎日とりかえる。このようにして、死んだこどもの霊が、不幸をもたらすことがないよう霊をなだめねばならない。この霊から逃れるために、ヤクートは、最後に人形を樹にあけた穴に入れ、それにいけにえを屠って供える[35]。古い資料には、小さな女の子の供養についてだけこういうやり方が述べてある[36]。だがこの伝承は、実際にいつでもこうした死者の人形が作られたと言っているのかどうかは確かでない。古い報告にもとづいてバンザロフが述べているところでは、最愛の人が死ぬと、その息子や娘、あるいは兄弟たちがそれに似せて像を作り、家の中に保存しておくという。人形の前には常に食事のお初のところを供えて接吻し、「これは私ども身内の誰それの像です」と言って祈る[37]。だが、この報告は、喪の期間が過ぎるとただちに破壊される本来の死者の人形を言っているのか、あるいは後の世代にも引き続いて尊崇の対象となる特別の死者のために作った木偶のことを言っているのかどうかは明らかでない。モンゴル人もまた死者の人形を知っていたことを示唆しているのは、最後の供養祭で燃やしてしまう紙の像である。死者の人形の使用がどれほど古いものかをうかがうには、チュクチもまた、革から死者の画像を切り抜いて、食事のときに脂肪と血をなすりつけて、あとでその墓で燃やすことを考え合わせてみなければならない(38)。

だが死者の人形を作るよりは、故人の衣服その他、故人の持ち物を最後の供養祭までとっておくことの方がより一般的である。この習慣はおそらく、起源はもっと古いであろう。死者の代表物と見なされるものには、特に着衣が多い。そのため、ラドロフの報告によれば、キルギスの女は天幕の中にとどまって七日間泣いて、死んだ夫の衣服の前で長い挽歌をうたう(39)。喪が明けて初めて縁が切れる死者の服は、チュワシやその他多くの民族、特にカフカス諸族の追善供養儀式では、重要な役割をになっている。たとえばチェルケス人は死者の衣服をクッションの上に置いて、さらにその上に武器もつけさせるが、「生きている者がつけるのとは順序を逆にしてつける(40)」。

第十七章　死者の世界

アルタイ系諸民族が死後の生活をどのように想像してきたかは、かれらの葬儀を見ればすでに明らかである。死者が衣服や食物をあてがわれ、家財道具、仕事道具、武器、旅行用品、さらに家畜まで持たせてもらうことから見て、あの世に行っても、こうした物をすべて用いると、みなが信じていることは明らかである。アルタイ人は、あの世へ行っても、種子を播《ま》き、家畜を飼い、火酒を飲み、牛肉を食べたりして、この地上と同じようにして暮すものと想像しているのだとポターニンは書いている。(1)アバカンのあるタタール人は、病気をしているとき、自分の死んだ身内の者の古めかしい天幕とその衣服を見た。(2)ブリヤート人は、死者は遺族が準備してやったままの食物や衣服などをもち、またあの世における暮し向きに応じて、徒歩でだったり、馬に乗れたり、あるいは車に乗れたりするものと説明する。死者もまた結婚式などのおめでたいお祝いごとをしたりもする。(3)マルコ・ポーロは、モンゴル人にあっては、息子や娘が冥土へ行くと、両親は死後でもかれらを結婚させてやれるのだと書いている。かれらはそうした場合、死者の姿や、馬などの動物の絵のほかいろいろな衣服、家財道具、お金を紙に描き、婚姻契約書と一緒にして焼く。こうしてやれば、死者たちは火によって持参金を受けとって、ほんとうにあの世で添いとげることができるのだと考えている。それ以後、死者の両親たちは、こどもたちの結婚式をすでにその生前にすましておいたかのように、たがいに親戚だと考えるようになる。[4] テレウートにおいては、寡婦と結婚した男は、あの世では女房なしとなる。なぜなら寡婦は前の亭主とくっついてしまうと信じているからである。[5] かつては、たとえば、カフカスのチェチェンにも、同じような考え方があって、再婚した女はもとの夫の持ち物であるから、死ねば男の親戚の者は、そのなきがらをもとの連れあいと一緒に葬るよう要求した。[6]

さらに、人はみな、冥土に行っても、生前にやっていたのと同じ仕事を続けるものと考えられている。たとえばシャマン装束一式をもらって行った、死んだシャマンは、引き続いて自分の大切な職務を遂行する。ブリヤートの職人もまたその腕前を忘れることなく、書記は冥土に行っても書き続けるのは、縫い子がたくみな針の運びを忘れないのと同じである。だから人並みすぐれた人間は、下界の王がその助けを必要としているので、常人よりは早く死ぬものだという。[7] ツングースは冥土で白樺樹皮の天幕に住み、狩や漁をし、あの世の大きな森の中でトナカイを飼っている。

ゴルドの同じような考え方は、とりわけシャマンが死者の魂をあの世（ブニ）へ送り出すときに行なう儀式と歌謡の中に反映されている。冥土へ行く道中の困難と危険を描写しながら、シャマンは下界へ行く途中の、それぞれ名前のついている数多くの場所について語る。最初のうち、道は一本であるが、あるところまで来ると、ゴルドの氏族の数だけの多くの小路《こうじ》に枝分かれする。向こう岸に冥土があると考えられている川を渡るのは、大変骨が折れる。器用で信頼できるシャマンだけが、魂を無事に対岸にとどけることができる。やがて折れた樹の枝とか、裂かれた樹とか、木《こ》っ端《ぱ》や足跡などのような、人が住んでいるしるしが見えるところまでやって来ると、死者たちの村はそう遠くないと思うのだ。犬の吠え声が聞こえ始め、やがて煙、小屋、トナカイなどの区別が目に映るようになる[8]。

ゴルドが考えている下界では、各氏族がそれぞれの居住地をもっているので、冥土への道は枝分かれしている。冥土への旅も、ある氏族には他の氏族の場合より遠く困難であったり、またその居場所も山や斜面であったり、深い森や底なし沼があったりして、道中が一層困難であったりするといわれる。冥土への旅には、やはりいろいろなやり方がある。犬に牽《ひ》かせて行くものもあり、トナカイに乗って行くものもある。冥土の景観とそのありさまは、明らかに地上のものを反映していて、場所によっていろいろであることは言うまでもない。だが、地下の生活はかなり快適であると考えられていて、そこには豊富な猟場や漁場があり、野生動物が多いので、捕獲は容易で暮しやすい[9]。

トロシチャンスキーが「下の方に」あると書いているヤクート人の冥土もまた、もとは同じ種類のものであったらしい。鹿を追っているうちに、そこへ迷い込んでしまった狩人は、ヤクート人のような姿をした人間に出会った。やはりヤクート語を話していたが、人間も、その天幕も、家畜も、樹までが小ぶりだった[10]。霊魂が小さなものであるという観念は、ユーラシアの多くの諸民族のもとで記録されている。ヤクートのもとでも、下界の霊魂はさまざまな氏族を代表しており、そこへ行くには川を渡らねばならないと、プリプーゾフは述べている[11]。ヤクートの伝説では、諸霊の居住地はふつう、北方のずっとはずれにある[12]。現地のことばでも、「北へ」というのと「下へ」というのとは同じ意味である。レナ河のみならずイェニセイやオビの渓谷で聞かれるこういう言い方は、これらの大河が北へ向かって流れていることに起因するのであろう。だがそうでなくとも、北の方角あるいは夜の方角は、死者の国の観念に特にぴったり合っている。トゥルハンスク地方のツングースが私に説明してくれたところによると、普通の場合は南に向けて天幕の入口を、北あるいは夜に向けておくと、死者がやって来て、家族の者をいろいろ煩《わずら》わすことになるという。もう一つの方角、西もまた、死者に捧げてある。とりわけ葬儀のときや死者への供《そな》え物をするときに、この方角になるよう気をつけねばならない。

北シベリア諸民族の原始的な見方は、さらにヤクートと隣り合って住む、ユカギールの場合に現われている。ユカギールもまた、死者はあの世で氏族ごとに分かれて、ふつう、地上と同じような天幕で暮しているものと考えている。冥土では各人は自分たちより前に死んで、遺族の守護霊になっている近親者の仲間に加わる。シャマンの歌謡から推しはかってみると、ユカギールの冥土もまた、水のかなたにあって、そこでは自分も影になっている死者が、動物の《影》を狩している。(13)

この影の世界を、アルタイ系諸民族は一般に地下の世界ではなく、《別の世界》（ヤクート語でアトン・ドイドゥ atgu［この表記は誤りであろう。例、ベートリンク атын］doidu）あるいは《別の国》（アルタイ・タタール語でオル・イェル ol jär あるいは pas̆ka jär）と呼んでいる。(14) 冥土の特異な点は、生活は地上と同じように営まれているのに、すべてが違った様相を呈していることであろう。この点で特におもしろいのは、シュレンクが書いているオルチャの冥土（ブン bun）であって、そこには、地上とまったく同じようにいろいろな民族がいて、それぞれの種族、それぞれの一家が別々にかたまって住んでいる。そこには太陽も月も星も輝いている。アムール河も流れているし、オルチャの故郷にあるような山もある。そのほか、動物も植物も地上にあるのとそっくりである。ただし、ただ一つだけの相違点は、冥土ではすべてが地上とは逆さになっていることだ。地上が昼のとき、冥土は夜だから、霊魂たちも眠っている。地上が夏ならば、そこは冬であり、そしてまたそれぞれその逆になる。そこで熊や魚がたくさんとれるときには地上では少ししかとれない。シュレンクは同時に、冥土のありかは、オルチャの観念では地下ではないと指摘している。[15]

あの世では、すべてがこの世と逆の関係にあるものと考えられている例は、その他の多くのアルタイ系諸民族にも見られる。たとえばベルチル人は葬儀のときには火酒の甕《びん》や、また馬を供える場合には馬勒《ばろく》を、[16]死者の左手にもたせるが、なぜそうするのかといえば「左手はあの世では右手だから」と説明する。古い墳墓の副葬品も同様の例を明らかにしている。アスペリンは北東ロシアのアナニーノ墓地で発掘されたある英雄の墓を記述して、死者は頭には尖《とが》った帽子、首には金属の飾りのある広い環をつけて、右側に短剣をつけていたと述べている。[17]同じ墓地を調査したフジャコフは、石に刻んだ男子像について述べ、「すべての民族の場合、武器は左側にもつのがきまり」であるのに、ここでも同じように短剣は右側にあったと述べている。フジャコフは同時に、チュワシは死者には生者とは異なったふうに着衣させるので、今日もなお、かつての習慣を守っていると指摘している。「死者の服は生者のとは異なって、右ではなく左でボタンを留め、刀は死者の右側の帯のところにつける」[18]等々。剣、あるいは短剣を死者の右側につける風習は、疑いもなく、死者は左ぎっちょであるという観念にもとをたどることができる。

特に広く見受けられるのは、冥土では我々の昼が夜に、また我々の夜が昼にあたるという考え方である。そのため、死者は夜出歩くと信じられているので、死者の供養は夜営むのである。オルチャもソヨートも、冥土には特別の太陽と特別の月があると考えている。[19]レヒティサロによれば、サモエド

［40図　エヴェンキ人の墓に伏せて置かれたフライパン。その下には円錐テントの覆いに用いる白樺樹皮の裂片が見られる。1962年、トゥゴルコフが撮影したもの］

人にあっては、冥土の太陽は西から出て東に沈む。一般に死者の方向は西、生者の方向は東と決まっている。地上の川の反映である、あの世の川は、この世の川と逆の方向に流れているという観念もまた存在している。死者にあてがわれた馬には、鞍を逆に置くというカサック・キルギスの習慣もまた、上に述べた事情を証明している[20]。

カターノフによれば、地上では逆さになっていると思われることがすべて、冥土ではまともなのだとベルチル人は信じている[21]。死者にあてがわれた道案内、道具、いれものなどは、通常、位置を逆にして墓に並べる習慣もまたここに由来する。カルヤライネンは、オスチャークもまた、「鍋や皿を逆さにして墓の中に並べる」と書いている（40図）。一般に、生者の国の上が、冥土では下にあたるように思われる。レヒティサロによれば、ユラークの場合、地上世界にそっくり対応している下界の人間もまた、足の裏を我々に向けている。樹の梢も天幕の屋根もまた、そこでは我々の目から見て下を向いている。同じ観念に、私はイェニセイ人のもとでお目にかかった。しかも、ラップ人もまた下界をこのように想像している。ルンディウスは『ラップ誌』Descriptio Lappinae《デスクリプチオ・ラッピナエ》において（六ページ）、ラップのシャマンが失神から我に返ったとき、「地下には、我々の方に足を向けて歩く民族がいる」と語ったと書いている。さらに地下の景観は、その森、山、川、湖水が地上の景観を逐一反映していると信じられているので、明らかにあの世は地上世界の鏡像である。上に述べた下界の諸特質は、もとは水に映った像の経験にもとづいているらしいと、私はかつて自著の中で指摘したことがある。[22] 冥土は「下方の」水のかなたにあるという観念もまた、たぶんここに根拠があるのだろう。

　さらにこのような鏡像に対応しているのは、地の上に重なっている天の層は、地下の世界にもその対応物をもっているというタタールの考え方である。確かに、ラドロフはアルタイ人の世界像を描写して、「上の十七の層が光の国である天を作り、七つあるいは九つの層が闇の国である下界を構成している」と述べている。[23] しかし、これらの層の数は大地の上でも下でももとは同じであり、地下の層の数の方がより古い起源のものであると推定してよい根拠がある。他の場所でも、アルタイ・タタールは天の層は七つとか九つとか言っている。タタールの多層的下界はヴァシュガン・オスチャークの世界像にもはっきりと現われている。シャマンがこれらの層を通って地下の老人のところへ行くには、「それぞれ、大地の老人の番人が見張っている地下の七層を通り抜け」ねばならない。[24]「水によって」相互にへだてられている七層とか、また別の観念では九層とかは、さらにトゥルハンスク地方のサモエドの下界にもある。[25] 同じような信仰はイェニセイ人のところにもあるらしく、アヌーチンの説明によると、地下には巨大な洞穴があり、その屋根は人の住む地上になっており、上下に重なり合った七つの空間をもっている。[26] ベルチル、カルギンズ、カラガス、ソヨートといった、シベリアのいくつかのテュルク系種族は、下界はわずか三層で、天の層も同じく三層であると語っている。[27]

ツングースは知っておらず、ヤクートについての資料にも述べられていない、こうした下界の層は、シベリアのタタールに本来あったものではなく、新しく外から入って来たことは疑問の余地がない。

アルタイ・タタールは、人間や動物に病気を送って死なせ、死者を自分のところへ集めるという、特別な下界の霊のことを述べている。たくましい肉体をそなえ、炭のように黒い目をもち、膝までとどくような長いひげをたくわえたこの容赦のない老人は、エルリク ärlik という名をもっている。ただし普通はこの名で呼ばれることなく、代わりにカラ・ネメ（kara「黒い」、nämä「もの」）という遠回しな呼び方が使われる。エルリクは、下界の水の上を櫂《かい》のつかない黒い舟に乗って進むか、顔を後ろに向けて黒い牛に乗って行くという。鞭の代わりに一匹の蛇か、月の形をした斧を手に持っている。かれの暗い宮殿（örgö）は、九条の流れが一つに合わさってトイボドム（Toibodym）という名の河になるところにある。人間の涙をいっぱいに集めて流れるこの河の上に、馬の毛筋ほどの細い橋がかかっていて、死者の誰かが、この馬の毛橋を渡って逃げようとすれば、足を踏みはずして水の中に落ちる。次には波がそれを、冥土の王の岸辺に打ち上げる。トイボドム河には恐ろしい水の怪物が住んでいて、エルリクの宮殿は《豊かな海》（バイ・テンギス bai tängis）の岸にある。[28]

　エルリクのもとに通じていて、そこをシャマンが歩いて行くという道には、さまざまな《障害》（プーダク pudak［現代語 буудак］）がある。[29] これらの《障害》は一体どのようなものか、この叙述からは明らかでないが、おそらく、シャマンが最高神のところへ行くとき、通過しなければならない《障害》に対応するものであろう。いずれにせよ、ヴァシュガン河畔のオスチャークのシャマンは、地下の七層を越えねばならず、[30] そのことは、地上の世界が地下世界のモデルになっていることを示唆している。エルリクの《息子》が七人とか、九人とかいうのも、天神の息子の数と同じである。ときとして、エルリクの《使い》（äličizi）と呼ばれ、各地でさまざまに名前の変わるこうした存在は、「諸霊」（ケルメス körmös）の、手に負えない畜群を導いて行き、シャマンが地下に旅するのを助け、シャマンとエルリクのなかだちをつとめる。冥土の王にみずから近づくことができるのは、非凡なシャマンだけだと信じられている。さらに、ときには、エルリクの《息子たち》は人間の住居を悪霊から守っているという観念もある。それぞれの氏族（sök）にはエルリクの《息子》が一人か二人、門番をつとめているというのは、これら冥土の《使者》たちがそれぞれの氏族の守護霊と混同されていることを証明している。[31] ヴァシュガン河畔のオスチャークの場合には反対に、下界のそれぞれの層に《大地の老人の見張り》が住んでいて、天のそれぞれの層に住む番人に対応している。

　エルリクの息子の中ではカラシ karaš̆、ケレイ・カーン käräi-kān、テミル・カーン tämir-kān、パドス・ピ padys-pi、パイ・マートル pai-māttyr が最もよく知られていて、その中でカラシのみが特別な尊崇を受けている。カラシは黒い布切れで像（čalū）を作って九本のリボンをつけ、二本の柱で支えて、天幕の扉の左側にとりつける。シャマンはエルリクに頼みごとがあるときは、必ずここで巫術《ふじゅつ》を行なうともいう。エルリクそのものについては像を作らないけれども、その《息子たち》と同じように、黒い牛を供《そな》える。アノーヒンは、エルリクには馬は供えないと、はっきり言っている。祭場は通常、村の北側にある。(32)

アルタイのシャマンはさらに、エルリクには九人の――八人だけのこともある――《娘》があるというが、これは天神の九人の娘に対応するもののようである。娘たちの役目がそもそも何であるのかは明らかでない。彼女たちは戯れたり踊ったりして、下界への旅に向かったシャマンを誘惑して、エルリクのために持って来た供え物を奪うのだといわれる。シャマンの呪歌では、これらの娘たちは色が黒く、黒髪で、ぽってりと豊満で大きな性器をそなえた淫蕩な存在として描かれている。たぶん、エルリクの息子パイ・マートルの九人の娘は、シャマン歌謡の中で黒い蛇にたとえられるものと同じ存在であろう。(33)

祈願文で《エルリク父(34)》と呼ばれる、アルタイ人のエルリクは、ミヌシンスク・タタールのイルレ・カン irle-kan、あるいはイルカン ilkan およびブリヤートのエルレン・カン erlen-kan にあたるものであろう。(35)ポターニンによれば、クズネックのタタール（テレウート）は、エルリクを最初の人間と考えて、アダムとも称している。(36)だが起源的には、恐ろしいインドのヤマ［閻魔］であったに違いない。ヤマは冥土で最初の死者の王となり、ラマ教の仏画でも、青い牛に乗った姿が描かれている。(37)冥界の王の顔は後ろを向いているというアルタイ人の考え方に似た例は、すでに古代エジプト人にも見受けられ、かれらの芸術作品に描かれた下界の渡し守は、顔を後ろに向けて舟に乗っている。ヤクートの下界の王アルサン・ドゥオライ arsan-duolai もまた、おそらくエルリクと同様のものを表わしているのであろう[38]。プリクロンスキーもまた、八人の悪魔の大将を従えた、ヤクート人の下界の王ブハル・ドダル bukhar-dodar の名を挙げて、これもエルリクと同様、牛に乗っていると述べている[39]。悪霊の頭目で、病気・災害・飢饉などをもたらすという、カラキルギスのアルマン arman はペルシアのアフリマンである[40]。上に述べた、冥土へかかる《橋》もまたペルシア起源である。

ロパーチンは、ゴルドは罪業とか死後の報いとかについては、いかなる観念も抱いていないと言っている[41]。すべてのアルタイ系諸民族についても、もとは同じであったと言える。今日においてすら、例外をなすのは、外来の宗教と接触した民族だけである。ところが、ザバイカルのツングースには、人間の魂は死後、白い石と黒い石をおもりにして、秤《はかり》にかけられるという観念が見られる。白い石の方がより軽ければ死者は天へ行くが、黒い石の方が軽ければ下界に行く。その場合魂は、まず恐ろしく寒く暗い峡谷に、次いで消すことのできない火の中に投げ込まれる[42]。魂の目方を計ることは、すでに古代エジプト人が知っていた。ラドロフはアルタイ人の観念を描写して、罪ある者の魂は、下界で、樹脂の煮

41図　インドの閻魔

えたぎる釜に投げ込まれると述べているが[43]、これまた、ヴォルガ諸民族にも見られる信仰である。周知のとおり、このような通俗の観念はイスラム教徒にもキリスト教徒にもある。

冥土における報いは、特に下界の幻影を述べたいくつかの伝説において語られている。例として、父の命を受けて下界におもむく英雄ム・モントMu-montoについてのブリヤートの物語を述べてみよう。下界に達するには、かれはまずまっすぐ北へ向かわねばならない。道中で大きな黒い石に出会って、それを持ち上げ、「出て来い」と言う。すると地面の穴から狐が出て来て、しっぽにつかまっていてくれと言う。それからム・モントは狐の後について、地下の国にだんだん深く降りて行って、途中、数多くの不思議なものを見る。剝《む》き出しの岩の上には肥えた馬が、豊かな草地にはやせこけた家畜がいる。ある場所には、口を縫い合わされた女がいる。煮えたぎった釜の中には、役人とシャマンがのたうっている。さらに進むと、手足を一緒に縛られた男、はだかにされていばらの束を抱かされている女、ある場所では貧しそうだが幸福そうな女、裕福そうな姿をしているが、飢えに苦しんでいるような女がいる。ム・モントはそこで女たちにその運命を尋ねる。貧しい女は生前、人を助けたために幸福に暮しているが、裕福な女はけちで冷酷であったから、今になって飢えを味わわねばならないのだという。いばらの束を抱かされている女は、生前、はすっぱで、夫に不実であった者たちだ。一方、手足を縛り合わされている男たちは、もと泥棒だった。タールの煮たった鍋に投げ入れられた者たちは、自分たちの仕事でごまかしをやった連中だ。口を縫い合わされた女は生前、作りごとの噂をでっちあげて言いふらした者である。豊かな草地に草をはんでいるやせ馬は、生前、主人に虐待されて肥《ふと》れなかったものであり、はだかの岩の上にいる馬は、昔たっぷり餌をもらったからという理由だけで肥っているのである。[44]［ム・モントは、コペンハーゲンに所蔵される写本「円満具足の聖者モロン・トイン菩薩が母への恩を報いた次第」の主人公モロン・トインの異形であろう。ハイシッヒ『モンゴルの歴史と文化』（岩波文庫）一九一ページ参照。］

カストレーンがサヤン草原で採録した伝説の中にも、同じような叙述がある。冥土の王イルレ・カンの娘は、黒い狐の姿になって地上を歩きまわり、いろいろと悪事をしかけた。あるとき、勇士コムデイ・ミルゲン komdei-mirgän がこの狐に誘われて追いかけて行くうち、道に迷い、足まで折ってしまう。すると間もなく、四十本の角を生やした牛に乗って来ると想像されている、ジルベゲン Djilbegän という名の九首の怪物が大地から現われる。怪物は英雄の首を切り落として、下界へ運び去る。英雄の妹クバイコ kubaiko は、兄の屍《しかばね》にとりすがって泣いているうちに、首がなくなっているのに気がつき、下界へ捜しに出かけようと決心する。彼女は怪物の足跡をつけて行くうちに、とうとうイルレ・カンの国へ通じている穴を見つけた。その道で迷い歩いている間に、不思議なものを見た。まず気がついたのは、一つの桶からもう一つの桶に、いつまでも乳をそそぎ続けている女である。もう少し行くと、草も水もない砂原に、杭につながれている馬が見えた。それにもかかわらず、馬は元気そうであった。すぐ近くには、泉の傍らの緑の草地にやせ馬がいた。あるところでは、人間の半身が川をせき止めているのが見えたが、ほかのところでは全身をもってしてもなお水をせき止めきれないでいた。クバイコはさらに進んで、地の下深く降りて行った。だんだん強い槌《つち》の音が聞こえ始めたが、やがて四十人の男が槌を鍛え、鋸《のこぎり》四十挺《ちょう》とやっとこ四十挺を作っているのが見えた。怪物の跡をつけているうちに、この勇気ある少女はとうとう一つの流れの岸に着いた。川は高い山のふもとを流れており、山の上にはイルレ・カンの四十角の大きな石家があった。入口の前には一本の株に九本のから松が生えていた。九人の冥土の王が馬をつなぐこの樹に、クバイコもまた馬をつないだ。すると樹にはこう書いてあるのが見えた。「クバイ（神）が天と地を創ったとき、この樹もまた創られた。そうして今日までいかなる人も動物も、生きてここまでたどり着いた者はいない」。このことばを読むと、この勇ましい少女は冥土の王の住みかに入り、戸を後ろ手に閉めた。中はまっ暗で、ために見当がつかなくなったが、ただ、見えない手につかまれて、着物は引きちぎられ、押さえつけられたことだけは感じた。迫る魔物を捕まえようと手探りしたが、魔物らは肉体をそなえていないので、ふれることができなかった。クバイコは不安におののいて声をあげると、そのとき扉が開いて、部屋に光がさし込み、下界の君主らの首領（アタマン ataman）が少女のところへやって来た。この者はクバイコを見て、ものも言わずに背を向けてしまったが、少女はその後について行った。それから、まだ住み手を待っている空っぽの部屋をいくつも通り抜けて、やがて、人間のような者がいる小部屋にやって来た。こうした小部屋の一つには、夢中で糸を紡《つむ》いでいる老婆がいて、他の部屋にもそのような者がいたが、仕事はしていなかった。老婆たちは、何かを呑み込もうとしているのだが、のどのところで詰まっているのだった。三番目の部屋にいる中年の女たちは、首に大きな石をつけ、手にもまた動かせないように石をつけていた。第四の部屋には男たちが首に環をかけて、大きな桁《けた》に結んでいた。五番目の部屋では、弾丸に撃ち抜かれた男たちが、武装して走りまわり、叫び、うめいていた。七同じような叫び声と哀泣は、六番目の部屋でも聞かれ、刀を身に帯びた男が重い傷を負っていた。七番目の部屋では、狂犬が暴れ狂い、人間もまた犬にかまれて気が狂っていた。第八の部屋では男と女が一組ずつ布団をかぶっていたが、それぞれの布団は羊九頭の毛皮で作ってあっても、二人をおおうには足りず、夫婦はいつまでも布団を奪い合っていた。第九の部屋には、一組の夫婦が、安らかに布団をかぶって眠っていた。布団は、たった一枚の羊皮だったが、夫婦二人に充分足りていた。原っぱのように広い、第十の部屋には、八人の冥土の王侯が車座になっていて、中にはその首領イルレ・カンがいた。クバイコは王侯らにお辞儀して、何のために王侯らの下僕ジルベゲンは、兄の首を落としてもち去ってしまったのかと尋ねた。冥土の王侯らは、ことは自分たちの命令で行なわれたのだが、少女がもし七つの角をもった羊を大地から引き離してくれれば、頭は返してやろうと、すぐに約束した。羊は大地にめり込んでしまって、角が見えるだけになっているという。もともと勇気があり、けなげなクバイコは、この取り引きに同意した。彼女は冥土の王侯らに連れられて、人間の頭がいっぱい詰まった、九つの部屋を通って行った。これらの頭の中に、兄のも混じっているのを見たとき、クバイコはわっと泣きだした。十番目の部屋には、上に述べた羊が土の中に埋まっていた。クバイコは今こそ自分の力を試す機会だとばかり、三回目に引っぱったときには、羊はもう彼女の背中に乗っていた。冥土の王侯らは、彼女がいかに強いかを目のあたりにすると、兄の頭を返すことにして、先の松の根もとへもって来た。

そこでクバイコは馬に乗り、冥土の王侯らに、見送りについて来てくれるよう頼んだ。帰路、彼女は下界で目にしたことの意味を尋ねた。冥土の王侯らは、次のように説明した。「乳を桶から桶へ移していたあの老婆は、生前、水を混ぜた乳を客に出したために、そのいまわしい行ないの罰として、永久に乳と水を分ける仕事に耐えねばならないのだ。川をせき止めていた半身は、罰を受けているのではない。あの半身は、流れを止めるどころか、何でも望みどおりにできる、賢い男のものだ。あそこにある半身は、通行人に、賢い人間は手足がなくとも、大きな仕事ができるということを思い出させる教訓になる。一方、川をせき止めきれない五体整ったからだは、人間ただ一人の力だけでは、また肉体の力に頼るのみでは大したことができないということを教えている。この肉体は、かつて、強いことは強いが、気のきかぬ男のものだった。水がその肉体の上を通り越して流れ去るように、すべては彼の頭を素通りして行ってしまうので、何も身につかない。干上がった草地の肥った馬は、注意深い男ならば、あのような牧地でも馬をきちんと養うことができるのに対し、豊かな草地のやせ馬は、必要な手入れと注意を欠けば、どんなにすぐれた牧地でも、家畜はうまく育たないことを教えているのだ」。

次いでクバイコは、暗い部屋で自分を捕まえて着物を剝《は》ぎ取り、押さえつけた、肉体のないあれは一体何者なのかと尋ねた。下界の王侯らは、「あれは我々の見えない召使いたちで、あらゆる悪い人間を傷つけ殺すことができるが、善人には手出しをしない」と答えた。クバイコは続けて、下界の王侯の住居で見た人間の罪のことを尋ねて、次のような答えを得た。「最初の部屋で紡いでいた女たちは、生前、仕事の禁じられている日没後紡いだ罰として、この仕事をしているのだ（シベリアとヴォルガ沿岸のタタールやその他の多くの民族、さらにインディアンにあっても、日の出ていないときの仕事は犯罪と考えられている）。また二番目の部屋にいた女たちは、糸を巻こうとして、糸のかせをとり上げたとき、糸玉の中の方は空にして、かすめとって自分のふところに入れてしまった。彼女らがそのようにして盗んだ糸玉は、いま呑み込まねばならないのだが、いつまでものどにつかえているので、あのようにしているのだ。第三の部屋で、首と腕に石をぶら下げていた若い女たちは、バターを売ったとき、目方を上げるために、中に石を隠していた連中だ。四番目の部屋の男たちは、人生に飽きて、首をくくったために、首に環を巻いて、常に絞められやしないかとおびえているのだ。五番目の部屋で、絶えずうめき、哀泣していた、弾丸に撃ち抜かれた男たちは、妻と不仲になったため、我と我が身を撃って自殺した連中だ。六番目の部屋にいる泥酔で死んだ連中もまた、みずからの生命を無法に断ったやつらだ。七番目の部屋にいるのは、狂犬を怒らせて、かまれたために罰を受けているのだ。八番目の部屋には、生前、自分の取り分を奪い合って、いさかいながら暮らしていた夫婦らがいる。今は仲よく暮していれば二人に足りるはずの布団を、たがいに奪い合う罰を受けている。それに対して、一枚の布団で休んでいる九番目の部屋の夫婦らは、二人が仲よくすれば、たとえどんなに持ち物が少なくとも、家族には充分であるという見本に示したまでである。かれらは罰を受けているのではなく、悪人どもがそれを見るたびに、自分の境遇を一層つらく感じるようにこうしているのだ」。

クバイコはこうした説明を聞くと、下界の王侯らと別れて、兄の首をもとどおり胴体につけて、神からもらった生命の水をふりかけ、死者を生き返らせる。(45)

いろいろな罪のために受ける同じような、ときにはそっくり同じ罰は、とりわけオセットの冥土の描写の中に見受けられる。例として、ここでもまた、生前仲の悪かった夫婦が、牛皮の布団を奪い合っているのに、別の仲のいい夫婦は一枚の兎皮をかぶって静かに休んでいるという例を挙げておこう。(46)この例から、こうした観念は特定民族に限られないものだと結論することができる。

人間はその暮し方に従って、いろいろ異なる場所にある冥界に行くことができる。ラドロフによれば、たとえば、アルタイ・タタールは、罪ある者だけが地下のエルリクの世界に落ちるのに、善人は天で幸福な暮しを送ることができると信じている[47]。しかし、善人にあてがわれた天の楽園《パラダイス》は、まず高級宗教において発達したことは疑いない。とはいえ、天を冥土と考えているところではどこでも、キリスト教やイスラム教の影響だけを認めることができるというわけではない。いくつかの地方で、ヤクートは、善人も罪人も、シャマンも凡人も、高貴の者も盗賊も、死者はすべて天（tangaralla）へ昇るものと信じているということであり[48]、またプリクロンスキーによれば、これらの魂（kut）は天に鳥となって住んでいる[49]。死者の霊魂であるといわれる、悪霊アバースは地下に住み、そこから特別の穴（アバース・オイボノ abasy oibono）を通って人間のもとに現われる[50]という例からうかがうと、ヤクート人の、天がすべての死者の行き着くところであるという考え方は、新しく発生したものと推測してよい根拠となる。

遺骸を焼かれたシャマンは、煙とともに天に昇って、そこで地上と同じような生活を送るというブリヤートの信仰もまた、後で生じたものである。遺族の供えた物がかれらの食物や飲み物となり、経帷子《かたびら》を衣服として常用し、葬儀で屠《ほふ》った馬を乗馬としている。死者は天国で妻や子ももつことができる[51]。死者の国としての天はおそらく火葬と密接な関係があり、チュクチやコリャークの同じような観念もまた火葬によるものだろう[52]。

しかし死者のある者は天に昇り、ある者は地下の冥土へ行くという観念もまた、その起源はきわめて古い。とりわけ、雷に打たれて死んだ人間は天の子となる[53]。ヴォルガ諸民族、たとえばチェレミスの土着の観念によれば、無残な死に方をした者もまた天国へ行く[54]。オスチャーク族のこの種の信仰は、十八世紀にシュトラーレンベルクが次のように表現している。「私は旅の途次、オビ河沿いのあるオスチャークに、あなたたちは、死んだら魂はどこへ行くのだと尋ねてみた。すると相手は私にこう答えた。無残な死に方をしたり、熊狩で死んだ者はすぐに天に昇るが、布団の上で死ぬとか、あたりまえの死に方をした者は、天へ行かしてもらう前に、地下の怖い神様のところで、永い間仕えねばならない[55]」。カルヤライネンは、その『ユグラ諸民族の宗教』という著作の中で、オスチャークのこのような考え方はタタールのもとで発生したという仮説をたてている[56]。だが私の知る限り、アルタイ系諸民族には、上に述べたような観念は記録されていないが、そのような例は、ユーラシアおよびアメリカ大陸の極北諸民族、ラップ、チュクチ、トリンギット等々、地球上の各地に保存されている[57]。したがって、テュルク系諸民族もおそらく知っていたのであろう。

　この考え方がまったく普遍的であるとすれば、それが何か共通の考え方から出ているのは明らかである。自然民族はすでに、いくさの場での死は、長わずらいの病床の死にまさっていると考えていたので、血にまみれた死は、あの世で特別の褒美にあずかると信じていたものと想像できる。カルヤライネンが指摘しているように、古代シナの歴史書も、突厥《とっくつ》民族は「いくさで斃《たお》れることを名誉とし、病気で死ぬことを屈辱と考えた」と記している。しかし、この信仰が、なるほど自然の子らをはげまして、かれらに果敢かつ英雄的な気分を呼びさましたとしても、地球上のどこでも、戦意昂揚のために、天が戦死者を迎える場と思い描かれるようになっているとは考えられない。というのは、戦死によらずとも、その他あらゆる非命の死によってもまた天へ昇れるという信仰を認めることができるからだ。たとえばオスチャークは、野獣に裂き殺された者の魂もまた、「上へ昇る」と考えているということである[58]。そのほか、きわめて多くの民族が、自殺者の魂ですら上へ昇れるのに、病没した者の魂は地下へ行くというふうに考えている。とすれば、この信仰の出どころはまた別の起源をもつに違いない。

それゆえ死後の境遇と住みかは、その人間の生き方がどうであったかではなく、どんな死に方をしたかで決まるのであり、ある研究者たちが考えているように、葬法の違いだけで決まるわけでもない。問題の核心は、病気で死んだか、血を流して死んだかという、死に方に結びついた観念の中にあることは疑いない。だがその際、心に留めておかねばならないのは、自然民族の考え方では、我々にとって自然な死である病死は「超自然」であり、我々にとって不自然であるはずの非命の死は、自然民族の考え方からすれば「自然」であるということだ。前者の場合、以前に死んだ身内の者か、あるいは地下に住む諸霊が病人の魂を地下の自分のところへ連れて行く。自然人にとって、諸霊に打ち負かされた魂が、ほかならぬ諸霊の支配下に入ることは、言うまでもなく自明のことであろう。だが諸霊に捕まらなかった魂はどこへ行くのだろうか。こうした根なし草のさすらいの魂は、下界へは行かず、空中をさまよっていると、広く信じられているから、魂は天にゆらめくオーロラとか、朝やけ夕やけの射光とかの、不可解な自然現象と、容易に一体化しやすいことを念頭に置かねばならない。こうした現象の中に、多くの民族は、戦場に斃れた魂の出現と戦闘を見て来たのである。さらに天の紅い色づきは流れる血の観念を呼び起こした。オスチャークの民間文芸には、赤い目をした三匹のりすが、天に昇る途中の英雄の魂に出会って、「人間の血の中で食べられるものは食べるぞ。人間の血の中で飲めるものは飲むぞ。帰れ」と言う一節が出て来る。[59] 天は死者の国というもとの観念は、こうした観念連合にもとづいて生まれたもののようであるが、あとでだんだんと、勇敢でりっぱな死者のための、誉《ほま》れの国へと変わって行ったのである。

第十八章　死者と生者の関係

M・A・カストレーンはシベリアのタタールの信仰観念を叙述して、かれらは、自然の中には無数の霊的存在が住んでいると想像し、ある種族はそれをアイナ aina、ある種族はアサ asa、またある種族はユズュト üzüt という名で呼んでいると述べている。「それらはたいていは地下にとどまっているが、また自然の至るところをさまよっているともいわれる」。シャマンはこうした存在を呪いの力で呼び招くことができると信じられている。ツングースと同様、タタールも、すべてのシャマンは、忠実かつ熱心にどんな命令でも聞く、こうした多数の守護霊をもっていると信じている。守護霊にはその性善なるものもあれば悪なるものもあるが、今日では通常、悪いものとして考えられていて、イルレ・カンの指図どおりに動いて人間に病気をもって来たり、死をもたらすことさえある。[1]

たいてい、悪いことだけをひき起こす、不気味な地下の霊は、カストレーンが述べたもののうち、アイナ aina（テレウート、レベジ・タタール、ショル、サガイ＜ペルシア語 aenanh）とアザ aza（レベジ・タタール、トゥバその他）である。ラドロフによれば、地下に住むアイナは、人が死ぬと、その魂を食べるとショルは信じている。[2] 一方、レベジ・タタールの観念によると、アザが人間を圧迫したとき、シャマンはその人間から手を引いてもらうために、アザに黒い犠牲動物を供《そな》えてやらねばならない。(3) アザは、カストレーンが挙げた第三の霊のことで、いつも人々の意識の中にあるユズュトと同じように、もとは死霊的性質をもっていたのであろう。ミヌシンスクのタタールは、供養の間は死者の魂をスュネ sünä とかスュルヌ sürünü とか呼んでいるが、それを過ぎると、死者のことを言うのにユズュトが用いられると、マイナガシェフは指摘している。(4) アノーヒンによれば、テレウートのユズュトは、ロシア人のパコーイニク покойник、すなわち死者と同じである。(5) この話は前にも述べたように、とりわけ供養祭の名ユズュト・パイラム üzüt-pairamy（「死者の祭」）として現われる。死者が現われた形と考えられている蛾もまたユズュト・クバガン üzüt-kubaghan（ユズュト蝶）、墓地に燃える鬼火のこともユズュト・オディ üzüt-odi（「死者の火」）と言う。(6)

ユズュトもまた、招かれざる客として家へ入って来るとき、アイナやアザと同じように恐れられる。ユズュトは四十日目の供養祭まで墓に住んだ後、夜になるとときどき家へやって来て、とんとん叩くと、テレウートは信じている。その場合、家族の者はぞっとして、炉の蓋《ふた》を叩いたり、小刀や鞭に手を伸ばして、「どうしてやって来た。さあ、出て行け」と叫ぶ。(7) シャマン以外の人間の目にはふつうは見えないが、犬はそれに気がついて吠え唸る。アルタイ地方では、ユズュトは旋風となってあたりを動きまわり、通りがかりの者の魂を捕えてしまうと考えられている。だから人々は竜巻を見ると、「行け、行け」と叫ぶ。(8) ユズュトが家の中へ入って来ると、人間の口から胃の中へ入って、激しい痛みを起こすことがある。それを追い払うために男か女のシャマンを招《よ》んで来ると、シャマンは小さな木のシャベルを作り、その上に燃えている炭を置き、その上にさらに麦粉、バター、煙草をふりかけてから、病臥している病人のところへ近づく。シャマンはただちにいろいろな呪文を、初めは小声で、やがて声高く唱え、最後には叫びを発しながら、死霊に出て行くよう迫る。呪文を読み上げた後、シャマンは前庭に出てシャベルを投げ出してから「さあ、帰ってくれ」と呼びかける。
そのときに唱えることばがどのようなものか、ここに一例を示そう。

おまえは何たるユズュト。何たる黒い悪霊（jäk）か
すべての角をまがり
すべての藪の中でまわるのか
旋風のようにめぐるのか
風の霊のように飛び立つのか
――――――
白い山を越えて来るのか
流れる川を伝って来るのか
おまえの名、おまえの道を明かせ
歯を閉じるな
私の問いに口を開け
おまえを緑の火の中に突っ込むぞ
赤い燠《おき》の上へのっけるぞ
槍《やり》で滅ぼしてやるぞ

剣で突き倒してやるぞ
青い鉄でこらしめてやるぞ
深い谷間に突き落としてやるぞ
さあ、助かりたくば逃げるんだ
おまえの名を言え。男か女かはっきりさせろ
おまえ用に作った棺《ひつぎ》に入れ
おまえにと掘った墓の中へ入れ
おまえを連れて来たアルダチ（死の使い）とともに行け
おまえの盗賊とともに急ぎ去れ
私の犬はおまえをかむぞ
私の牛はおまえを突くぞ
私の仔馬はおまえを蹴るぞ
さあ名を言え。道を明かせ
とっとと出て行け(9)

ユズュトは物質的な損害もひき起こすことがある。テレウートの女性たちは、火酒を作るときにうまく発酵しないと、ユズュトが渇きを止めようとして、その中へ忍び込んでいるのだと考える。この場合、病人のときと同じように祓《はら》いの儀式を行なうのが習わしである。(10)

アルタイ人とテレンギットは、ケルメス körmös もやはり死霊であると考えている。ケルメスのある者は、エルリクの下僕として登場し、病気をもたらし、魂を奪い、その他悪業を行なおうとして、おりおり人間のもとにやって来る。人が病気になると、「ケルメスに食われている」と言い、人が死ぬと、「ケルメスに食われた」と言う。こういう点で、ケルメスは前に述べたアイナに似ている。[11]

地中深く、特別の死の国に住んでいる悪霊ケルメスのほかに、人間とそれほど遠くないところに住み、生きている人間によく似た暮しをしている存在がある。これらの霊もまた、怒ると身内の者をいろいろな方法で苦しめることがあるが、その助けに身をまかせてしまうと、遺族を守り、役に立ってくれることもある。かれらは夢の中だけでなく、ときには家の中や山や森に現われる。これらの霊がある程度まで肉体をそなえたものとして考えられているのは、それらがいばらの茂みやその他棘《とげ》のある植物を避けると信じられているからである。死んだシャマンは、こうした本来の姿に近い死者の国の中では、最も身分の高い住人と見なされている。シャマンは、その死後も身内を見捨てず、かつての家族の守護者になるために——もちろん何年も経ってからのことが多いのだが——子孫の一人のところに現われて、供物を乞う。死者の願いを拒むのはよくないので、像（čalū）を作って天幕の上座に立て、ただちに特別の儀式を執り行なうのが習いである。このようにして、死んだシャマンは、代々家と家族の守護霊として保存され、尊敬されて来た、それまでのケルメス霊の仲間に加わるのである。死者の霊を像にするためには、シャマンを招んで来て、新しい偶像に火酒をかけ、いろいろな呪文を読んでもらう。[12]

アノーヒンによれば、アルタイ人は父と母の祖先を、少なくとも七代までさかのぼって覚えている。

さらに息子と嫁が新しく世帯をもつときは、両親からケルメス像をもらうと述べている。夫の家からもらったケルメスは天幕の男の座の側に、妻のものは女の座の側に立てる。つまりアルタイ人には、夫と妻の家の守護霊は離して置く習慣がある。このようにして、内部での通婚を禁じられている各氏族（sök）は、それぞれ固有のケルメスをもっている。母系のケルメスは、通常顧みられることはほとんどなく、忘れ去られていることすらあるので、家族がきちんきちんと拝んでいるケルメスの数は、我々が考えるほど多くはない。さらに「小さな」霊と「大きい」霊とが区別される。前者は特別の名をもっているわけではなく、単に「父の父たち」とか「母の父たち」、あるいは「先祖」という総称で呼んでいる。それに対して、「大きい」、つまりウル・ケルメス ulu körmös には言い伝えがまつわっている。(13)

何か不都合な事態が起きたとき、特に病気の場合は、シャマンを招んで来て、どのケルメスが不幸の原因になっているか、はっきりさせてもらい、ただちに供物を献じなければならない。それなくしては、霊が鎮《しず》められることはほとんどない。事態が重大な場合には、いくつものあがないの供物（tolū）をもって来て、最初の霊の助けが得られないときは、それ以外のいろいろな霊に供えねばならない。死んだ身内の霊には、天幕を見張ってください、そしてしばしば人間の住みかのまわりを唸り声をあげてうろつくよそ者の霊を追い払ってくださいと拝む。旅に出たり狩に行くときには、やはり死者のことを忘れないで祀《まつ》る。ヒマラヤ杉の実を採るときでさえも、死者をないがしろにしない。シャマンは何かの理由で儀礼を行なおうとするとき、やはりケルメス像に酒をふりかけるのが普通である。(14)

トムスク県の「キリスト教徒」タタールもまた、手もなく足もなく、ただ頭に目として二つのボタンをつけただけの布切れで作った聖なる人形を、納屋《なや》の隅っこに納めておき、この人形の供物には、森の小動物や鳥の剝いだ皮をかけて供える。病気その他の災厄があったとき、その人形を部屋へもって来て、乳スープとか屠《ほふ》った羊の血を供える。[15] このようないくつもの役を併せもつ、家と家族の霊は、疑いもなく、アルタイ系諸民族に共通の、起源的な祖先崇拝を示している。

アルタイ・タタールのケルメスに似ているのは、ヤクートのアバース abasy とかユル yör とか呼ばれる諸霊である。アバースと呼ばれるのは、ふつうは悪霊だけであって、死んでからかなり日が経った人間がこれになる。ヤクートの伝説にはたびたび登場する。ある種の病気の原因は、アバースが病人を「食べる」からと説明される。[16]

一方、ユルの方は、休みなくあたりをうろつく死者であると、人々は理解している。ある死人は、これまでの住みかを離れたがらず、うろつきまわっては、身内の者の平和を乱すものだとヤクートは説明している。こういう霊魂は、とりわけ生前、大変気に入った環境に住んでいたとか、その事業が早死にのために完成を見なかったとか、不自然な死をとげたとかといった死者の霊魂である。結婚しないまま死んだ女たちの、満たされない霊魂もまたこの系列に加えられる。歯のない人間は、ユルに変わることができないという観念は、この幽霊には歯があるものと考えられていることを教えている。[17]

アバースと同じように、ユルもまた病人のからだに入ると、激痛やまた精神病（メネリ mänäri）を起こすというので恐れられている。そんなときには、この霊魂を追い出してもらうために、シャマンを招ばねばならない[18]。セロシェフスキーは、ユルはときに、鳥の群のような動き方をし、飛ぶときは金切り声をたてて騒ぐと書いている[19]。プリクロンスキーによれば、家族はそれぞれ固有のユルをもち、そのあるものは、名前もわかっている死者である。ユルのためにひき起こされて、人や家畜にふりかかる災難から逃れようと、人々は努めて供物をする[20]。特に危険なのは、埋葬されずに放置された死者であって、嵐や雷雨を起こす[21]。死者が肉親の平和をかき乱すユルになるかもしれないという懸念があったり、あるいは実際にそれが起きていると確かめられたら、ただちにユルの像を作って、この像にその死者の霊魂を封じ込めるのがヤクートの習慣である。シャマンはその場合、白樺樹皮から死者の像を裁《た》って、その中にその霊魂を封じ込むので、家族のユルが一つに集められている。ときどきこれに食事が供えられる、とトロシチャンスキーは述べている[22]。

当時、ヤクート人はこのような家神をほとんどもたなくなっていたから、トロシチャンスキーの叙述は伝承にもとづくものであろう。だがずっと古い資料には、このことが伝えられている。この種の報告は、一八四四年に現われたシチューキンの『ヤクーツク紀行』という著作に見られる。それは二つの古写本にもとづいているといわれ、次のような興味深い個所がある。「かれらの天幕には珊瑚《さんご》の目をして、白樺樹皮を着た木偶《でく》があるが、これらの家霊にはいかなる尊敬も与えられていない。でもヤクート人は屠った家畜の肉を食べるときには、それぞれの木偶の顔に脂《あぶら》を塗りつけてやる[23]」。

死者を像につなぎ留めるわけは、もともとは像に閉じ込めた霊魂はなだめやすいから、よりよく守ることができるという、家族の信仰にもとづいていることは明白である。霊魂は鎮められると、当然のことながら、ただちに特別のはたらきを示してくれるよう期待される。

それぞれの住居、それぞれの氏族や種族は、それぞれ固有の霊をもっていると述べたプリプーゾフは、いろいろな地方の最もよく知られている霊のうち、いくつかを列挙し、その中には男のシャマンの霊も、女のシャマンの霊もあったと指摘している。(24) 死んだシャマンは、常人の死者に比べて、より高い地位を得ているということは不思議ではない。

バンザロフはモンゴル人の観念を述べた際、モンゴルでは、死者の霊は遺族に益も与えれば害もなすといわれ、それはオンゴン ongon という名で尊崇されていると述べている。死者のうちの誰がオンゴンの地位につくかを決めるのはシャマンであった。この種の霊の数は多数にのぼるが、地方や種族の別なくモンゴル全土にわたって共通していた。特別な注目を受けるのは、特に王侯の先祖であったが、各地のシャマンや、その他要職にあった者も死後オンゴンとなっている。それぞれの家族の守護霊となったのは、もちろん近い間柄のオンゴンであった。(25)

モンゴル人はこうしたオンゴンの像も作った。すでに十三世紀に、モンゴル人は死者たちの人形をフェルトで作って、それに晴れ着を着せて車に乗せ、僧侶の役を演ずるシャマン以外、何人《なんぴと》も触れてはならなかったとルブルクは述べている。祭日と毎月一日にこれらの像はとり出して家にもって来られ、人々は集まって来てそれを拝んだ。そのときは、よそ者が天幕の中へ入ることを許さない。(26) たぶん名門の出身者たちについて述べているらしい、この興味深い報告は、サモエド人が特別の橇《そり》にかれらの霊を保管しているのと同じように、モンゴル人はその移動の生活形態のゆえに、それを車の中に保管していたことを物語っている。

またルブルクは別の個所で、住居の中にも霊像があることを伝え、天幕の突きあたりの奥の、家長の寝台の上の方に、「家長の兄弟」と称する一種のフェルト製人形が立っており、主婦の寝台の上には「主婦の兄弟」というのがあると述べている。二つの像の間には、もう少し高いところに、家族全体の守護霊の細い像が壁にかけてある。さらに主婦の寝台の足の方の端には、奴婢その他の女たちのための小さな霊像があった。(27) 酒宴のときは、家族は家長の寝台の上の像にまず一杯をふりかけ、次いでその他の像にもふりかける。先に述べた奇妙な名称をもつ像が、それぞれもとは何を表わしていたかは、ルブルクの記述からは明らかでない。

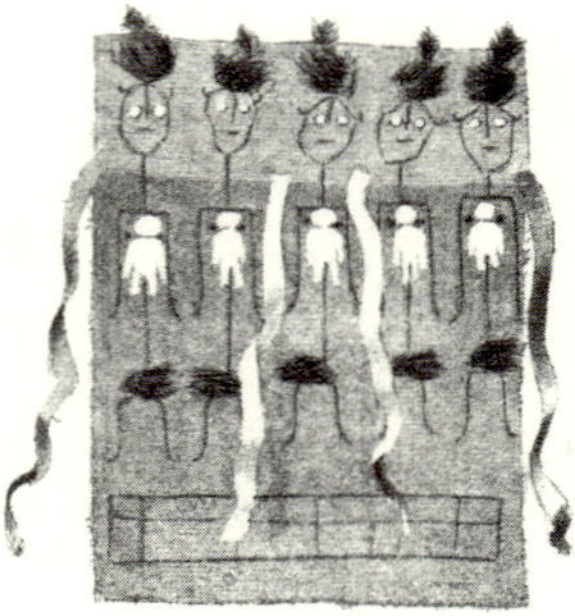

42図　クディンスク地方のブリヤートのオンゴン。アガピトフとハンガロフによる

モンゴル人と同じく、ブリヤート人もカルムク人も、霊に対してもその像に対しても、オンゴンという名称を用いている。ブリヤート人のオンゴンは、剥《む》き出しのままの木であったり、あるいは何かかぶせてあったり、フェルト、ブリキ板、羊の毛皮で作ったり、あるいは単に布切れに描いただけのものもあるとゲオルギーは述べている。フェルトの像は、切り抜いて作ったものもあれば、縫いぐるみの人形のものもある。ただいずれの場合も鉛玉かガラス玉の目がつけてある。ゲオルギーが書いているところでは、羊の毛皮で作った方はイメギルチン imegilčin と呼ばれ、作り方はこうである。足をつけたままの黒羊の毛皮の頭にあたるところに板をそのままか、あるいは何かを張ってとりつけ、そ

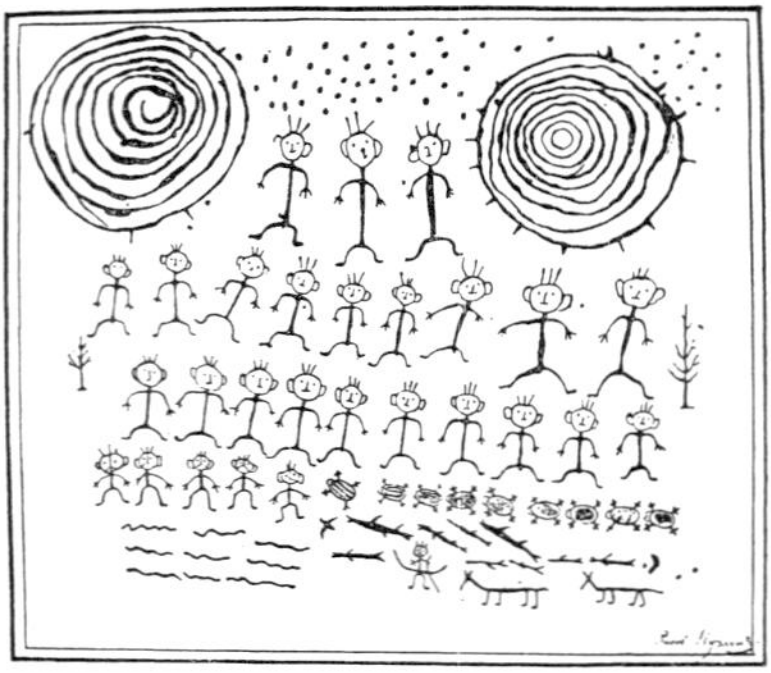

43図　ゾロクタン・オンゴン。ザトプリャーエフによる

れに珊瑚《さんご》の目をつけて、人形の頭とする。ときには毛皮には詰め物をして、縫い合わせることもある[28]。パラスはイメギルチンをオンゴンの仲間には加えず、羊やその他の家畜の庇護者として祀られると述べている。かれはさらに、この霊には男と女の二種類があると述べている[29]。

ゲオルギーによれば、ブリヤート人には、布に描いたオンゴンが非常に多かった。布地は小さな四角形をしていて、その上に赤い色で一つ、多くの場合三つの人間の形をした像が描いてあった。像の目には、珊瑚の粒か霰弾《さんだん》が用いてあった。そのほか、頭には鷲の羽の小さな束がつけてあった（42図参照）。

ラマもまた、ボルハン burkhan をこのようにして作るのだが、こうして絹などの布地や革に描いた像を、ブリヤート人は今日でもまだもち伝えている。しかしオンゴンは死者の霊だけではなく、さまざまな動物とか天体とか、いろいろな神話的なものをも表わす。特定の病気のときに限って、庇護を求められるオンゴンもある。例として、角《つの》と称されるシャマンの頭巾をつけた、二十七人のシャマンを赤い色で描いたゾロクタン・オンゴン zuruktan-ongon を挙げておこう。そのうちの九人はめくら、九人は手がかたわ、あとの九人は足がかたわであるとブリヤート人は説明している。シャマンのほかにも、いろいろな動物が描いてあるこのオンゴンの上に、目や手足の悪い者は酒をふりかけるという（43図）[30]。

ゲオルギーの記述の中には、もう一つのオンゴンが出てくる。長さ一指尺〔二〇―二五センチ〕ばかりの、人間の形をした木像がそれで、シャマン太鼓の枠を思わせる環にとりつけたり、ときにはただ小箱に納めただけのこともある。これらの像はすべて頭や手足をそなえているが、ブリヤート人の服装をさせたものもあれば、はだかのままのものもある。アガピトフは、沿バイカルの天幕にはすべて、同じようなオンゴンがあったと述べている。それらは赤い布を人の形に切り抜いて、白樺で作った環に結んである。人形の首のところには円い鉛の板と、白と桃色のリボンが結んである。環の中には、やはり白樺で作った、かなり幅の広い棒を縦にして、鈴をつけた鉄の棒を横にしてとりつけてある（44図）[31]。ハンガロフがブリヤートのシャマニズムについて書いた論文に添えてあるバラガンスクの像では、環に、縦にあてがった木そのものが人間の形に彫ってあって、脂でなめした革がかぶせてある。目には白いガラス玉がつけてある[32]。シャマンの太鼓の内側を思わせるこのようなオンゴンは、アルタイ・タタールにも見られるが、それらはシャマニズムと密接な関係があることを教えている。

44図　赤い布を切り抜いて作り、白樺樹の環につけたオンゴン。アガピトフとハンガロフによる

45図　ブリヤート・ハンギン氏族が祀るベルテ。アガピトフとハンガロフによる

特定の氏族には、そのほかに、たとえばベルテ Börtö と呼ばれるいろいろな形のオンゴンがあった。ハンギン氏族が祀っているこの名望あるオンゴンは、普通の人間の頭を大きめにしたもので、その髪、ひげ、眉毛は、黒い羊の毛皮で作ってある。ここに示した像は、口にまだ脂を一切れ含んでいる（45図）。言い伝えによれば、このオンゴンは、もとその息子ホレードイ Khoredoi とホルトン Khorton がモンゴルから逃れて来るときにもって来た、シャマンの頭であった。ハンギン氏族の家族はほとんどすべてこのオンゴンをもっているとハンガロフは述べている[33]。

上に述べたオンゴンはシャマンが作って、天幕の入口から見て左手すなわち男の座の側に置き、お産を助けたり、こどもや家畜を守る女の守護霊は、天幕の右側の女の座に置く[34]。前に述べたように、アルタイ・タタールの場合も同様である。ルブルクはすでに、こうした家族の秩序について、天幕の入口は南に向いていて、男は西側、女は東側に座を占めると述べている。家長の座は天幕の正面奥である。男たちは天幕に入ったとき、弓は決して女の座の側にはかけない[35]。ゲオルギーはさらに、女たちはいかなる場合にも男の座の側の霊像に近づいてはならず、その場所を通って出入りしてはならないと述べている[36]。

家のオンゴンのほかに、ブリヤート人は戸外に置いておくオンゴンをもっていた。こうした、いわゆる山のオンゴンは、特にクディンスク、ヴェルホレンスク、オリホンスクなどに見られる。アガピトフはこれについて、ブリヤート人が結婚したとき、「シャマンはかれらのために、一枚の布切れに人間の姿を描き、目にはガラスか金属の玉を入れ、髪はかわうその毛皮で作った特別のオンゴンを作ってやる。頭にはさらにふくろうの羽をつける」と述べている。いろいろな描写から見ると、像の下の方にもかわうその毛がついていたのがわかる。それぞれの像の胸のところには、さらに小さな人間の形をしたブリキの板が吊るしてある。布切れにつけたリボンは白と黄色である（42図）。オンゴンは上端をくりぬいて、板で蓋ができるようにした柱の中に、木箱や革袋に納めて、冬営地のはずれに立ててある。柱にはふつう、さらに屋根がついている。さまざまな目的の儀礼のたびに祀られ、シャマンあるいは先祖の《息子たち》を表わしているらしいこれらの像は、家長が死ぬと燃やしてしまい、同時に柱も倒してしまう[37]。

46（右）・47図　ブリヤートのオンゴンを納めておく柱。ペトリ撮影

　その名称よりすると、これらのオンゴンは山に祀られた。しかしB・E・ペトリが写した二枚の写真（46・47図）から明らかになるように、アガピトフが

述べた柱は、草原にも立っていた。そのうちの一枚（47図）には、屋根のついた柱の窪みの部分に、やはり木で作った人間の形の像が入っているのがわかる。

山のオンゴンのほかに、ブリヤート人は《山の老人》についても語っていて、ハンガロフが記すところによれば、それは各地の各氏族、各集落にあって、その守護霊（ザヤーン zajān）として尊崇されている。一般的な観念によると、それは自分の属する地域のみに限られた勢力圏をもつ男、あるいは女のシャマンが死んで、山や森に葬られたものの霊である。きわめて広範囲にわたって畏怖され尊崇されているものもあるけれども、他の地方の住民はこれらの霊には供物を供えない。[38]

ブリヤート人は、これらの霊が自分たちのために家畜を庇護してくれるものと信じているので、ゲオルギーが書いているように、これらの「家畜と牧業の神々」が夜間や荒天の際に、畜群から目を離さないでいるのに適した場所を見つけられるように、山の上に小さな天幕を立ててやることもある。同じようにソヨートもまた、天候が荒れたときに、諸霊のやどりのために「聖山」の上に天幕（āva）を立てることにしていた。[39]

祈りの対象となった霊のほかに、ブリヤート人の観念によればまだ、供物を供える必要のない、おしなべて有害なものと見なされる多数の存在がある。夜の間に徘徊する一つ目のアナハイ anakhai というのがあって、その目は猫の目のようによく光るという。何かの動物の姿になったときでも、やはり一つ目である。人間には、それが何かがたがた音をたてるように聞こえるし、その独得な異臭にはっとして気づくけれども、それを見ることができるのはシャマンだけである。その邪悪な性質をよく言い表わしているのは、「群を離れりゃ狼に食われ、村を離れりゃアナハイに食われる」ということわざである。しかしブリヤート人は、アナハイの多くは小さなこどもをいじめるだけであり、またそれはこどもを残さずに死んで行った女の魂であると説明している。こどもたちをアナハイから守るために、親たちは揺籃《ゆりかご》の中に、金属の鏡・鞭・鈴など、アナハイが恐れるようなものを入れておく。アナハイは特に武器と金属の響く音、それに火と煙を恐れるものと信じられている。アナハイがこどもに手出ししようとするときには、こどもの絵を揺籃の中に入れておき、こどもの代わりにその絵をいじめるようにと草原にもち出しておく。こうした諸霊を見ることのできるシャマンのみが、それを追い払うことができる。アナハイは、シャマンにこらしめられると、絶え間なく耐えがたい悪臭を発するとブリヤート人は語ってくれた(40)。

ウケル uker もまたその性質がアナハイに似て臭いにおいを発する妖怪で、寒さと飢えに震えながら、暖と食を求めて人間の家の中に入り込んで来る。これもまた早死にした女の魂であって、小さなこどもを待ち伏せる。その女の寿命が自然に尽きる頃になって初めて、ウケルはこの世から死者の国に移り住む(41)。

若くして、あるいは産褥《さんじょく》で死んだ女の、家の中に群がり、特に小さなこどもをいじめる落ちつかぬ霊魂にはさらにダホル dakhul とアダ ada がある。これは小さなこどもの首を絞めつけるため、のどに指の跡が残るという。飢えたアダは食べ物をも求め、アダが食べたその食物を食べた者は、痰《たん》の切れない悪性の病気にかかる。ふつう、小さな人間の姿をしていると考えられていて、それを追い払うためにふくろうの剝いだ皮が用いられた。つまり、ふくろうは闇に現われるアダの群を追い払ってくれると信じられている。アダに特徴的なのは、それから発する、にんにくに似ているといわれるにおいである。アダはそのほかに、神秘的な光を発するものとして登場する。(42) アルビン albin とジャ zja もまた、何か鬼火のように燃える霊魂である。(43)

生きている者の《魂》を捕えるため、人間の住みかのまわりに集まって来て、しばしば宴会や結婚式に招かれざる客としてやって来る死霊のことを、ブリヤート人はさらにボホルドイ bokholdoi と呼んでいる。ボホルドイは月が欠けたり、小さくなったりするような夜に好んで出まわると信じられており、シャマンの勧めで、大騒ぎの追い出し儀式が行なわれる。これらの宿なし霊は、どこか人の住んでいない天幕に集まって青白い火をともし、その灯の傍らで夕べを過ごす。霊魂のこの灯をうまく盗んだ者は幸運である。というのは、ブリヤート人は、そうすれば金持になれるしるしだと考えているからだ。霊魂たちは火のまわりに坐ったり踊ったりしている間は、決して閉じた環を作らない。ときどき草原の草地に、霊魂の踊った跡（たとえばスウェーデン語の elvdans を参照）である小さな環あるいは環形のすじが見えることがある。その集まりには片目のかしらがいて、自分の思うがままに誰かに命じて魂を捕えに行かせる。あるとき、一人の人間がこうした集まりにやって来て、そのかしらの額に一発撃ち込むと、骨盤に変わってしまったという伝説がある。しかしブリヤート人は、この骨は三日後には再び霊にもどったと説明している。人間の耳にも聞こえるという霊魂の歌のことは述べておく値打ちがあろう。(44)

バータロフによれば、ブリヤート人はどんな人間でも三つの魂をもっていて、一つは下界に、もう一つはボホルドイとしてこの世に、三番目は新たに人間として生まれるものと考えられている。死んだ近親者の魂が新しく生まれた者に乗り移ることがあるという観念は、たとえばツングースやヤクートのもとでも記録されている。(45)

ツングース系諸族に目を転じると、ここでもまた、死者は多種多様な迷信的観念や儀式の対象となっていることがわかる。重要な役割を演じているのは死霊であって、それは種族の世襲財産として、代々受け継がれている。すべての氏族霊は父から息子や娘へと相続されているとシロコゴロフは述べている。娘には結婚してからもついて行って、この母子ともども悩ますことがある。そのような場合には、彼女は霊像を作って拝み、それを一生涯続ける。母の死後、霊がこどもに移ることはごく稀である。こどもたちはふつう、霊から逃れようと努める。夫は妻の氏族霊への供物にまで気を配らねばならない。東ツングースは代々受け継がれる霊とその像をシャヴォキ šavoki と呼んでいる。それをスヴェン syven と呼んでいる種族もあり、ゴルドはセオン seon と称している。多くの地方には、たいていは起源が明らかでない、数多くのこうした霊がある。その像もさまざまであって、あるものは木に刻んだり金属で作ったり、布や紙に描いたり、あるいはまた布切れやリボンを継ぎ合わせて作ったりする。ブリヤート人と同じように、ツングースやゴルドも、人や動物、神話的生物や天体までも描いた群像をもっている。このような像は氏族に伝わっているものであっても、先祖の霊をそのまま表わしたものでないことは明らかである。いくつかのツングース系種族は、やはりモンゴル語の名称でボルハン burkhan と呼んでいる。こうした多数の像の作り方の中には、シナの影響も認められる。(46)

起源的な形態はツングースの霊像の中にあって、十八世紀初めにグメーリンは、「かれらは自分でできるだけうまく彫った、しばしば半肘《エレ》［約三五センチ］に達する木の神々をもっている」と述べている。グメーリンはさらに、ツングースは狩猟や漁撈に適当な場所を見つけると、前もって「猟がうまくいって、いい獲物がとれるように、朝晩その木偶に何かを供える」。「それから猟が始まると、最初に動物を仕止めた場所で、この悪魔に供え物をする」と述べている。(47)

二、三十年ばかり遅れてこれらの地方に旅したゲオルギーは、草原に住むツングースは天幕の入口の左側に二十個ほどの神像をかけていたが、森林のツングースは「野天に」それを立てると書いている。しかしゲオルギーは、森のツングースもまた、三本まとめて縛った柱を斜めに地面に挿し込んで、その上に毛皮の覆いをかけ、神像のために一種の天幕を作ってやっていると指摘している。このようなショナン šonan と呼ばれるものは、ふつう天幕の後ろ側の数歩離れたところに設けられる。ゲオルギーはさらに、シャマンが作り浄《きよ》めた、ショヴォキ šovoki と呼ばれるツングースの神像は、シャマンの装束にかけるものだけが金属製であって、それ以外は木で作ってあると述べている。こうした木製の神像には顔と、珊瑚あるいは鉛玉の目がついているが、手はたいてい小さく、足はすこぶる不恰好である。あるものははだかのままであるが、あるものはシャマンの服装をつけている。背の丈は約一フィート半である。ゲオルギーによれば、ツングースが石造りの神をもっているところもある。しかしそれらはたまたま山中で発見された不恰好な石塊にすぎず、想像力をはたらかせれば、何とか人間の顔のように見えないでもないといった程度のものである。(48)

ゲオルギーの記述は、ツングースがその守護霊をどこに置いているかを述べている点でも興味深い。つまり、草原のツングースはモンゴル人やアルタイ・タタールと同じ慣習をもっている。一方、森のツングースはその後もずっと「青天井のもとに」その像を立てている。イェニセイ・ツングースのもとで、私がそのことを質問したとき、シャマンの天幕の中に霊像があるのを見たことは一度もないという答えを得た。ところが移動するときは、白樺樹皮製の旅行袋に入れ、それを「聖なるトナカイ」の背にかけてもって行く。この地方では霊像といえばみな木に彫ったもので、金属製のものや、布や紙に描いたものは知られていない。

なりわいの首尾、不首尾を左右する、ツングース家族の守護霊[49]は、ふつう、きわめて多面的であるが、一方で、さまざまな目的に応じて、それぞれの霊が別々の像で表わされている例もまたある。いくつかの場所では、ある病気は特にそのための特別の霊をもっている。[50] いろいろな霊がもっている注目すべき意味はさらに、シャマンの助力者としてであって、シャマンの前に姿を現わし、シャマンに協力して初めて、シャマンは職務を遂行できることになるのである。ツングースの守護霊は大部分、あの世へ行ったシャマンの霊であることもまたありうる。ゲオルギーはすでに、いくつかの像はシャマンの服装をつけていると書き、別の場所では、供犠《くぎ》を行なうときはいつでも死んだシャマンに呼びかけて助力を求めると述べている。[51] 土着の霊の中には、現代の世代にもそれが異族のものであると意識されているものも入っている。特にゴルドと東ツングース諸族の場合がそうであって、これらの霊にはドナ dona という名称が用いられている。ドナがシャマンのからだに入ると、シャマンは異族の言語を話すようになるといわれる。[52] しかし、この地の多数のスヴェン syven もその像も、異族のものであるとしても、各氏族のかつての守護霊の故郷が、その氏族の発祥地にあるという観念[53]は、はっきりと死者崇拝を示唆している。ゴルドの最もよく知られた地域的な霊にツングースカ河を故郷とするプツィクputsikuがある。[54]

ロパーチンによれば、ゴルドはある霊を非常に恐れるときには、その像を作って、霊を中に封じ込める。その像の手入れをして、口に脂肪を塗ってやると、もう危険ではなくなり、ただちにおとなしくなると信じられているからである。この霊を人間のために仕えるようしむけることもできる。像にはなおひもを一本つけてやり、霊がそれを伝わって像の中に入れるようにしてやる。一般に、ゴルドも東ツングースも霊が伝って動いて行く霊の道があると語っており、この場合ひもがそのはたらきをしている。[55]

その名称によってもわかる、身内の守護霊となったもののほかに、言うまでもなく、子孫の変わらぬ世話を受ける名誉に浴さない多数の存在がある。そのため、これらはやせて飢え、がつがつして意地悪で、折にふれて生者にありがたくない不意打ちをかける。冥土にたどり着けないまま、とり残されて死者の間をふらつきまわっているような霊魂は、ことさら、落ちつかずにさまよっている。それらは夜間、ことに秋の夜に出まわると信じられている。そのような場合には供物をする。[56]

後に挙げた諸霊の中には、ゴルドと東ツングースがアレンキarenkiと呼ぶ、葬られなかった者の霊がある。アレンキはふつう、森・山・川・湖水あるいは一般的に突然の死を迎えた場所に現われる。森の中では鬼火となって現われ、さわぎたてて口笛を吹き、唸り声をあげてそのあたりの人間たちを縮み上がらせる。森から聞こえるあらゆる神秘な物音は、かれらが不安を起こさせたりおびき寄せたりしているのにほかならない。その住みついた場所の条件に応じて、人間を水中や峡谷に引きずり込んだり、森の中に迷い込ませたりする。通りがかりの者に小石や木の枝を投げつけることもある。死

者と同じようにふだん、人間の夢にも現われる。(57)

ゴルドはブセウ buseu というものを特別に恐れ、死産児、自殺者その他不自然な死をとげた者がこれになると説明している。かれらはすべての幸福な人間を妬《ねた》んで苦しめる。ブセウが危険な様相を呈して現われると、シャマンを呼ぶ。シャマンするとき、乾草で霊像を作っておいて、家から前庭にほうり投げ、みなで「出て行け」と叫ぶ。ゴルドはこうすれば悪霊を追い払うことができると信じている。伝説の中で、ブセウは恐ろしい姿をして、大きな牙と巨体をそなえた人食いとして現われる。それは猛獣や鳥の姿にもなる。家の中にひそんでいて、夜になると眠っている者を苦しめ、そのからだの中に入り込むこともできる。こどももおとなも恐れるものに、鉄の羽を生やして、鉄のくちばしと鉤爪《かぎづめ》をもったガザ gaza 鳥がある。(58)

近親相姦の結果生まれた霊魂のセッカ sekka もまた、ゴルドの観念によるとシャマンの前に私生児として現われ、乳房や腹をかじって女を苦しめる危険な存在である。これを追い払うため、シャマンはその像を作って、中に追い込んだり、誘い込んだりしておいてから、魚の皮で作った袋に突っ込む。(59)

なお、特に注目を受けているものに東ツングースのボン bon がある。肉体をそなえていて、血管にはどす黒い赤い血が流れていて、眠っている者を悪夢で責めたてる。葬られない死者の霊が、他の死者の遺骸の中に入って住みつくと、ボンが生じるのだとツングースは説明している。女が妊娠したまま埋葬されると、女のボンは墓の中でもこどもを産むということである。特に伝説界では、ボンは注目すべき役割を演じている。(60)

ふつうはこれらの悪霊に供物が供えられることはなく、叫び声をあげ、太鼓を打ち鳴らし、鉄製品を叩き、あるいは弓や銃の射撃によって、さっさと追い払うことができる。(61)

第十九章　自然の主《ぬし》たち

ある特定の土地や領域の支配者と考えられている霊的存在を、アルタイ系諸民族はその土地や地域の《主《ぬし》》と呼んでいる。動物や植物も、またいろいろの物や自然現象もこのような《主》をもっていることがある。この意味で使われている語は、タタール語でエー ä、エエ eä、エイェ öjä、ヤクート語でイッチ iččі、ブリヤート語でエジェン edžen、ツングース語でアマカ amaka などで、すべて「主人・家長・所有者」を意味する。北シベリアでもまた、ユカギールとチュクチのような民族は、同じような霊をもっていて、そこでは一つ一つの森、湖、さらに樹や動物に至るまで、特別の《主》がいるといわれる(1)。

その活動範囲が一定地域に限定されている霊には、家の霊もまた加えておかねばならない。ヴォルガ・タタールはそれを《家の主》(öj öjase)と呼び、人間に似た姿をもち、長い毛を生やしており、かまどのそばとか、部屋の床の下とかに潜んでいると考えている。ふつうは善霊であって、家を守り、一家に繁栄をもたらすが、何かのかげんでかっとなると人を病気にすることがある。特に誰かが部屋の下の地下室に水を流すと怒るという。折にふれて気をかけてやるほか、少なくとも一年に一度、ふつうは秋に粥《かゆ》を供《そな》えてやらねばならない。またときどきは家畜も屠《ほふ》ってやらねばならない。さらにヴォルガ・タタールは、息子が独立して所帯をもつときは、新しい家での暮しが幸福であるように、特別の儀式を行なう習慣がある。息子はそのとき、パンをもって両親の家へ行き、真夜中に地下室に三本のろうそくを立て、そこから少しばかりの土をもって来て、自分の新しい家の地下室にふりまくのである。帰り路でたまたま人や動物に出会った場合には、同じことをやりなおさねばならない(2)。

ヴォルガ・タタールには《家畜小屋の主》(abzar öjase)というものもあり、これは家の霊に近いものであって、もとは同じものであったかもしれない。家畜小屋の主は、ある馬にはよく餌をやって手入れし、たてがみや尾を編んでやったりさえするのに、他の馬には腹を立てて、かいば桶から餌をもち去り、夜になると悪夢に出て苦しめるとタタールは信じている。それがわかるのは、朝になってみると馬が汗をかき、疲れ果てているからである。家畜小屋の霊には、黒羊を屠ってやり、肉はその場で全部たいらげ、骨やその他の残りは家畜小屋に埋めねばならないというのが習慣の命ずるところである。供犠《くぎ》の執行者には家族のうちの最年長者がなる(3)。これと似た観念や儀式を伴う、完全にロシア的な同じような霊は、その他のヴォルガ諸民族やチュワシにも見受けられる。

次にシベリアに目を転ずると、ここでは家の霊はそれほど一般的ではない。もっともミッデンドルフの辞書には、ヤクート人には、「家の最も古い住人であるとされ、自分の持ち物で守護霊であると見なされている」ジエ・イッチテ dz̆iä ic̆c̆itä という存在が挙げてある。私がフィンランドで会った何人かのヤクート人は、この《家の主》ジエ・イッチテはロシア人の「ダマヴォーイ」(домовой 家の霊)と同じものであり、その像は一度も作られたことがないと説明してくれた。ヤクートは《天幕の家の主》(balagan ic̆c̆itä)はもちろん、天幕の四本柱の《主》についてさえも語っている(4)。ヤクートは昔、天幕の柱を立てるとき、クミス［馬乳酒］と馬の血を塗りつけたとマークは述べている。マークはさらに、クミスや火酒を飲む機会があると、家長は飲む前にまず指をその中につけて、左右にはじきとばして家の霊に供えると述べている[5]。ところによって、ヤクートは《家畜小屋の主》をも拝んでいて、特に馬の手入れをしてくれるというこの霊は明らかにロシア起源である[6]。家の霊は最も古い住人であるという観念もまた、ロシアから入ったもののようである。ロシアの「ダマヴォーイ」は庭を掃き、家畜小屋を掃除したりする《火の主》と混同されていることもある[7]。

すでに述べた、アダという名の霊をもつブリヤート人は、ある地方では、そのような霊は各戸のかまどの傍らに住みついていると考えている。ただこのことを指摘したアガピトフは、この観念はロシア人にも認められるだけに、土着のものであるかどうか疑いをもっている[8]。シロコゴロフによればマンシュー人も家や庭の霊をシナ人から受け入れていて、これらは善霊と考えられているので、あちこちで供犠を行なっている[9]。

家族の守護者として、各戸でその像を祀《まつ》っているゴルドの家の霊には、ジュリ džuli というものが挙げられ、粥や火酒を供える。ゴルドはとりわけ、狩などの長旅に出るとき、家族をよろしくと言ってそれを拝むということである。種々の病気、特に背痛のときにも頼みごとをする。ジュリはそのとき、庭にもち出して、病人がよくなるまで腰のところまで地に埋めておく[10]。ただしゴルドが、その他の家族守護霊と同じように像を作って特に大切にしているこの霊が、はたしてヨーロッパの家霊にあたるものかどうかは疑わしい。

家・家族・家畜に心遣いするヨーロッパの家の霊にとって代わるものは、シベリアでは一般に、前に述べた家畜守護霊であって、その像は今日でもなお天幕の中にかかっていることがある。布・革・木などで作られ、人間が食事をするときは必ず分け前をあてがわれる、ソヨートの《家の神》もまたここに加えられなければならない(11)。多くの民族においては、さらに《火の主》も家霊として現われることがあるが、これに関係した観念や儀式は、最初から火そのものにかかわっている。

森の霊のきわめて一般的な呼び方は《森の主》(カザン・タタール urman öjase、ヤクート tya iččitä、ブリヤート oin edžen、ツングース ūre amaka)である。森林に富む山岳地帯では《山の主》(カラガス dag ăži)とも呼ぶ(12)。ヤクートは森の霊に、バヤナイ bajanai(大金持)とか、バララク barallak という名を与えていて、それぞれの森や村は、それぞれの主をもっていると信じている(13)。カラガスやブリヤート人の観念でもまた、それぞれの森や山は、固有の霊をもっている(14)。祈禱文の中で述べられるこうしたローカルな《主》は、カラガスなどの居住地帯ではバルビタイ・エジ、カーン・エジ、ホンゴロク・エジという名で呼ばれており、バルビタイ、カーン、ホンゴロクなどの河に臨む地方では、これらの主は獲物を授けてくれると信じている(15)。

シベリアの《森の主》は一般に性格がはっきりしない。だが、通常は人間のような姿をしていると考えられているので、その像もまた人間のような形に作る。シロコゴロフによれば、「タイガ(密林)の霊は、ツングースの場合、白髪の老人であって、森に住み野獣の主である。その像は通常タイガの中で作られる。細工のしやすいように皮を剝《は》いだ木に、目・鼻・口・ひげが大まかに刻まれる(16)」。サモエド、フィン、ラップのような他の多くの民族にも同じ風習が知られている。ヨーロッパと同じように、シベリアにおいてもまた、森の霊は桁《けた》はずれに異常な大きさで現われる。イェニセイ渓谷のツングースは、《森の主》は、普通の人間よりずっと大きいことで、それとわかるものだと私に説明してくれた。森と、森の動物の君主である、モンゴル人のマニ・カーン mani kān もまた、巨大な人間の姿をして現われる。[16] さらに、ブリヤートの《森の主》（オイン・エジェン）も同じように大変のっぽで色が黒く、人間に似た姿をしている。[17] だが森の霊は人間の姿になるほかにもまた、何かの動物や物の形をとって現われることがある。ツングースはこどもたちに、《森の主》の仮の姿だと信じられているような石には近づかぬようにと注意を与えている。

しかし、森の霊の声は森に入るとよく聞かれるが、実際に姿を現わすのはすこぶるまれである。ときに泣き叫ぶかと思えば突然笑い出す。このような観念が生じたのは森の中の神秘な物音のせいである。《森の主》の叫び声は、ときに人間の声に似ているが、それはこうして人間をおびき寄せて、密林の中に迷い込ませてしまおうとするものだから、ついて行かない方がよい。この呼び声は、もとは山彦を意味していたのであろう。

ゼレーニンは、森の霊には二つの型があると主張している。一つは静寂とやすらぎを、もう一つは喧騒と笑いと叫び声を好む。ゼレーニンによれば、第一の型に属するのは何よりも山の《主》である。ラムートやヤクートは、山の傍らを通り過ぎて行くとき、山の霊の邪魔にならないように、物音をたてないよう気をつけるということだ。アラル地方のブリヤートは、狩をしている間に歌うことや、また声高な話し声をたてることは、ハンガイ山の《主》の機嫌をそこねるから、ふさわしくないと考えている。カチンスクのタタールもまた、山の中を行くときは静かに行動する。ショルは狩に出かけたとき、喧嘩をしたり、口笛を吹いたり、手を叩いたりすると、霊は黒てんをもって行ってしまうと信じている。また嵐を起こすこともある。アルタイ・タタールは森に入るとき、家に残っている妻にも、静寂を好む森の霊が狩人に獲物をくれなくなるといけないから、声高な会話はもちろん、笑いも口論も慎むよう言い残して行く[18]。

ヤクートのバヤナイbajanaiはそれとは反対に、そうぞうしい、陽気と笑いを好む霊である。だから人は獲物を手に入れたときは、それに呼びかけて笑うのである。イオーノフによれば、ヤクートはすでに遠くから、おおしかが自動わなにかかったと知ると、駆けたり跳んだりして、笑いながら「ホ・ホー、ホク・ホク、見ろ、黒い森の主（カラ・ティア・イッチテ）は我々に獲物をくれたぞ。ホク、ホク」と叫ぶ。おこじょがわなにかかったのを見つけたときもやはり笑い声をたてる。なぜそうするかといえば、このようにして、森の主に喜びと感謝の意を示すためである[19]。森林ユラークもまた、向かって来る熊に独得な呼び声をかけて挨拶する。レヒティサロは、そのときかれらは「へへーイ、へへへ。he heej, he he he」と呼びかけると書いている。この習慣を怠ることは大罪と見なされる[20]。ある地方のブリヤート人は、猟の旅に出かけて森の天幕で夜を過ごすとき、《森の主》を喜ばせてできるだけいい獲物が授かれるように、熟練した民話の語り手や楽手を一緒に連れて行くということである[21]。

これらの例は、だからといって、各地の《森の主》が性格を異にするという証明にはならない。狩猟中の静粛はきっと、野獣が耳ざとく、人声を聞いて逃げてしまうからという理由にすぎないであろう。山上の旅で物音をたてないよう慎むのは同様に、もう一つの根拠、すなわち、山がひき起こすという嵐を恐れてのことである。獲物を手に入れた後で笑うというヤクートの習慣は、このようにして何かの野獣の声をまねるつもりなのであろうが、もとは単に自然民族の喜びの表現であったのかもしれない。かれらが獲物を捕えるときに、物音をたてることによってびっくりさせて逃がすまいとしていることは明らかだ。

ヤクートの《富者》という呼び方が証明しているように、《森の主》は森林動物のもち主であって、狩人がうまく暮してゆけるかどうかは、かれらから授かる贈り物しだいと考えられているので、狩人がなんとかして、その気に入ろうと努めるのは自明の理である。狩猟と並行して牧畜も行なわれているところでは、同じように森の霊の助力にみずからをゆだねる。ペトリはカラガスの《山の主》(dag äži)について、山の主は毛皮獣をもたらし、トナカイの群を保護するゆえに、かれらの最も大切な《神》であると指摘している。そのゆえに、森の主には必要が起きたときだけではなく、特定の時期を定めて、一年に三回、春・夏・秋にも祭礼が営まれる。春の季節は、大地が芝草でおおわれる五月に始まり、カラガスは、トナカイが成長し仔を産むようにと、火にお茶や脂肪をふりかけて《山の主》に捧げる。二回目の祭は、六月になって夏営地に移るとただちに営み、その地の霊にもやはり、トナカイの保護を祈願する。三回目の祭は、狩猟の始まる秋に営まれる。そのとき各人は、祈願文からもうかがわれるように、その地方の動物区の主に「黒てん・りす・脂ののった肉・黒い熊」を乞う[22]。

ほかでもない秋こそが、やはり狩猟民の本来の供犠の季節である。イェニセイ渓谷のツングースは、りすの毛が灰色に変わり始めるとただちに新年の祭を行ない、そのとき《森の主》は特に大切に祀られる。秋の狩を始めるにあたって、ヤクートの場合もまた、肉とバターを火に投じて森の霊に供えるのが習わしである[23]。最初の獲物を手に入れると、樹木に人間の顔を刻みつけたり、あるいはそれに煤《すす》で描いたりしてバヤナイの像を作る。[24] よい獲物がとれた場所には、ツングースもまた、一本の樹の樹皮を剝ぎとり、「目・鼻・口・ひげ」を刻みつけて、森の霊の像を作る。[25] 森の霊への供物《くもつ》になるのは、布・リボン・高価な獣皮である。ヤクートはさらに、バヤナイが狩人に何かの理由で獲物を授けてくれないときには一アルシン半［約一メートル］の粗末な木偶《でく》を作って天幕の中へもって行き、そこで屠った家畜の血を塗りつけるという習慣をもっている。天幕の右側の地面にはさらに小枝を拡げ、その上に、緑の草でおおったテーブルを一種の祭壇のようにして据える。テーブルの上には肉と、スプーンを添えた粥の鉢、それに火酒の罎《びん》と盃《さかずき》を並べる。供物を捧げる司祭の務めを果たす者は、頭巾と女の服を身につけ、手には自動わなを持たねばならない。森の霊に祈りをあげるとき、まず火の《主》・天幕・天幕の四本の柱・家畜小屋、それに大地の名を唱えることを忘れない。[26]

上に述べたイオーノフの報告を若干補足してくれる、ヴィタシェフスキーの叙述によれば、この行事は夜間行なわれ、森の霊の像は翌日森へもって行って樹の上に置かれるという。[27] 森の霊に祈り、供え物をする司祭が、その場合なぜ女装をして臨まねばならないかは、いずれの叙述からも明らかではない。

狩猟に際して行なうべき儀式を注意深く守らないと、森の霊は怒って家畜を隠してしまうという。それに反して、漿果《しょうか》やヒマラヤ杉の実を摘《つ》んだり、樹を伐《き》ったりすることには、森の霊は無関心である。[28] このことは、狩人たちが崇拝する《森の主》は森林動物の守護霊にほかならないことを教えている。ヤクートは、より一般的な《森の主》のほかに、いろいろな種類の動物の霊のことを語っている。[29] オロッコとかオロチとかの、いくつかのツングース系諸族の場合、特にドート doóto という熊の霊はきわめて注目すべき役割を演じている。[30] ゴルドは、いくつかの森の動物についてはその像も作り、森の中を歩いているときや、これらの動物のために起きるとされる病気にかかったときそれを拝む。[31] さらに、《森の主》はしばしば動物の姿をとって、あるいはその背に乗って現われるものと信じられていることを述べておかねばならない。[32] チュクチとかユカギールとかの極北シベリアの民族は森林動物の霊について語っているが、おそらく起源的には、まさに森林動物そのものが狩猟にかかわるすべての慣習や観念の対象であったのであろう。

だが、森の霊の起源を論ずる際に述べておきたいのは、多くの者が、それを森の中で死んだ人々の霊であると考えていることである。森の中で声をかけ、人間を誘って迷い込ませるという《森の主》（オイン・エジェン）は、森の中に消えた人たちの鎮《しず》まらぬ霊であるとブリヤート人は説明しているそうである。[33] ところが、民族によっては、たとえばツングースは、森の中へ迷い込んで死んだ者と、《森の主》とははっきり区別をしている。ヤクートもまた、バヤナイがイェル yör とかアバース abasy とかと同じものであるとするには納得しない。他方では、どんな生業を営む場合にも、したがって狩猟の際にも、死者の力添えを求めるということを想起しなければならない。この点に関するユカギールの観念を、ヨヘルソンは次のようなことばで表わしている。「一族の生者と死者との間には恒常的かつ密接な関係が存続していて、地上の人間の生活と生命の維持はその関係に依存している。だからこの世の人間がおおしかとかトナカイを殺そうと思えば、前もってその仕止めようとしている動物の影を、死んだ縁者の影に頼んで必ず殺しておいてもらわねばならない。さもないと狩人はその動物を手に入れることができない[34]」。すでにグメーリンがツングースについて報告しているような、つまり狩の旅で仕止めた最初の動物は、悪魔に捧げるという慣習もまた死者に向けてであろう。[35]

自然の中の神秘な霊にはさらに、行くに困難な道、特に山の峠や尾根を支配していると信じられている霊がある。こうしたものを、ヤクート人は《道の主》（soul iččitä）、あるいは《峠の主》（āttuk iččitä）と呼んでいる。[36] ヤクートは高い分水嶺とか、二つの川にはさまれた地峡を越えたり、小舟に乗って急流を渡って旅するときは、必ず供物をするとマークは述べている。供物としては馬の毛、衣服の切れ端、革の切れ端、羽毛などが用いられ、それを近くの樹にかけるのである。特に値打ちのある贈り物と考えられているのは、騎乗者が自分の馬のたてがみや尾から引き抜くことのできる馬の毛で、これは小舟やトナカイに乗って旅するときでももって行かねばならない。[37] マークはまた、ツングースは川の合流点で小刀を抜いて、鞍《くら》にしてあるトナカイの革を少しばかり切り取ってすぐ傍らの茂みにかけた。そこには前にも同じような革の切れ端がかけてあったと述べている。[38] 旅人が災難に出会いそうな場所に馬の毛やリボンを吊るす習慣は、その他アルタイとかサヤン山脈といった、他の場所でも広く見られる。[39] 馬の毛は、明らかに馬全体を代表しているのであって、これと同じ供物が、墓の近くに供えてあることは、上述の霊が死者に似たものと考えられていることを示している。

シベリアでは山の尾根とかいろいろな険しい場所では、オボー obō という大きな石の堆積に出会うことがある。それは通りがかりの者が、前に投げてあった石の上に、さらに石を投げて行くというふうにしてできたものである。この習慣は後も引き続いて行なわれる。さもなければ、旅人に災難がふりかかると恐れられている。アルタイ人は山や急流を越えるとき、土地の霊に感謝の意を表明するため、このようにしてできた石堆の上に一個の石を置くか、あるいは聖樹にリボンをつけると、ラド

48図　モンゴルのオボー。通りすがりの旅人は、一つずつ石を置いていかねばならない。ペルシ撮影

ロフは書いている。[40] ベルチル人はこのような場所（オバー obā）に石か木の枝を置いたり、火酒をそそぐと、マイナガシェフは報告している。[41] ブリヤート人のオボーは一般に、旅人が何か危険に襲われそうな場所にあるという。[42] カルムクのオボーは草原にも、丘の上にも、川ふちにもある。[43] バンザロフによれば、モンゴル人はこれを道端に作り、通りがかりの者がすべてオボーの霊に馬の毛などを供えて旅の安全を守ってもらえるようにしているという。[44]

すでに古代民族が行なっている、石や樹の枝を特定の場所に置くという習慣は、世界のどこにもその例が求められるほど広い分布を見せている。研究者は、ときにはこれを供物であると言い、ある場合には何か魔術的な儀式であると説明してきた。イスラム世界では、しばしば聖者を祀って、石堆の上へ石を一つ積む。[45] こうした儀礼を行なうとき、カレリアの漁夫もこう唱える。「聖ペトルス様、ここに石をお供えします」。誰かが特別な死に方をした場所に

［49図　現代のオボー。交通標識と並んでいる。1969年夏、ウランバートル近郊にて訳者撮影］

石を投ずる地方もある。ゼレーニンはその例をロシアから引いてきている。[46] 西ヨーロッパでは、こうした石を投げる場所は多くの場合、地下の霊のためにある。エストニア人もまた、いなくなった家畜を見つけるために、昔からずっとそうしてきた場所に石か樹の枝を置く。[47] 地球上のさまざまな地点から集められた、この点に関する無数の報告から、この習慣はもと、霊界のためのものであったと結論できそうである。[48] もっと説明がむずかしいのは、石を投げ置くこの風習が、本来は何から起きたかということだが、おそらく、勝手に動きまわって害を及ぼすかもしれない霊をこのようにして、一定の場所につなぎ留めておこうとする意図に出たものであろう。

ヤクートのようないくつかの民族は、知らない土地や遠くへ旅に出たとき、安全のために隠語を話し、その輓獣《ばんじゅう》・舟・武器はもちろん、たとえば川を渡るといった旅のできごとをさえ、絵に描いたり、異族のことばで言い表わす。トロシチャンスキーは、ヤクートはこのようにして霊を欺《あざむ》こうとしているのだと説明している。(49) 同じような習慣は狩の旅でも守られる。

アルタイ諸民族の観念によれば、一般的に土地の《主》と呼ばれる霊のほかに、自然界には、人に拝まれもせず、ふつうは悪い存在としか思われていない、数多くのいろいろな名で呼ばれる霊がいる。ヴォルガ・タタールの、人間をおびき寄せてくすぐり殺してしまうという指の長いシュレレ šüräle もその一つであって、肩の上にかけられるほどの長い乳房を垂らしている。ときにはその乳房を人間の口に無理やりに押し込んで、窒息させてしまうことがある。草地では最もいい馬に乗って、それをへとへとにするまで乗りまわす。シュレレは顔を後ろに向けて馬に乗ると、タタールは信じている。シュレレに襲われた者は、もし近くに川がある場合には、それを渡って逃げれば助かる。シュレレは水を恐れるからである。(50)

チュワシの、長い髪をしたオブダ obyda もまた、大きな乳房をした霊と似ていて、人間と同じように森の中を歩くがはだかである。その足跡は後ろ向きについているのでそれとわかる。人間をかどわかすと、ただちにくすぐりまわし、へとへとになって死ぬまで一緒に踊る。オブダの腋《わき》の下にある穴にさわってやると力が抜けて、人間から手を離す。霊界に特有な逆向きはオブダの足だけではなく、それに乗られた馬もまた逆に走るということにも現われている。(51)

さらに邪悪で危険な霊はヴォルガ・タタールのアルバスト albasty で、それは野天だけでなく、廃屋にも住みついている。人間の姿をしてはいるが、森や野にある諸物の形をとることもよくある。これに苦しめられると、人間は息が詰まり、胸が苦しくなる。アルバストはこのようにして出会った人間を絞め殺すという(52)。キルギス人は、アルバスタ albasta は頭が大きく、乳房は膝まで垂れ、指には長く鋭い鉤爪《かぎづめ》のついた並はずれて大きな女であると考え、主として妊婦を襲うと信じている。かつてある人は、アルバスタが捕まえた女の肺を川で洗っているところを目撃したという(53)。メーサーロシュは、これは産褥《さんじょく》にある婦人を襲う夢魔であると述べている。妊婦は魔除けに赤いリボンか布を頭に巻きつけるという(54)。

からだの半分だけでできた、片手・片足・片目の、森の悪霊をチュワシは《半人》(アル・ソリ ar sori) と呼んでいる(55)。オスマン人の《半人》もまた、半分の頭と半身をもつ類似の存在である (ヤルム・アダム jarym adam)。オスマン人は、この片目・片耳・片手・片足の霊は古寺の廃墟に住むと考えている(56)。

上述の例から明らかなように、これら特別の名で呼ばれる霊は、同時に、人々によく知られた明瞭な特徴をそなえている。シュレレ、オブダ、アルバストが、シベリアの《森の主》に似ているのは、各地で桁《けた》はずれに大きいと考えられている点だけである。その大きさは、伸びたり縮んだりするとさえ考えられている。だがこれらは邪悪で恐れられているという点で、前の章で述べた鎮まらぬ一群の霊と近い関係にある。いくつかの特徴、とりわけ口に押し込んで人間を殺してしまうという大きな乳房は、それが元来女性的存在であったことを証明している。多くの民族は、とっくの昔に死んでしまった、こうした女の霊をひどく恐れている。すでにブリヤート人の場合について見た、道に鬼火を灯すモンゴル草原の霊アルビン albin は、特に死者を思わせる。旅人は道からはずれて、火について行

くうちに、やがて、アルビンに誘われて道に迷ったことに気づくのである。(57)

川や湖の水中に住む各地の霊は、一般に《水の主》と呼ばれている。それぞれの川や湖はそれ自身の《主》をもっているとヤクート人は言う。カラガスのような民族は、漁師が魚を授かるようにと、これに供物をする。ペトリによればカラガスは簗《やな》で魚をとるとき、岸の白樺の樹に色リボン(ジャラマ džalama)を結び、その傍らで火を燃やして、その中に茶・脂肪・バターを投じるが、パンと煙草は入れない。《水の主》(sug äži)はそれを欲しないからだ。共同で漁業を行なうすべての漁夫は、この行事に加わる。たまに鉤針あるいは網で魚をとるときは、岸で供物をすることもなく、水中に供物を投ずることもしない。水と結びついた儀礼については、清潔を保つための厳格な注意があることを述べておこう。《水の主》の機嫌を損じることがあってはならないから、汚いもの、臭いもの、腐ったものは水に投じてはならない。また汚れた容器で水を汲《く》んではならないので、ゆめゆめ乳桶とか煤《すす》けた鍋をそれに使ってはならない。(58)

カラガスが水の霊をどのようなものとして想像しているかは、ペトリの記述からは明らかにはならない。おそらくそれは、アルタイ・タタールの《水の霊》と同じように、はっきりしない特徴をそなえているのであろう。シャシコフはブリヤートの《水の主》(ウフン・エジェン ukhun edžen)について、その役割においても性格においても、ロシアの水の霊つまり「ルサールカ русалка」に似ていて、ブリヤート人の観念では、溺死者の霊に起源があると書いている。(59) ヴォルガ・タタールとチュワシの、すこぶる発達した特徴をそなえている水の霊もまた、ロシアの水神に似ている。またヤクートの場合も所によっては同じであるように思われる。この場合、とりわけ水の霊はクリスマスと顕現節の間に陸にのぼるという観念は純ロシア的である。子だくさんのかれらは、そのとき道の上をのし歩いていて、自分らの大勢のこどもたちを牛に乗せて連れているという。さらに水の霊は、ある所から別の所に移って行くとき、いろいろな声をたてると信じられている。それを聞こうとして、人々は道の交わる所とか氷の穴とか、人の住まぬ天幕の傍らとかにじっとしている。そのとき聞いたことによって、人々は翌年のできごとを予言する。水中で、家畜を連れて暮しているというこのような霊を、ヤクート人などはスルクン sylykyn と呼んでいる[60]。

春になって氷が割れると、ヤクート人はパンと塩を水に投じ、火打石銃を撃つという習慣をもっている。かれらが川や湖水のことを称していう《老婆》（エベ äbä）に悪さをさせないためだ[61]。氷が破れるときに行なわれる同じような儀礼はロシア人やその他東ヨーロッパの諸民族にも広く見られる。

さらに、ヤクートは春の漁業はじめに、豊漁を祈って《水の主》（ウー・イッチテ ū iččitä）に、仔を産んだことのない若い牝牛を供えたといわれる。供え物は多くの場合、魚とか火酒とかいったものに限られる[62]。ヤクートの水の霊を呼ぶ特別の名はウクラン・トヨン ukulan tojon という[63]。

かつて、西部の森林ツングースに水霊崇拝について尋ねたとき、供物を水に投じるという習慣をもったことは一度もないと説明した。一方、大部分が水辺に住んでいるゴルドは、ムケ・アムバニ muke-ambani という名の水霊について語っており、それを見た者は死ぬということである。ロパーチンによれば、ゴルドは春、氷が割れるとき、草の根を水に捧げて、水の霊が誰にも害を及ぼさないようにと祈願する。水の霊は人間を溺死させるといい、所によっては毎年少なくとも一人は要求するという。だが水霊に決してつきまとわれることのない氏族もある。また、氾濫期に、強い嵐で小舟がもまれたとき、安全に岸まで漕いで行けるように、舟の前に静かな水路を作ってほしいと水の霊に祈願するという。ゴルドはこうして救われた場合には、豚を屠ってその血を川へそそぐ。豚の供犠から見て、これはシナの風習であるかもしれない(64)。

いま一つの別種の霊は、ゴルドが魚とりのときに助けてくれると信じている、カルガマ kalgama である。ゴルドが作るその木偶《でく》は、「太っちょの胴体、長い脚、高い帽子」をそなえている。魚とりがうまくいかない場合は、シャマンを招《よ》んで、この霊をなだめてもらう。ちょう鮫《ざめ》の像を木で彫って、まずその尾の方を天幕の覆いにかけておき、一定の時期にとりはずして水入れの中に浸《ひた》しておき、それから水をあける。このような行事をやって手に入れた最初の魚は、この魚像の口に押し込んで、カルガマに供える。魚はしばらくそのままにしておいてから、あとできれいにし、鰓《えら》から流れている血を、霊像の頭に塗りつける。魚の鰓はカルガマの足もとに置く(65)。

ゴルドのカルガマは夫婦としても、ひとり者としても表現されている。後者の場合、男のこともあれば女の場合もある。男性の場合、犬がひもでその主人につないであるのが普通である。女のカルガマの像はかなり大きく作ってあり、二肘《エレ》に達する。それはあらゆる分野のなりわいを助けてくれるものと信じられている。そのため、狩にでも魚とりにでも、ゴルドはそれをもって行く。

狩猟と漁撈を保護するもう一つの霊は、チャリ・アガ čalli aga で、男たちは猟をしているとき、それを帯につけているということである。ゴルドはシャマンを招んで、カルガマにしてもらったのと同じように、このチャリ・アガの機嫌をとってもらう。いろいろな生業を助けてくれる第三の霊はア

50図　サヤン山脈中の聖なる泉。
ニオラッツェによる

ジェハ adžekha で、ゴルドはやはりこの像も帯につけている。だが、アジェハのはたらき場所は広範囲にわたっているので、シャマンもまた、神がかりを行なうに先立って、アジェハの男像と女像を胸に下げるという(66)。このようにいくつもの役割を併せもつ諸々の存在は、どうしても、最初からただ単に森とか水の霊であったと見るわけにはいかない。

現地の諸民族が供物をそなえている神聖な泉や川の霊もまた、もとからの水の霊ではない。神聖な川は、モンゴル人居住地帯では、とりわけセレンガ、オノン、ケルレン、黄河などであり、それらが崇拝されていたことは、すでに古い時代の資料が語っている。ブリヤート人にも、いくつかのヨーロッパ民族の場合と同様に、水を汚したり穢《けが》したりすると、泉は別の場所へ移ってしまうかもしれないという観念が見受けられる。また、ある特定の川や流れが雨を起こすかもしれないという観念は、ブリヤートではきわめて広く見られる(67)。他方アルタイ・タタールは、雨の恵み手として、特にアバカン河の主であるアバカン・カンを信仰している(68)。

モンゴル人にはさらに、嵐やその他重大なできごとが起こる前、湖水の中で、何か牛のようなものが唸るという迷信的な観念が伝えられている(69)。ヤクートもまた、ある湖には水牛（ウー・オグサ ū ogusa）が住んでいて、冬ときどき、張りつめた氷を破ることがあると信じている。(70) 湖水に住む牛が鳴くという観念は、ヨーロッパにもあって、それはおそらくBotaurus stellarisという渉禽類が発する、牛の鳴き声に似た神秘な声によるのであろう。

大地と植物界の主とか、中でも《火の主》が最もよく知られている、火や旋風などさまざまな自然現象の主については、すでに前にふれておいたので、それについてここでやはりとりあげておく必要があろう。事物の霊のうち、ブリヤート人の《弦楽器の主》（ホーリー・エジェン khūri edžen）についていえば、これは人間をひとかどの楽士に仕立ててくれるという。この楽器ホールに妙技を得たいと願う者は、月のない闇夜に道の三つ叉のところへ行き、絹の馬勒《ばろく》をつけた馬の頭に乗らなければならない。真夜中になると、馬の頭は楽人《がくじん》を振り落とそうとするので、もしそのとき落ちれば死ぬということである。だがそれでもなおがんばって途切れずに演奏を続ければ、すばらしい演奏家になれるという。(71) ヨーロッパの諸民族にも同じような観念が見受けられるので、これはどうしても、ブリヤート人自身の思いつきであると考えるわけにはいかない。

ヤクート人とブリヤート人の場合、鍛冶の職はきわめて重んじられており、この職業に必要ないくつかの道具には、その一つ一つに主があるほどである。ロシア人から買ったものでない限り、それぞれの鍛冶道具はヤクート人の考えによれば《主》（イッチ iččí）をもつと、トロシチャンスキーは指摘している。金槌と金床とは共通の主を、やっとこと鍛冶炉は別々の主をもつが、その全体のかしらはふいごの主である。(72) プリプーゾフはさらに、ヤクート人がクダイ・バクシ kudai bakšy と称し、下界に住居をもつという、鍛冶の特別の守護霊のことを述べている。これを祀るとき、ヤクートは茶色の牛を殺して、その血を仕事道具に塗りつけ、心臓と肝臓は炉の中で焙《あぶ》り、次いで肉は金床に置いて、すっかり潰れるまで金槌で叩く(73)。

バラガンスク地方のブリヤート人は、九人の息子と一人の娘をもつボシントイという名の特別の鍛冶の神を祀っている。人間に鉄の扱い方を教えるというこの霊の一族のために、鍛冶屋は灼《や》けた鉄にクミスをそそぎ、ときには羊を供えることとすらある。ブリヤートはボシントイの息子らや娘らについても像を作る。これらの像はみな金槌・やっとこ・金床・ふいご・炭などの鍛冶道具を手にもち、それぞれの道具の《主《ぬし》》であることを表わしている(74)。

参考のために述べておけば、ある程度ヤクートに似た儀礼をもつカフカスのアブハズ人もまた、特別の鍛冶神を祀っている。ここでもまた、心臓と肝臓、それに祈願の終わりに金床に槌を打つことが重要な意味をもっている(75)。この鍛冶儀礼はもしかしてイラン起源ではないだろうか。

最も発達しているのはヤクート人における自然界の《主》への信仰であり、その観念によれば、水・山・石・森・草・茂み・牧地・いれもの・武器などすべて、その《主》(イッチ)をもっているとゴロホフは述べている(76)。トロシチャンスキーはヤクートの信仰観念を述べた中で、みずから音を発したり動いたりできるようなもの、また容易に傷をつけることのできる小刀のようなものは《主》をもっていると述べている(77)。東ツングース諸族は各地のエンドゥリ ändüri のほかに、容器や仕事道具にも同じような《主》をもっている(78)。

第二十章　狩猟儀礼

シベリアの諸民族のもとでは、動物界もまた、さまざまの俗信的観念と習俗の対象である。特殊なグループをなすのは何かの理由で神聖視されているため決して殺されない動物である。霊魂の顕われた姿であると考えられている白鳥・鵞鳥《がちょう》、特にあびのたぐいがこうした動物である。ゴルドの場合は、虎のような危険な猛獣もまた狩猟の対象からはずす。もし狩人が森の中で虎に出会った場合、武器を捨て地にひざまずいて、「じいさんよ、獲物を授けてくれ。食物をくれ。弾のとどくところへ動物を送り出してくれ[1]」と言うそうである。シベリアでは、ある動物と特定の氏族との間にきわめて密接な関係があると信じられているため、こうした動物を殺したりおどしたりして災いを招かないように気をつける。

しかし森の動物にしても、水の動物にしても、動物そのものが迷信的習俗の対象であった。狩人が獲物をとれるかとれないかは、猟の運によるのであるから、運を失わないように常に気をつけざるを得ない。動物は人間の意図を読む能力をかなりな程度にもっているという観念がすでに警戒心を起こさせる。特に熊はこの点で、実に不思議な本能をもつと信じられている。ヤクート人は、熊はどんなに遠くからでも、自分のことで人が話していることはすべて聞いているのだという。まったくのところ、「熊はすべてを憶えていて、何一つ忘れることはない」のだ。だから、たとえ家にいるときでも、熊の悪口を言ってはならず、熊は、穴で眠っている冬は、まわりのできごとを何でも知ることができるので、なおのこと気をつけねばならない[2]。いくつかのアルタイ・タタール族は、熊は「地面を通して」聞いているものと信じているし、ショートは「大地は熊の耳である[3]」という。ツングースは熊のねぐらを見つけると、身内の者にいろいろな合図やしぐさでそれを伝えるにとどめる。さてこの獲物をとるため家を出るとき、やはり大っぴらにはしない。かれらはまるで長途の旅に出るようなふりをする。アルタイ・タタールの場合、狩人が集まると、どんな意図をもっているかを直接に言わず、ただ身振りだけでそれを身内の者に伝える。熊に先まわりして知られてしまうと、狩はうまくいかない。そのため、ショルは熊狩に出かけるとき、途中で出会う動物が熊に言いつけないように全部殺してしまう[4]。ヤクート人はさらに、熊がもし前もって、自分を狙っているのが誰であるかを知ると、狩人がいない間に、その家に入ってこどもを連れて行ってしまうかもしれないと説明している[5]。シベリアの民族はふつう、熊のことを口にするとき、遠まわしな呼び名を用いる。《じいさん》《黒いじいさん》《大きな人》《森の主《ぬし》》《黒い動物》等々がそうである。たとえばオロチョンのように、民族によっては、熊のねぐらを見つけたとき、熊をその名のままで呼ぶのを避けるのである[6]。

上に述べた観念と慣習は熊だけにとどまらず、その他の森林動物についてもあてはまる。同じような秘密の素振りは、どんな狩猟にもつきものである。動物以外にも武器、猟具をはじめ、狩猟に関係あるものにはすべて耳なれぬ表現が用いられ、そのため狩人ことばは各地で、関係者以外にはまったく謎めいたものになっているのである。狩猟に出ている間、できる限りことば少なでいなければならないのもまた、この秘密性と結びついている。

他の野獣と比べて、熊が最大の注意と関心の対象となっているという事情は、明らかにその独得の暮し方のほかに、シベリアの森林では最も強い動物であるという点に帰せられるであろう。ラムートなどの民族が熊を恐れるのは大変なもので、何人《なんぴと》も熊狩に行こうなどとはゆめゆめ考えない。[7] マークによれば、ツングースは樹に熊の歯の跡を見つけると、その下に自分のしるしをつけて、熊に出会いたくないという気持ちを表明するのである。というのは熊のしるしより上に自分のしるしをつけた者は、やがて熊に出くわすものと信じているからである。[8] 一般に熊は自分と仲よくやってゆきたいと気をつけている者には寛大であるという観念がある。たとえばヤクートは、熊に会ったとき、ひざまずいて「森の主よ、森のことを思い出しておくれ。――さあ森へ行ってくれ。おまえには手出しもしないし、怪我もさせない。行かせてくれ」と言って恭順の意を表わす者に対しては何もしないと信じている。またある地方では、「おまえがこのあたりのただ一人の支配者だということはわかっている。おまえをやっつけるためにおまえの王国へやって来たのではない。さあ行かせてくれ」と言う。[9] ショルは森の中で熊に出会うと、帽子をとって、「どうぞお通りください」と言う。テレウートは熊に自分のこどもたちを示して、「大おじさん、こどもたちをおどさないでくれ。何を捜し歩いているのだ。どうかおまえだけの清らかな道を歩いてくれ」と言う。[10] 狩人たちは熊のことを口にするとき、明らかに機嫌をとるために、「おじいさん」あるいは「おばあさん」「父」「おじ」とかの親族名称を用いる。[11] 熊を怪我させたりいじめたりすると、間もなく復讐を受けると信じている。原始的思考によれば、個々の動物に対してもその種全体が責任をもっているので、仲間のために報復をする。殺された熊の

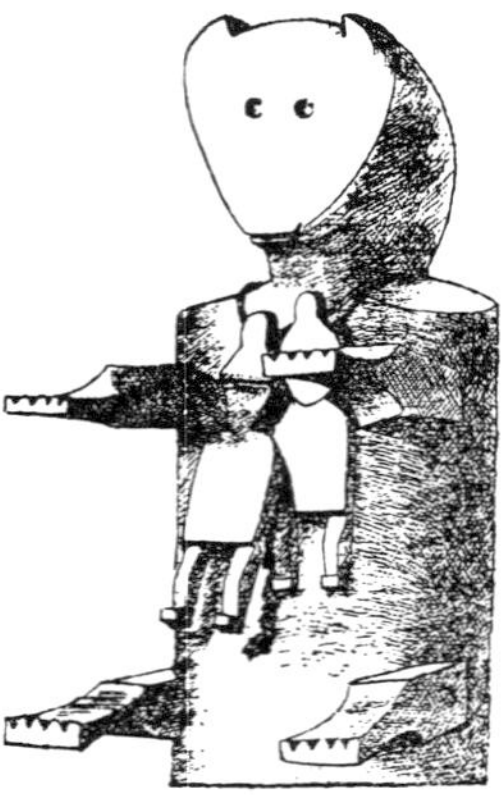

51図　ゴルドの熊霊。
シムケヴィッチによる

影の魂もまたその復讐者となる。すでに述べたように、ゴルドは熊のせいでかかった病気を治したり、豊猟祈願のために、熊の像を作る（51図）。その他いろいろの森林動物の像もこういう目的をもって作られる。[12]

しかしあらゆる危険にもかかわらず、機会がありさえすれば熊を生かしてはおかない。その毛皮は高価で肉は美味とされ、血を飲めば胆力がつくという。その脂肪と胆のうはすでに古くから薬用にされ、その歯と鉤爪《かぎづめ》はまじないに用いられて来た。所によって、熊のいろいろな臓器は生で食べられるが、それはこうすることによってのみ、熊の魂の力を自分の体内に移し入れることができるという観念にもとづくのであろう。

さらに熊の足・鉤爪・歯は狩猟民の生活の中で重要なお護《まも》りとしての意味をもっている。家の護りとして、ツングースは熊の前足を天幕の入口の上に吊るしておく。[13] ショルは悪霊（アイナ aina）を寄せつけないようにと、熊の足を入口の傍らに置いておく。[14] またいくつかの地方では、特にこどものいる家などでは、足・鉤爪あるいは毛皮とかを吊るしておく。同じ習慣のあるミヌシンスクのタールは、熊は戸口の霊の役目を果たすと信じている。熊には蟻・こけもも・一種の百合根《ゆりね》（Lilium mortagon）を供《そな》える。テレウートの戸口霊もまた、熊の毛皮を着て現われる。[15] さらにグラゾフ地方のヴォチャークの場合、熊は家の霊になっている。

ヤクートには赤ん坊の揺籃《ゆりかご》の中にも熊の足を入れる風習があった。コリスマンのテレンギットは、家畜の成育を祈って天幕の中に熊の足を入れておく。一方ショルは、仔牛や牝牛の首に熊の鉤爪を縛りつけて、下痢を止めようとする。(16)アルタイ・タタールは熊の鉤爪を病人の頭のまわりにふりまわして頭痛を追い払おうとする。トゥルハンスク地方では、トナカイが狼に襲われないようにと、首のまわりに熊の鉤爪を結びつける。熊の歯もやはり呪術的な目的でいろんなふうに利用される。

自然民族が、動物の一つ一つの身体部分にその動物全体を見る結果、その全体の力がこれらの部分にやどっているものと考えているありさまは、さらにかれらの宣誓のやり方を見てもよくわかる。身の潔白を証明するために、ツングースは熊の毛皮・鉤爪・歯をかんで、「もし私に罪があれば、熊に食べられてもよい」と言う。ヤクートは熊の頭に腰かけるとか、あるいはそれをかんだり接吻したりしながら誓言する。アルタイ・タタールは熊の毛皮に坐り、その鼻面《はなづら》に接吻したりする。熊の頭蓋骨で汲《く》んだ水を飲む地方もある。ソヨートは仕止めた熊の鼻面を嗅いだり、熊の頭や足をなめたりする。(17)サモエドは誓いをたてるとき、小刀で熊の頭皮の毛を切って行なうそうである。同じような習慣はシベリアのフィン系諸民族にも見られる。

熊の場合と同様、その他の森林動物の身体部分もまた呪術的目的のために用いられる。北氷洋沿岸の諸族は白熊の歯を、アムール地方定住民は虎の鉤爪と歯を帯につける。また、トナカイを守るために、その尾に虎の革の一片を結びつける。プリャヤンスクのツングースは野生トナカイの歯を「お護り」にするという。ヤクートは、悪霊（アバース abasy）が家に入って来ないように、兎の耳・尾、黒雷鳥の尾羽などをひもに通して、住居の覆いにかけておく。家畜小屋の入口を守るために、鷲みみ

52図　アルタイ地方の獣骨つき揺籃吊りひも

ずくの頭をとりつける。ある種の動物の頭は特に幼いこどものお護《まも》りにとりつけられる。ヤクートはこどもの揺籃の上に、熊の足や猛禽の鉤爪、ときには黒てんの頭蓋や、まる剝《は》ぎの兎の毛皮を結びつける。ゴルドはこどもの寝台に大山猫の骨を入れる。アルタイ地方のタタールは、揺籃を吊るすひもに、かもしか・羊・鳥の骨を下げるのは、それらがぶつかりあってかちかちと鳴る音でこどもが喜ぶからだと説明しているが、この風習は、ここでもまた、本来はこどもの保護を目的としていたことは明らかである（52図）。サモエドは、トナカイが狼に食われないように、ときどき、まるのままの狼の毛皮を神（カエヘ kaehe）の橇《そり》に入れておくという[18]。

しかし、熊はいろいろな理由から、他の森林動物より大きな注目を寄せられ、恐れられているにもかかわらず、野獣と女あるいは狩人との関係から見ても、あるいは殺した動物の骨の扱い方から見ても、熊とその他の動物に関する儀礼との間には本質的な相違は認められない。

女と野獣

女と野獣との関係は、すべてのシベリアの民族を通じて、特に用心が必要である。とりわけ月経や妊娠の期間は、男たちの猟運はくずれやすい。女たちの無思慮によって、動物をよそに追いやってしまうこともある。トゥルハンスク地方のツングースの場合、女たちがそんな状態にある期間は、男連中はまったく近寄らず、ときには特別の天幕を設けて別居することさえある。少なくとも武器と猟具は保護して、住居の奥とか、あるいはどこかへもって行かねばならない。女たちは、狩人たちが入っている天幕のまわりをうろついてもいけない。だが何よりも野獣そのものに出くわさないようにしなければならない。ヤクート族の北部居住地帯に拡まっている観念によれば、野生トナカイの群が村近くの川岸に現われるたびに、妊婦は姿を見せぬようにしなければならない。そのとき、妊婦はその住居を決して離れてはならず、いわんやトナカイが群れまわっているところを見てはならない。妊婦はまた、舟に乗って川を渡ったり、トナカイの走るのが見えた場所で、道をまたいでもいけない。トナカイはそこへはまったく寄りつかなくなってしまうからだ。女の妊娠中、その夫たちもまた一定の禁忌に従わねばならない。こういうとき、狩を行なうのは適当でないと考えているところもある[19]。

妊娠中の女性が、なぜ森の動物にとってふさわしくないかという問いに、我々の資料はさまざまの回答を出している。熊は「生まれるこどもが自分の迫害者になることを恐れる」ために、妊娠中の女を憎悪していて、女を引き裂くときには、その腹部を破るのであると、オスチャークは説明する[20]。同じような説明は、ルレ・ラップマルクでも記録されていて、「熊が妊婦に悪意をもつのは、その腹の果実が男のものだからである」という[21]。しかしながら、俗間で集めたこのような説明では、特に熊とかおおしかとかの重要な野獣が狩人に仕止められた場合に行なう儀礼には、妊婦だけではなくその他の女もしりぞけられるのはなぜかが充分に説明できない。

女たちは、何か秘密のやり方で、猟具と狩人を穢《けが》したとだけ説明される場合の方が多い。狩猟は言うに及ばず、女性はどこでも魚とりもやってはならない。ソヨートは、女は容易に水を穢すから魚をとってはならないという[22]。イェニセイ人は、女が水浴に行くと、魚は北氷洋に逃げてしまうと、私に説明してくれた。野獣が占める地位はまったく魚の比ではない。動物の皮を剝いだり、肉や骨を分けたりすることさえ、ふつう、女には禁じられている。女はいかなる場合にも、生肉や生皮を手にもってはならない。ヤクートの観念によれば、女はトナカイの生皮を踏んだり、骨の上に乗ったりしないように気をつけねばならず、乾くまではどんな皮も、とりわけ狐の皮には決してさわってはならない。さらにヤクートは、おおしか・トナカイ・狐・ビーバー・アーミンの生皮が、人手に渡ってからしかるべき注意事項が守られないと猟運を失う恐れがあるとして、売ろうとしないといわれる[23]。ゴルドの場合、女は決して熊の頭を見つめてはならない。ここでは、女はまた、熊祭の宴会にも参加してはならない[24]。

女と野獣との間の微妙な関係が、本来、何に由来しているかという説明を求めようとするならば、動物を仕止めた後、女が守らねばならないしきたりの方が、男たちが狩に出かけるとき、男が女のせいで守らねばならないしきたりより、女自身にとってより重大な意味をもっているという点に注目しなければならない。

一九一七年夏、トゥルハンスク地方にいた私は、ツングースが仕止めた熊とかその毛皮とかを家へ運んで来るとき、それを入口からではなく、天幕の後ろの覆いの下から家の中へ入れるという話を聞いた。この風習は、女が家に入るときに用いる普通の道をとりたくないと熊が望むからだと説明されている。ブリヤート人もまた、この場合入口を避け、少なくとも黒てんは、特にそのために壁にあけた穴を通して天幕の中に入れた。(25) ヤクートは仕止めた狐、もしくは大山猫を、窓穴から部屋へ入れる。(26) 各地のモンゴル人は犠牲動物の肉もまた、親類の者にとどけるのに、「入口の左上の天幕の覆いの間のすき間から」天幕の中へ入れるのであって、正面入口からではない。(27) この風習は明らかにやはり古代の狩猟儀礼にもとづいている。参考のために述べれば、カムチャダールは黒てんを「上から」、多分煙出《けむだ》しから天幕の中に投げ込んだらしい。(28) 同じようにギリヤークは、土地によっては、頭のついた熊の毛皮を入口からではなく、針葉樹の枝の樹冠のついた長い棒につけて、煙出しから入れた。(29) アムール流域の住人とアイヌは仕止めた熊を窓から小屋に入れる。(30) ラップは熊とトナカイの肉のほかに兎・てん・大山犬・ビーバー・かわうそ・鳥に至るまで、さらに諸霊への供物《くもつ》も、狩人が這ってやっと入れるくらいの、小さい「神聖な」後ろのすき間から天幕の中へ運び入れる。(31) 丸木小屋に住んでいるオスチャークは、入口を避けて後ろ側の窓から熊の毛皮を部屋へ入れ、また同じところから出して納屋へ運ぶ。(32)

こうした風習を観察すると、丸木小屋が広く行きわたった今ですら、もとの習慣がいかにねばり強く続いているかに気づくのである。だがこの千年来もの習慣が何に由来しているのか、これらの民族はもはや説明できない。森から野獣を運んで来ると、やはり入口を避けるトムプスン河畔のインディアンは、「入口は女が出入りするから」こうするのだと言っている。(33) 北アメリカで、ツングースやラップの場合と同じ答えを得るのは興味深いことである。ラップの狩人は熊を家へもち帰るとき、女の足跡と交わらないよう気をつける。女にとってもまた、熊が歩いた道を踏むのはよくない。熊を運んだトナカイですら、女は一年間は使ってはならない。(34)

態がすでに仕止められた後でもこの風習が守られているから、明らかに恐れの対象は狩猟の成功如何ではなく、女そのものが危険にさらされているものと見なされている証拠である。

すなわち、極北の諸民族は死者を天幕から運び出すときにも、入口を避けてきたことに注意すべきである。そこではふつう、死者の遺骸が最後に安置されていた天幕の屋根の下から出されるのである。つまり、死者は入口から出したりすると、すぐにまた家へもどって来ると信じられていた。遺骸を運んだ者の足跡を消すことから見ても、こうした風習がどこから来ているかは、もう疑問の余地がないだろう。おもしろいことに、死んだ人や動物の霊は足跡をつけて歩くと信じられているふしがあり、この観念は狩猟民族に共通しているので、動物の生活から得た経験にもとづいているのは明らかである。(35)

これらの禁忌事項は家にいる男やこどもたちには、女、とりわけ姙婦ほどには極端でないのを見ても、まさに女が危険にさらされていることははっきりしている。警戒のために、ツングースの女は、狩人が家に帰って来ると自分の顔をおおった。また女たちは熊の肉を食べるときも、手袋をはめたり、木片に載せたりして口に運んだ。特にラップの女は、この場合、いろいろな防禦手段を用いたことがわかっている。

この風習をもっと深く突っ込んで考えてみると、最初は女が男に比べて穢れているとか劣っているとかではなくて、女の保護がただ一つの目的であったことに気がつく。もろもろの防禦手段が、もっぱら出産可能な女に関するものであって、それより幼かったり、年寄ったりしている女には関知しないという事実は、それが女の性生活といかに密接な関係をもっているかをはっきりと証明している。

死の床にある者、あるいはその遺骸に姙婦を近づけないようにしているのと同じ理由で、姙婦は殺された動物にもやはり近づいてはならないのだと思われる。しかし、そうでない女もまた、ほかならぬ女というだけの理由で諸霊に責められることがある。熊が小屋へ運び入れられるときにうたうフィン系の熊歌は、あからさまにこううたっている。

かわいそうな女たちよ　気をつけろ
女たちよ　お腹に気をつけろ
おまえの胎児をかばうんだ

自然民族の観念によれば、諸霊は胎児の中に入り込み、女を利用して新たに生まれ出るすきをつけ狙っているから、女性が身を守るのは、同時に生まれ来る世代を守ることであると理解すべきである。そのことを教えているのはとりわけヤクートの観念であって、姙婦が熊の生皮に坐ると、ろくでなしのこどもが生まれるという。[36] また諸霊は女に子宮の病いを起こさせることもある。ラップ人は、「諸霊が女の子宮を突き破ったり、穴をあけたりしないように」（ue ventrem feminarum terebret seu perforet）、クリスマスにはうろつきまわっている諸霊の群に供物をするのだとヘーグストレームは述べている。[37] ヤシチェンコも同じく、コラ・ラップの女性は、諸霊が住んでいるという聖地に近づくと、「決まったように」病気になるので、このことから、不案内の土地に来た場合、間近に聖所があると知ることができるのだと述べている。[38] これらの例に照らしてみると、さまざまな注意事項も、狩猟民に特有な両性間の文句なしの分業も、まったくよく理解できる。

仕止められた野獣に対する恐怖は、女性がその肉を食べる場合にも慎重にふるまうよう求める。シベリアでもラップランドでも、女が野獣の血とか、心臓・肝臓といったとっておきの臓器を食べるのは適当でないという観念はきわめて広く見られる。ショートの観念によれば、妊婦は熊の肉を食べてはならない。ヤクートの場合には、妊婦だけでなくその夫もまた、野生トナカイの内臓や野獣の頭、あるいは腿《もも》から切り取った肉を食べるのは慎まねばならない。さらに変わっているのは、ツングース、ヴォグール、ユラーク、ラップなどのもとに見られる考え方であって、女たちは森林動物、ことに熊の頭あるいは前半身から切り取った肉を決して口にしてはならないというものである。[39] この禁じられた部分は、またしばしば他の部分の肉とは別にして煮ることがある。この大昔からの風習は、まさにこうした部分や臓器には、たいていの場合、動物の魂あるいは魂の力が潜んでいるので、女はそれに警戒せねばならないという観念にもとづいている。

狩人と野獣

警戒を要する関係は、狩人と野獣との間にもあって、その原因は、両者がたがいに恐れ合っていることにある。動物は狩人を恐れ、狩人は仕止めた動物を恐れている。前者は狩人が野獣を手に入れる前に行なうしきたりに現われているし、後者は野獣を仕止めたときとか、あるいはその後に行なうさまざまの儀礼に現われている。そのほか、いずれの場合にも猟運を失いはしないかという恐れがうかがえる。

シベリアのすべての民族は、狩に出発する前の狩人の浄めをきわめて重要な行事と考えている。通常それは、狩人たちが火を燃やし、その上を跳び越えるといったようなやり方で、自分自身も武器も、それにときには犬も煙をくぐらせて行なう。たとえばヤクートは秋に猟期が始まると、衣服と猟具を火の傍らで「煙にあてる」。たいていの場合、これらの浄めの儀礼を行なうのは女のせいであるとされる。ヤクートは、女が月経のときか、あるいは分娩後間もないときに猟具にふれたりまたいだりすると、森の霊は不浄な武器を用いた猟を「きらう」から猟が成功する見込みはないと言う。そのため、不浄になった猟具は火で、しかも可能ならば雷の落ちた樹の裂片を燃やした火で浄めなければならない。ショルやその他いくつもの民族は、猟に出かける準備をしている期間は、女との交わりを全面的に避けている。(40) 周知のように、フィン・ウゴール系民族の狩人も、女に穢されるのではないかと恐れている。ズリエンは、「狩は純潔なものであって、野獣は清潔な人間のみを愛する」と言う。オスチャークもまた、熊を仕止めに出かけるときは、「熊を怒らせるような不浄、とりわけ女にふれたためにくっつく不潔をとり除くために」煙にあたって身を浄める。(41) フィン族の狩人もまた、いろいろなやり方で身を「浄める」。

《森の霊》は女によって穢された狩人を「いやがり」、「熊は腹をたてる」という民間の説明は、この風習の本来の目的を観察してみると、後でつけられた説明か、単なるこじつけである。浄めは明らかに野獣が人間のにおいに気づくと、独得の敏感さと鋭敏さで、狩人やその猟具を避けるという当然の経験に本来もとづいているのである。シベリアの多くの民族はそのため、燻蒸《くんじょう》のために、杜松《ねず》、シベリアもみ（Abies pichta あるいは A. sibirica）の樹皮、種々の香りの強い草などを燃やす。フィン系の狩人もまた、自分のからだ、自分の銃、その他の猟具類を、たとえば松葉でこすったり、自分のからだに牛の尿を塗りつけて、動物の鋭い嗅覚を惑わせようとする。いくつかの地方では、アルタイ・タタールは猟具と猟装は注意深く納屋にしまっておき、ふだんは、くせのあるにおいのしみついた住居の中には置かないようにする。(42)

シベリアの大部分の民族は、熊はラップ人がやるように、冬の間だけ、冬眠の穴で捕える方法をとって来た。ある地方では穴へやって来るとすぐに、狩人たちは穴の入口でお辞儀をして敬意を表わし、熊にた。穴への通路はふつうふさいで、屋根の部分に穴をあけ、そこから槍《やり》を突き刺して熊を殺し丁重に挨拶する。同時に、こうしてやって来て、熊の平和を乱してすまないと謝る。プリャヤンスクのツングースは、「父よ、おまえを尊敬する。怖がるでないぞ」と言う。(43) トゥルハンスク地方のツングースは、熊の穴へ近づく前に感づかれないように、顔に煤《すす》をなすりつけておくことがよくある。ツングースは熊の復讐を逃れようとして、別の方法で熊をだます。すなわちヤクートの隣人であるツングースは、「おまえのところへ来たのはツングースではないぞ。ヤクートがここへ迷い込んで来たのだ」と言うそうである。(44)

眠っている熊は殺す前に起こすことが狩人のおきてである。熊もまた、森で眠っている人間をあやめることはないからだとヤクートは説明している。また、狩人が熊を冬眠から起こさないままで殺せば、他の熊が狩人の眠っているところを襲ってかたきをとるともヤクートは言う。かれらは棒でつついて熊を起こしながら、「立て、おまえと戦うために敵軍がやって来たぞ」と言う。(45) ラップもまた、眠っている熊を打ち殺すのは汚い行為だと考えている。かれらはさらに、眠っている動物というものは、すぐには容易に死なないものだと考えている。オスチャークは熊がからだを動かし始めたとき、初めて穴を目がけて射込む。カレリア人も同じ風習を守っている。ヴォッキニエミでは、「親愛なる熊よ、さあ起きてお客を迎えろ」と言って熊を起こす。(46)

熊を殺すときに、苦しめてはならないということもまた気を配るべきことであって、もしそうしなければ、猟運はぶちこわしになると信じられている。トゥルハンスク地方のツングースは、野獣が長い間わなの中で苦しんだ場合には、そこに再びわなをかけても無駄であると説明している。さらに、動物を虐待したり痛い目にあわせた者は病気になり、それぞれの野獣の世話をしている霊は、野獣が受けた苦しみを復讐すると信じている。マークはコルマ河で聞いた次のような話を述べている。性悪な人間がトナカイをわなで捕え、皮を剝《は》いでから走らせた。トナカイは走ったが、その日以後、もうトナカイの姿はこの地方に一頭も見られなくなった。そんなあるとき、トナカイの一群が川を渡ろうとしているのを見て、狩人たちは岸のかげで待ち伏せていた。ところが一瞬、生きたまま皮を剝がれたトナカイが現われて、群のところへ走り寄ると、すべてのトナカイは引き返して行ってしまった。(47) ラップは、傷ついた熊が再びもとのねぐらへもどったため、狩人たちがすぐに殺せなくなったとき、熊に向かって悲痛な声で呼びかけてこう言ってわびるということだ。「おまえに怪我させ、つらい目にあわせるつもりじゃなかった。おまえを痛い目にあわさずに殺したかったが、おまえの方がそれを望まなかった。だからおまえはつらいだろうが、俺たちのせいじゃないんだ」(48)。このような泣きごとは明らかに恐ろしいものだから述べられるのである。アルタイ・タタールは熊の目や耳を射つことを

禁じている[49]

熊が殺されるとすぐ、狩人はまたまた自分が無罪であると言い張って赦《ゆる》しを乞いながら、熊をねぐらから引きずり出す。ラムートは「和解の儀」を行なって、特別のなだめの歌をうたうとボゴラスは述べている[50]。イェニセイ渓谷のツングース狩猟民は、熊を殺した後、しばらくの間穴を離れてから再びもどって来て、たまたまそこを通りがかって熊の死んでいるのを見つけたようなふりをする。そうして、知らない男どもが熊を殺してしまったと悼む。ところによっては、ツングースが熊に向かって、「おまえを殺したのは俺たちじゃない。ヤクートがやったんだ」と言い張る。ヤクートはまた、隣接しているユカギールに罪をなすりつける。怖れの念をまじえて、他族に罪を着せるこうしたやり方は、次のオスチャークのもとで記録されているように、他の場合にも見られる。「俺たちのことを悪く思わないでくれ。ロシア人の作った矢がおまえを殺し、ロシア人の作った槍がおまえを滅ぼしたのだ」。すべてのヤクート人の狩人は、熊の復讐を恐れ、誰の弾で熊が死んだかを熊に知られないように、一斉に射つことがある[51]。

このようななだめの儀礼はしかし、熊に限ったものではない。たとえばヤクート人は、大山猫がわなにかかると、「泣きながら」、「黒い森の貴い血筋の動物がここを通りかかって命を落としたのは残念だ」と唱える[52]。

仕止めた野獣の皮を剝ぐ前に、口のまわりの口唇の皮を、鼻や鼻孔と一緒にして引き離しておくのが、多くの民族の習慣である。狩人はそれを切り取って天幕の中に保存しておくので、以前、ソヨートのもとでは、鼻のついた熊の頭を買うことはできなかった。プリャヤンスクのツングースは、狐の口の皮を切り取って三日間保存した上、樹にかけるといわれている。ヤクートもまた狐や北極狐の鼻面の皮を剝がす。アルタイ地方のタタール諸族には、狐や黒てんの鼻面を箱に入れてとっておき、その中に動物の《魂》がやどっているのだと信じているものがある。ソヨートは猟運にあずかろうとして、黒てんの口唇とひげをふところに入れている。チュクチは、家を守ってくれるからと、猛獣の鼻面を集めている。ギリヤークはやはりあざらしの鼻を切り取る。[53]

フィン・ウゴール系民族にも同じような風習がある。ヴォグールは狐・黒てん・アーミンの鼻面を身につけていると、何でもうまくいくものと信じているとゴンダッティは書いている。[54] ヴォグールもやはり熊を殺した後、鼻面のまわりを切り取る。少なくともまだ十八世紀には、ラップもまたこの習慣を守っていた。フィエルストレームは、ラップは熊の鼻面の先の薄い毛のない部分の皮を剝ぎとり、首を切り離した者が、それを自分の顔に縛りつけると述べている。[55] フィンランド（北カレリア）では、第一に、しかも「大急ぎで」、「鼻面の環」（tarparengas）か「口唇帯」（huulipanta）をはずす。カイ・ドンネルがケト河からフィンランド国立博物館にもち帰ったシャマンの装束は、サモエドの場合にも熊の鼻面の環は重要なものであったという証拠になる。この装束では、この環がシャマンの鉢巻きに用いられていて、そこに熊の鼻孔もついている。このシャマンは明らかにこうして熊を表わし、あるいは自分自身が熊の能力を身に帯びようとしたのである。フィンランドの多くの地方では、兎の鼻面の皮（kirsio）を切り取って、仕止めた現場へ残しておく。この古い狩猟儀礼がもはや見られなくなっているヴォルガ地方でも、少なくともチェレミスの場合、いけにえの馬の皮を剝ぐ前に、口のまわりの皮を鼻孔と一緒に切り取るという風習が守られている。[56]

これほど広い地域にわたって記録されている習慣が、太古からのものであることは明らかである。それがもとは熊に対する恐怖心をかき消すためのものであったことも明らかである。このような考え方をあらわにしているのは、中でも次のようなフィン族の熊歌の文句である。「私の熊の嗅覚が消え去るようにと、私はその鼻をとる」。ギリヤークは、捕まえたあざらしの鼻と目をとり去って、水中に投ずるが、それは誰が殺したか知られたくないからである。サガイもまた熊を殺したとき、「もう人間を見られないように」と目をとり去る。カラールは熊に襲われないようにと、呑みくだしてしまう。ショルの場合もまた、熊の目をすぐに食べてしまうのは、ごく普通の習わしである(57)。

コンドマに住むショルは、殺した熊の口から、「初ものとして」歯を引き抜く。その他、アルタイ地方のいくつかの民族も同じようにする(58)。ヤクートは、普通の狐や北極狐から、鉤爪《かぎづめ》あるいは足をとり去り、そのために毛皮をいためてしまう(59)。これらのものは呪術的な目的に用いられるけれども、もとはこれをはずすことによって何かの危険を避けようとしたのである。これを明らかにしているのは、中でも、次のような、ズリエンの熊狩に関する報告である。「熊を仕止めると、その歯を折り、鉤爪は引き剝がす。熊はそうすれば、ちゃんと死んだものと考えられているので、狩人たちは安心してそのからだの上に乗って煙草を吸うことができる(60)」。

いくつかの報告によれば、鼻面と同じように、その目も歯も爪もできるだけ早くとり除かねばならない。このすばやい処置は、我々が上に述べておいた推定を肯定するものである。上述の各部分がとり除かれれば、最もきわどい危険がひとまず去ったという考え方は、さらに狩人の古代法慣習に現われている。果たせるかな、ズリエンには、もと次のような習慣があった。「もし局外者の狩人が、まだ仕止めた熊に歯や爪がついたままで置いてあるところへ来た場合、熊を仕止めた者たちと同じだけ、獲物の分け前にあずかる権利をもつ[61]」。ロシア・カレリア地方では、まだ熊の「鼻面《はなづら》の環」をはずす前にやって来た者は、局外者でも獲物の分け前にあずかれるという規則がある[62]。遅れて来た者は手ぶらで帰らせるという法慣習は、遅れて来た者は危険を冒さなかったという考え方によるものであろう。

シベリアの狩猟民族は、ふつう仕止めたその場で熊の皮を剝ぎ、傍らで火を燃やす。トゥルハンスク地方のツングースには、この火の上を跳ぶ習慣がある。カラガスは熊を穴から引きずり出すとすぐに、杜松の木の枝と脂肪に火をつけて煙で燻《いぶ》す。そうして毛を逆撫でして、「キッ、キッ、キッ kik, kik, kik!」と唱える。オスチャークは猟場で火を燃やすと、その傍らで燻製《くんせい》の食物を食べる。ラップはほくちを燃やした煙で熊を浄める。フィンの狩人もまた、熊を殺すと火を燃やしたという[63]。

熊が息絶えたその場で火を燃やすのは、熊の肉をそこで料理するか、あるいはよそでするかには関係なく、燻蒸と同じように、火と煙で熊の魂を追い払う目的であったことを証明している。牧人が野獣を追い払うためにつけたかがり火を野獣が恐れるように、野獣の《魂》もまた火を恐れて逃げると信じている。火に霊を追い払う力があることはまた、葬礼からも知られている。

ショルは熊の頭を切り離すと、なかまどの木に刺して、火にちょっと焙《あぶ》ってから、鼻面が東を向くようにして立てる。その上ですべての狩人はあらためて代わるがわるその熊の頭を射る。頭をななかまどの木に刺している間、何人かの者はこう唱える。

　おまえははんの木に登って踏みたがえて死んだんだ

おまえは草の実を食べて、岩からころんで死んだんだ
ななかまどの実を食べて、すべって死んだんだ
すぐりの実を食べて、沼に落ちて死んだんだ(64)

アルタイの狩人が、熊の復讐が怖いものだから、こう唱えて自分のせいではないと言い、この災難は熊の自業自得だと言いくるめようとするこうしたことばに似たものに、またフィンの熊歌の次のような一節がある。

おまえを殺したのは俺じゃない
また俺の仲間の者でもない
おまえが自分でつまずいたんだ
おまえが自分で枝からすべったんだ
おまえの黄金のからだにはひびが入り
おまえの胃袋は木の実がいっぱいで裂けたんだ

それから後、ショルは熊の頭を毛皮に包んで家へもち帰るか、木に刺したままその場に放置するかである。
ところによっては熊の皮を剥いでから、その死体を樹の枝で叩く風習がある(65)。ラップもまた、殺し

た熊を枝で叩く。この風習がいかに頻繁に行なわれるかは、「熊を棒で叩く」[66]という慣用句があることからもわかる。ここにどんな意図が潜んでいるか——《魂》の追い出しではないかと思われるが——はっきり言うことはむずかしい。

アルタイ地方のいくつかのタタール種族は、熊の穴を後にしてからも、熊を殺した場所へ向かって射ち、あるいは熊が追って来ないようにと、スキーの跡に斜めに丸木を置いておく。また雪の上に環を描いておく。こうしておけば《魂》がその中へ入り込んだとき、なかなか出られないのだという。こういうふうにしてショルは道を閉ざしながら、「俺たちの道を歩くな」と唱える。殺した熊の《魂》は、少なくとも三日間はそのあたりに出没して人間を不安に陥れ、苦しめると信じられている。熊の霊が狩人の小屋に近づくと、火は消え、犬がけたたましく吠えるといわれる[67]。

シベリアの狩人たちは、仕止めた熊をひっさげて森から帰って来ると、家人に獲物がとれたことを知らせるのにことばを用いず、いろんなふうに叫んだり、あるいはヨーデルや歌で行なうのである。熊の毛皮を家に入れる前に、牡には男性用の、牝には女性用の服を着せ、飾りたてることがある。しかし、頭巾をかぶせるだけで着衣として充分であるとすることが多い。イェニセイ・ツングースは、その性別によって「じいさん」とか「ばあさん」とか呼んでいる。オスチャークも知っているこの風習は、熊をまるで永らく会わなかった、大変親しい親戚のようにしてなだめようという意図に発している。この儀式は熊について行なわれるだけでなく、その他の野獣についても行なわれる。イオーノフによれば、もしヤクートの狩人が、狐がわなにかかったのを見ると、家に着いてもすぐには中に入らず、外にとどまって、戸を叩きながら、「森の霊がくれたんだ」と言う。すると家にいる者は何のことかすぐにわかって、バターやその他の食物を森の霊への供物として、かまどの火に投じ、帽子を一つ、家からもってでる。狩人たちはこの帽子を捕えた狐の頭にかぶせて、自分たちの衣服の裾で、それをおおいながら、家に運び入れ、獲物の顔を火に向けないように注意する。小屋の奥の炉の後ろで狐の頭を切り離し、その毛皮は壁ぎわの長椅子に、まるで名誉ある賓客でも扱うように置き、翌日同じような儀式を行なって納屋に運び入れるまで、そのままにしておく[68]。別の報告によれば、ヤクート人は狐を窓から部屋へ運び入れる前に、前庭で銀の頸《くび》飾りをつけさせ、婦人用の毛皮外套を着せる[69]。ブリヤート人は、特別に準備した入口から家の中へ黒てんを入れるとき、「客人のご到来だ」と言う[70]。ツングースはことに黒てんとか北極狐のような高価な毛皮は特別な儀式を行なって敬意を表する。帽子とか布とかを頭にかぶせ、ほめたたえて接吻する。森の霊は陽気で騒ぎ好きであると信じているヤクートは、わなにかかったアーミンの鼻面のまわりにバターやクリームを塗りたくって、絶えず声をたてて笑うようにする。自動弓のわなにあたってトナカイが死んでいるのが遠くからでも見えると、やはり、こどものように跳びはねて声高に叫んだり笑ったりする[71]。

トゥルハンスクのツングースには、熊の肉を煮る前に、この熊は人間を食ったことがあるかどうか調べる習慣がある。もしそうであった場合、熊の肉は食用には供されない。熊が人間を食べたことがあるかどうかは、熊から切り離した前肢を空にほうり投げて、その落ち方を見て決める。それが裏になって落ちれば、人間を食べたしるしである。ショルは熊の心臓を調べて、そこに人間の毛がついていないかどうか捜してみる。それらしきものがあれば、この熊は人間を引き裂いたことがあると判断する。このような場合、かれらは熊の肉も毛皮も燃やしてしまう。一方、オスチャークは熊の胃を調べて、そこに「髪の束」が見つかれば、この熊が人間を食べた確実な証拠であると考える。この場合もまた熊は焼却するか、毛と皮もろとも捨ててしまう。[72]おそらくこの遵守《じゅんしゅ》事項は、ギリヤークが信じているように、熊に引き裂かれた人間の魂が、熊の中に入り込んでいるという恐れから発しているのであろう。[73]だから、このような熊の肉が食べられないのはそのためである。もちろん、熊に復讐する気持ちもおのずから加わっている。

それに反して、素性のはっきりした熊であれば、特別のご馳走を作って祝い、なだめ、とりなし、愉しませるが、同時に恐れのために行なう多くの儀礼もまつわっている。もちろん、他の野獣の場合にも喜ばせようとして、晴着を着せ、ご機嫌をとり、饗応《きょうおう》する。ヤクートはおこじょ・てん・狐が、「これからもまた、わなにかかってくれるように」と、その鼻面にバターなどを塗りつけるのが習わしである。[74]カムチャダールはあざらしにもご馳走をして、それが、人間のところにお客に来たのだというふうに、他のあざらしにも知らせようとする。[75]コラ・ラップは「家に帰って、何も食べさせてもらわなかったと言うんじゃないよ。他の連中だってやって来れば食べさせてやるのだから」と言って、白熊の口に魚を入れてやる。[76]

サガイ人もまた、死者に対して行なうのとまったく同じように、熊にも「葬式」をしてやるということである。かれらは一晩中飲み食いし、かつ歌っている間、死んだ動物の《魂》もまた饗宴《きょうえん》に加わり、こうしたすべてを見たり聞いたりしていると信じている。熊の性別によって、「私のおじいさん、年寄りは死んだ」とか、「年寄ったおばあさんは死んだ」とか言って歎く。[77]シベリアのその他の諸民族も、夕刻に至って初めて熊の葬式をやる。ツングースの観念によれば、参加者の誰も、饗宴の最中に席を立ったり、休みに行ってはならない。ツングースが行なう熊の葬式では、その間、家から外へ何かを出したり、貸したりしてはならない。特に水を貸してはならないという点においても、死者の葬儀と供養祭によく似ている。饗宴には、もっぱら熊の肉が供され、それは翌日まで残してはならない。そのため、ラムートはすべての隣人を饗宴に招く。(78) ラップもまた同様の慣習に従っている。

アムール流域の諸民族の場合、熊の食事に続いて、数々の「滑稽な」儀礼が行なわれるとマークは述べている。(79) その最も珍奇なのは、熊を迷い込ませようとするものである。ヤクートは熊の肉を食べ始めるとき、声をたてて熊をだまそうとすると、ポターニンは述べている。そのため、男たちは宴会にやって来ると、「クーッ、クーッ kukh! kukh!」と言い、女たちは「タッ、タッ tak! tak!」と言う。こうしてからすの鳴き声をまねて、人間ではなく、からすがその肉を食べに集まっているのだと信じさせようとする。(80) あるところでは、ヤクートは殺した熊の心臓がまだ温かいうちに分けて、生のまま食べ、からすが鳴くように「カーッ、カーッ khakh, khakh」と叫ぶ。この話を紹介しているドゥイレンコワは、熊狩に加わったすべての者が熊の温かい血をすすり、肝臓や心臓の一切れを生のまま食べ、脂肪を食べた後、天の方を見やって三度「ウーッ ukh」と叫ぶ習慣がまだ存続していると語っている。(81)

アンガラ河上流のツングースも、同じようにして熊の祝いを行なう。獲物をもって森から出てくると、すぐに狩人たちは「クーッ、クーッ kuk! kuk!」と叫び、その朗報のさきがけを聞いた野営地の一同は、一斉に天幕から出てきて手を振り、「クーッ、クーッ kuk! kuk!」と叫ぶ。男たちが熊の肉をさばきにとりかかったときもやはりまず「ウフー uhuu!」と叫び、続いて「クーッ kuk!」と叫ぶ。

ドブロムィスロフが指摘しているところでは、ある地方のツングースには、熊の饗宴に参加した者は鳥が羽ばたくのとまったく同じように手を振り、空中に跳びまわるようにしてからすの鳴き声をまねるという風習がある。そのため、熊祭の参加者は《からす》と呼ばれる。ときには顔に煤をなすりつけることもある。この風習の目的が何であるかは、ツングースが熊の骨を森にもって行くとき唱える文句から明らかとなる。いわく「おまえを打ち殺したのは俺たちじゃない。ロシア人だ。おまえを食べたのは俺たちじゃない。からすだ。俺たちはおまえの骨を見つけて埋めたのだ！」[82]。ここで思いあわされるのはオスチャーク・サモエドの習慣である。オスチャーク・サモエドは熊の毛皮と頭蓋を天幕の奥に置いて、白樺樹皮でその目をおおい、その目をついばんだのは、そこへ飛んで行ったからすだとごまかして言う[83]。

53図　熊祭に白樺樹皮の仮面をつけて踊るヴォグール

オスチャークと、ことにヴォグールの場合、熊祭にはしばしば踊りと芝居が続いて行なわれるが、前者の方が起源がより古いように思われる。オスチャークのこうした踊りを描写したカルヤライネンは、踊りは「手足、特に手を回したり振ったりするだけであり、今日すでにその意味は理解できなくなっているが、こ

54(右)・55図　ヴォグールが熊祭に用いる《鶴》と《鷲みみずく》。カニストによる

うした所作は、一種の攻撃と防禦を表わしているように思われる」と付け加えている。[84] 熊祭のとき、オスチャーク・サモエドの女性は、腕を曲げてそれを上げたり下げたり、手の平をひらひらさせながら走りまわるとパトカノフは書いている。[85] このしぐさが猛禽のまねをしようとするものであることは明らかであり、ヴォグールもまたときにはこうした扮装をするが、この場合の猛禽はツングースなどの《からす》と同じ意味をもつものであった。[86] 明らかにはるか石器時代にさかのぼる、この原始狩猟文化に属する特徴は、同時に人類演劇芸術の原初の歴史に光をあてる恰好の手がかりとなる。

　アイヌ人やオスチャークと同様、トゥメン河に住むオロチとサハリンのオロッコは仔熊を捕えて、二、三年間餌を与えて育てる。通常、冬の始まる頃にこの熊を殺さねばならない時期がやって来ると、木を削ってけば立てたもの［アイヌ語ではイナウという］で粧《よそお》い、そのままの姿で村の中を引いて行き、見物人の大勢集まっている特設の「アリーナ」に着くと、弓で射て殺す。オロッコは射るとき、こういう熊は異族の出身のものであると考える。次いで行なわれる宴会は、その儀礼の点では、狩人が森で仕止めた場合に行なう熊祭と大差はない[87]。

特例としてこの地方では、熊祭にはまた競走も行なわれることを述べておこう。オロチ、オルチャ、ギリヤークは乗り物を犬に、オロッコはトナカイに牽《ひ》かせて、競走を行なう。遠くから見物人がやって来るこの競走は熊祭の呼び物である[88]。すでに述べたように、テュルク系諸民族の供養祭のときもまた、ところによっては競走が行なわれている。

熊の宴会に続いて、各地にはまだ重要な行事、すなわち熊の骨の保存というのが残っている。そのとき、狩人たちはふつう、葬式から帰ってきたときと同じように身を浄めるのである。もちろん、いずれの場合にも意味は同じである。浄めの最も普通の方法は杜松かシベリアから松の煙で燻《いぶ》したり、火の上を跳んだりして行なう。狩人たちは自分の身を守るため、家へ帰るときに熊の最後の休息所へ向かって射る。カラール人は、樹にかけた熊の頭蓋を射つということである[89]。ツングースの熊の狩人は、年長者から順に、殺した熊の腹に向かって弓を射る[90]。このような弓射の風習は、フィン人についても記録されている。たとえばカレリア人は、熊の胸部を切り開いて、その血で松の樹に十字を描いて、それを目がけて何度か射る。ところによっては、熊の脾《ひ》臓《ぞう》を立てて標的にする。ラップは熊の肝臓を松の樹にかけてそれを射つという。最もよくあてた者が次に熊を射止めるものと考えられている。こうした弓射の風習がすべてもっていた元来の意図は、おそらく単にみずからの保護につきるものであっただろう。

森林動物の骨の保存

殺した動物の骨の取り扱いもまた、狩猟儀礼において重要な役割を演じている。狩人がそれをおろそかにすると、猟運に逃げられると信じられている。この風習が最も厳格に守られるのは熊祭である。死んだ熊に捧げられる最後の奉仕は礼をつくして行なわれる。熊を解体するときすでに、どんな目立たぬ骨でも折らないようにするため、各肉片は必ず関節のところで分けるよう、充分注意しなければならない。食べるときも同様に、たとえ一本の骨でも傷つけないよう注意しなければならない。そのため、小刀とか刃物を使うのは避ける。食事が終わると、骨はすべて注意深く拾って集めておく。古い習慣がよく保存されているところでは特にそうである。

ラムートは熊の骨を注意深く集め、もとの骨組みの配列どおりにつなぎ合わせて、人間の遺骸とまったく同じように、森の中に設けられた柱の台上に置くとボゴラスは書いている。[91] オロッコもまた熊の「全骨格」を、そのため特別に作られた柱の台上に集めて、背骨を一本の柳の枝に通す。[92] ゴルドは樹上高く熊の骨をかかげる。[93] その他、いくつかのツングース系諸族も同じ習慣をもっていて、ただ一個の骨もなくさないように注意する。[94] ヤクートもまた同様に、骨をなくしたり、壊したりしないよう慎重に気をつける。ヤクートは、骨を白樺樹皮か何かで包んで、樹か四本柱で支えた台（arangas アランガス）の上に載せる。[95]

熊の骨を注意深く保存する風習は、古代狩猟文化に属する一般的な特徴である。古い資料には、ラップは熊の肉をばらすとき、骨を壊さないだけでなく、動脈や腱をちぎらないように気をつける。したがって、胴体から頭を切り離すとき、気管やそれにくっついている内臓を頭につけたままにしておいて一緒に煮る。熊を食べた残りの部分を、白樺の枝を敷いて地中に葬るとき、一つ一つの骨がきちんとした場所に来るよう気をつける。すでに述べた鼻面の皮とか性器や尾もまた、しかるべき位置に並べる。ラップもオロッコも、熊の椎骨のその本来の並び方が変わらないように、樹の枝に通す。ラップは犬や猛獣が、死んだ動物の平和を乱すことがないように、熊の墓を丸太やから松の葉でおおってやる。(96)

56図　ヤクートが獣骨を納めるために立てた架台。トロシチャンスキーによる

トレチャコフがトゥルハンスク地方の諸民族について語っている熊の埋葬(97)は、骨を樹上にかけたり、柱で支えた台の上へ置いたりするのと比べて、一般的・起源的な習慣ではないように思われる。ツングースやゴルドにあっては、熊の肉や脂肪を地面に落とすことは決して許されない。(98)ラップにおいても、埋葬と並んで樹上葬もなお行なわれている。グラーンの記録の中に、「ある者は熊の骨をつなぎ合わせて、熊を殺した場所の樹にかける」という指摘がある。

ある地方では、さらに木の板で一種の台（peäleb）を作って、ちょうど犬や猛獣がとどかないくらいの高さの樹上に載せる。その上にはシベリアでやっているのと同じように、熊の全部の骨を、もとどおりに並べる。(99)

オロチョンは熊の骨を森にもって行くとき、鼻面・耳・のど・気管・足・尾などから切り離した、どんな小さなかけらでももって行く。骨の一つ一つは「完全な熊をなすように」組み立てて樹の枝に置かれる。(100)一方チトフは、ツングースが熊の骨に苔《こけ》の覆いをかぶせて、特にその目的のために立てた台の上に載せ、それに心臓・内臓・目・耳の一片を添えると述べている。熊の鼻面《はなづら》は西に向け、死んだ熊がそこへ行くという西の方をツングースは指さして、熊に赦《ゆる》しを乞うとともにこれから先の豊猟を乞う。アンガラ河上流のツングースは、熊の頭とからだの左側の肉片を、斧《おの》で四角に削った樹の上に載せる。(101)ここに挙げた報告においては、「西」も、「左側」も、死者儀礼でふつうそうであるように、同じ意味をもっている。

今日では多くの地方で、頭蓋骨だけが保存の栄に浴しているにすぎないが、もとは熊の全骨格が保存されていたらしい。たとえばカラガスは、熊の頭蓋骨だけを樹にかける。かれらは骨を壊さないために、頭蓋骨の中の脳髄は食べない。サガイ、カラール、カルギンズも同様に、熊の頭蓋骨を樹にかけるが、トゥバラルとテレンギットはときとして、舌尖《さき》と一緒にして地中に埋めることもある。カルギンズはその際、熊の「鼻孔」にトナカイ苔を詰めてふさぐ。サガイは熊の顎骨の間に一個の石を、いくつかの隣接種族は乾草か草を入れる。ソヨートは、熊の顎骨を樹か、あるいは路傍に立っている柱の先にひっかける。(102)

特別に大切に扱われるのは、他の骨を特に保存した場合でも、やはり熊の頭蓋骨である。マークがかつて旅の途中見たという話では、ヤクートとツングースは、殺した熊のすべての骨を森へ運んで、三本の樹の切株の上に載せた台の上へ並べて、草や樹の枝をかぶせる。だが頭はあたかも「勝利のしるし」のように家の近くに立てかけておく。マークはまた別の著作の中で、オロチョンは熊の頭蓋骨を白樺樹皮に包んで樹の上にかけておくと述べている。(103) 森林ユラークも熊の頭蓋骨を道端の樹にかけ、その他の骨は拾い集めて土に埋めるか水中に沈めるかであるとレヒティサロは書いている。(104) 家で育てた熊を屠《ほふ》るときの儀式を描写したレオントヴィッチは、アムール地方で見た墓には、白樺樹皮にくるんだ熊の骨が、「まるで人間の遺骸のように墓の中で憩《いこ》っている」のに、頭蓋骨はふつう、樹にとりつけたり、殺した場所の近くにある柱の先に載せてあったと語っている。(105)

熊の頭蓋骨がこのようにして他の骨から特別扱いされるのは、しばしば何かの呪術的目的のために用いられるからである。それが住居の近くにもって来てあるのは、明らかにその保護力を考えてのことである。道端にかけてある場合にも、頭蓋骨は何かの目的をもっている。ソヨートは、熊の頭蓋骨の傍らを通りかかったとき、それに挨拶をしておけば、他の熊に襲われずにすむと信じているそうである。(106)

トゥルハンスク地方のツングースが、殺した熊の頭皮を天幕の中に保存しておく習慣も、やはり熊の頭に宗教的意味がやどることを示している。かつて私はイェニセイ渓谷で、ツングースは熊の頭を人手に渡すと猟運を失うと信じているものだから、頭つきの熊の毛皮を手に入れることができないと、毛皮商人がこぼしているのを耳にしたことがある。ユラーク・サモエドも同じように、耳をとった熊

57図　ツングースが獣骨を葬るために立てる架台

の頭皮を、亜麻布に包んで保存し、それを一種の家神(kaehe)と見なして、口唇にときどき火酒を塗ってやる。サモエド語でほぼ「神像」を意味するkaehe, haehe, koikaなどは、テュルク系諸語で、「頭皮」という意味の語から発した借用語であるとレヒティサロは想定している。(107)

なるほど熊の屍体はある程度、特別な地位を占めてはいるが、それだけがこうした儀礼の対象ではない。ツングースは、その他の食用に供せられる動物の骨やトナカイの角を、三つの切株の上に載せた台の上に置くとマークは指摘している(57図)(108)。プリャヤンスクのツングースは野生トナカイの頭蓋骨と足の骨には特に注意を払っているということであり、樹にかけたり、森の中の木の台の上に置く。さらに、トナカイのいろいろな器官から切り取った切れ端をその頭皮の中に包んで、一本脚の柱の上の室に納めておく。この場合、集まった包みの数は殺したトナカイの数と同じである。(109)

ヤクートもまた、おおしかの骨を集めておいて、森へもって行く。骨を壊してしまう恐れのある者には、その肉を決して売ろうとしないということである。いくつかのアルタイ・タタール種族は、四本の柱で支えた台の上に黒てんを載せて、その上に柴をかぶせる。一方、カラガスは黒てんの肉と骨を樹上にかける。狐の肉を食べないヤクートは、皮を剥いだそのむくろを乾草で包んで、樹と樹の間に作った塚の上に置くか、地中に埋めるかする。狼のむくろも乾草で包んで樹にかける。プリャヤンスクのツングースも同様に、殺した狐の肉と骨だけのむくろを樹にかける。ラップなどは狼についてこれを行なう。とるに足らない動物に関しては、シベリアの諸民族は、熊、おおしか、野生トナカイあるいはそのほか価値の高い動物をとったときほどには、それほど念を入れないのが普通である。しかしときには兎の頭蓋骨を保存することもあり、ヤクートをはじめ若干のシベリア民族は自分の家にとっておく。このような兎の頭蓋骨がアムール地方では、天幕のひもにはさんであるのを見たことがあるとマークは述べている[110]。

トゥルハンスクには熊の骨を焼く習慣もあったとトレチャコフは述べている[111]。しかしこの報告は、それが熊の処罰のためのものでない限り、より古い習慣と矛盾する。ラップと同じようにシベリアの諸民族もまた、からだのどんな些細な部分でも火に入らないように気をつけている。ヤクートは、もし何かの拍子でその肉が火の中に落ちると、熊は激怒するものだと言う。アルタイ・タタールは、熊の骨を燃やしたことのある猟師は二度と熊を見つけることはないと主張している。ツングース、ブリヤートなどの観念によれば、動物の毛や鳥の羽を火にくべると猟運を失う。安んじて火を用いることができるのは、供物用、浄め用あるいは祓《はら》いの場合に限る。

動物の死骸を保存するときの儀礼を人間の場合と比較してみると、人の葬儀のときと同様の、明瞭な平行現象があることに気がつく。すでに述べたように、多くのシベリア民族は死者もまた樹上や柱上の保護された場所に置く。葬儀の習慣は変化しても、仕止めた動物の骨の扱い方の方は、ふつうそのもとの姿をとどめている。[112] ゴルドの熊の墓で、人間の墓に置いたのと同じ、白樺樹皮製の容器を見たと書いているシュレンクは、それらは仕止めた熊の《影》のための供物であろうと推測している。[113] これらの容器はおそらく、骨を運ぶために用いられたらしいが、動物にも人間にも死後必要と考えられる食物を入れておくためにも用いられたのかもしれない。

人間にも動物にも等しく行なわれる風習はさらに、頭皮を剝ぐこととその保存である。私はトゥルハンスク地方で、ツングースがかつて熊の頭皮だけではなく、殺した敵の頭皮も天幕に保存していたという話を聞かされた。フィン系のオスチャークもまた、インディアンと同様に、敵の頭皮を剝いでいたから、この話を疑う根拠はなかろう。人間の頭蓋骨もまた、昔は動物の場合と同じように特別の注目を受けていたことは間違いない。たとえばユカギールはシャマンもしくは族長が死ぬと、その肉の一部を骨製の小刀を用いて屍体から離し、陽にあてて乾かしたとヨヘルソンは語っている。ユカギールはその際仮面をつけ、死者に直接手がふれないように手袋をはめた。次いでその肉は一種の棺《ひつぎ》に集めて納め、樹あるいは柱の上に置き、骨は親類で分けて「お護り」として持ち、困ったときに相談ごとをもちかける。頭は一族の最年長者の所有に帰する。[114]

ある旅行家や研究者は、上のようなやり方で骨を保存したのは、犠牲動物であったと推測している。供物は森の霊のためのものであると説明された。たとえばマークはこのように解釈しており、ツングース自身は、こういうふうにするのは動物の屍体を犬や猛獣から守ることだけが目的だと説明していたが、「何度もしつこく質問を繰り返しているうちに」、その保存した骨は森の霊への供物であると語ったと指摘している。[115] この場合、質問者は俗間の口を借りて、自分で考え出した意味づけにつごうのいい答えを引き出したらしく思われる。少なくとも狩猟民の儀礼からしても、かれらが語っていることばからしても、それが森の霊を祀《まつ》るためであるということは感じられない。そうではなくて、熊そのものをなだめ、慰めることが、どこでも中心的な役割を演じている。特に骨の保存に関していえば、骨が残っている限り、生命は何か不可思議な仕方で続いているという考え方が、明らかにその中に潜んでいる。フィエルストレームは、ラップはすべての骨をその正しい位置に並べ終わると、熊に去って行くように言い、また他の熊にもどれほどもてなしを受けたかということを話して、他の熊が恐れて逆らうことなく、喜んで捕まるように教えてやってくれと頼むのであると述べている。(116) 熊の骨を樹にかけながら、ゴルドは「怒らないでくれ、おまえにはちゃんとしてやったぞ。俺たちのところへもっと熊を連れて来て、捕まえさせてくれ」と言うのが習わしである。(117) フィン系のある熊の歌の一節も同じ内容のものである。

言え、ここを去って
森へ帰ったときには
あそこでは誰にもいじめられなかった
食べ物には蜂の巣を
飲み物には甘い蜜をくれたんだと

さらに、骨を注意深く保存してやった熊は、「またよみがえって、再びそれを射つことができる」

とラップは信じていると伝えられている[118]。同じような観念は、他の自然民族にもある。インディアンは射止めた野牛の骨を草原の上にもとの配列のままにしておき、こうすることによって翌年の猟期には再び生き返ることを望むということである。一方、エスキモーはもう一度捕えられるようにとあざらしの骨を水中に投じる。興味深いのはラップに関する次のようなトゥレニウスの報告である。「熊・兎・大山犬の骨は乾いた砂丘に埋めたり、犬や猛獣が近づけないような山の峡谷に隠しておくという。ラップがこうするのは、このような動物は乾燥した土地に住んでいるからであって、逆に水棲動物の骨は泉の中に沈めておく[119]」。

この点に関連して、こうした俗信的観念に光をあてるのにふさわしい、いくつかの狩猟民話を挙げておこう。たとえばカフカスには、森の霊たちが動物を殺してその肉を料理するが、骨はすべて集めて毛皮に納め、樹の枝で叩いて再び生き返らせるという話がある。あるとき、一人の狩人がいて、食事のときに、骨を一本隠し、その代わりに棒を入れておいた。それから動物は再び生き返り、偶然同じ狩人がそれを仕止めてみると、その動物の体内には例の棒が入っていた[120]。同じような民話はほかにも記録されていて、ツングースもまた、その動物の骨で目や耳をつけてやれば視覚も聴覚も再生すると、確信している。

上に述べたすべての例は、したがって、動物や人間の骨の保存はもともとそっくり同じ目的をもっていたことを暗示している。この問題をとりあげて、ある研究者たちはさらに、上に述べた儀礼から見るに、自然民族の考え方からすると動物の中には、動物の魂より何かもっと高度の霊が住んでいると想定した。カルステンは、ブラジルのあるインディアン種族は、仕止めた野獣あるいは魚は、呪術師にそれを祝福してもらうまでは、食べてはならないと信じていることを述べ、「そのインディアンの観念によれば、死んだ呪術師の魂は、人が高価な食物と見なすような森林動物や魚に好んで再生する」(121)と書いている。同時に、古代フィン人もまた、熊には人間の霊が住みついていると、信じているようだと指摘している。そしてどこかの悪い人間の《魂》が入り込んでいない熊は危害を加えないという観念が、事実フィンランドに知られている。だが、そのような人間のための熊祭が行なわれたという例は存在しない。人間を食べたためにその《魂》が入り込んでいるかもしれないような熊は、シベリアの諸民族はまったく食べようとしないだけでなく、完全に滅ぼしてしまうのが普通である。

しかしシベリアには、他の地方と同じように、熊が賢いのはもと人間であったからだと説明する民話が伝わっている。トゥルハンスク地方では、樹のまわりを三度這って熊の唸り声をまねれば、人間は熊に変わることができると言っている。ヤクートの場合には、倒れた樹の幹の上を三度跳んでまたげばよい(122)。熊の皮を剝いでみると、その毛皮の中は人間のからだであったことがときどきあるとさえ語られている。ヤクートの話によれば、皮を剝いだ牝熊のからだは女のからだに似ていて、やはり女の乳房と足がある(123)。ラップにもこうした話があるが、だからといって、仕止めた熊を祀るのはもと人間の霊を祀る儀式であったという証拠にはならない。これがトナカイその他の野獣である場合は、この説明はあてはまらない。

さらにヤクートは熊祭のとき、森の霊（バヤナイ bajanai）の像を作ってそれを拝むことがあると伝えられている。骨を壊さないように注意しながら、熊の肉を食べた後、その骨をすべて、森の霊の像と一緒にして白樺樹皮で巻き、その束を樹にかけて、「おじいさん、ロシア人かツングース人があんたを食べたもんだから、わしらはあんたの骨を見つけて拾ったんだよ」と言う[124]。このように唱えることばは熊に向かって言っているのであるから、もとは、熊の骨と一緒にして樹にかけた像は熊のつもりでもあった。ヤクート人自身が、この問題を別のように理解していたかどうかははっきりしないが、熊のことを他の民族もそう呼んでいるように、ヤクート人も《森の霊》と呼んでいた。この風習は、当然死者の像をもって故人を表わしているあの供養祭にたとえてみることができる。シュレンクが述べているように、ギリヤークは、熊祭のとき、熊の模型にギリヤークの服を着せて、上座に据えるという習慣ももっていた。ギリヤークは熊祭がすんだ後、この像を特別の小さな建物の中に、あたかも守護霊を祀るようにして安置すると書いている。チュクチとコリャークの場合は、このお祭のとき、熊の毛皮を着た人間が熊になって現われる。コリャークもある地方では熊祭のとき、熊の像をこしらえる[125]。これらの比較材料に照らしてみると、ヤクート人の同様の風習はたやすく理解できる。

北方アジアのシャマニズムに関する論文で、狩猟に関係した儀礼を論じたスタトリングは、屠《ほふ》り供犠《くぎ》の場合とまったく同じ、一定の儀式に従って行なわれる野獣の屠りが供犠行事と見られているだけでなく、家畜の屠りもまたそのようなものと見なされていると述べている[126]。ここでスタトリングが、こうした儀式が、家畜の屠りにあたっても行なわれると述べているのは文句なく正しい。その骨もまた、以前は保存されていた。骨を壊してはいけないので、肉は関節のところで切り離された。ラップは野生のトナカイと同じように飼育トナカイの骨もやはり、犬にふれられる心配のないところへ運んだ。ヤクートは野生動物の骨だけでなく、トナカイ・馬・牛の頭蓋骨もまた樹にかけた。キルギス人は屠った馬や羊の頭蓋骨を、どこか高いところか柱の先に載せた。ブリヤートは家畜の骨は家畜小屋の屋根に載せた（58図）(127)。同じような風習はヨーロッパの農耕民にも認められるところである。

家畜は野生動物を飼い馴らしたものであるから、その屠りにあたっては、古い狩猟文化の儀礼が残っているのは理解できる。極北諸民族の最も大切な家畜であるトナカイの場合が特にそうである。ずっと後になってもラップは、家の上座の後ろでトナカイを屠り、その肉は後ろの入口から天幕の中へ入れ、少なくとも女性にはそれを料理することを許さなかった。骨の保存とも結びついた、このような通常の場合にも守られている屠りの風習は、犠牲動物についても行なわれているものではあるが、供犠行事とは見なされていない。農耕民の供犠儀礼にも、野生動物に関する古いやり方が認められるのは興味深い。供犠に用いられた動物の場合、毛皮もまた森の聖所に残しておくという点を除いては、両者の間には本質的な相違は見受けられない。狩猟儀礼の場合には、ヨーロッパの石器時代にすでにその例が見られるように、頭蓋骨あるいは頭蓋骨と足の骨の保存だけが重要視されているが、農耕民における家畜供犠の場合でも事情は同じである。また野生動

58図　ブリヤートの家畜小屋の屋根に置かれた動物の頭蓋骨

物の場合と同様に、家畜供犠の場合にも骨とともにいろいろな器官や身体部分が保存された。狩猟民がしばしば他の部分とは別にして煮る身体部分は、供犠儀礼の場合にも区別して煮て、女たちがそれを食べないように注意する。

　このことは、野生動物の骨の保存という行為の中に含まれているのと同じ考え方が、古い供犠儀礼の中にも反復して行なわれていることを意味する。その場合、犠牲動物を「あの世」へ移し送ることもまた、供犠の宴そのものより重要な処置であった。供犠の饗宴をどれだけ贅沢にやったとしても、骨を壊したり散らかしてしまっては儀式は完全にぶちこわしである。カルヤライネンはオスチャークの供犠儀礼を記述して、「この場合、動物供犠の本来の目的は、それを守護霊に引き渡すことにあった」と指摘しているのはまったく正しい[128]。ラップは、供犠の食事を終えた後、動物の骨をすべて集めて、傷つけないでそっくりもとのようにして聖所へ運んでおけば、神々は骨に新しく肉を生えさせることができるものと信じていた。天神に仔馬のいけにえを捧げて屠るとき、チェレミスは「高く昇った魂が、輝く髪、輝くたてがみ、銀の尾、銀の蹄《ひづめ》をもつ仔馬になるように」と祈願する。ヴォチャークもまた、犠牲馬の骨を樹にかけ、この馬は死んでいるのではなく、生きてその目的地へ達するものと信じていた[129]。このような観念と習慣は供犠の起源の研究にとって重大な意味をもっている。

第二十一章 シャマン

シベリア諸民族の原始的な霊魂崇拝に根ざした世界観は、一般にシャマニズムと呼ばれている。というのは、そこでは一種の魔術師であるシャマンがすこぶる重要な役割を演じているからである。しかし、シャマンという名称を用いているのはマンシュー・ツングース系民族だけなのだが（ツングース語 šaman, saman、ゴルド語 s´aman、マンシュー語 saman）、研究旅行家たちは、この語をもってシベリアの魔術師を一般的に呼ぶ名として、国際的に文献の中に定着させたのである。最初にシャマンのことを述べたのは、一六九二年に中国に旅し、一緒に旅行記を刊行したモスクワ大公の使節エーヴェルト・イスブラント・イデスと同行のアダム・ブラントである。この語の起源について、説はまちまちである。固有の起源をもつと考える者もあれば、それに反対する者もあり、たとえばカイ・ドンネルに至っては、サンスクリット語 šramaṇa やパーリ語 samaṇa（乞食僧）と関係づけ、この語形はまたトカラ語（samāne）やソグド語（šmu=šaman）、はてはシナ語（沙門《シャメン》）にまで現われる[1]。

テュルク系諸族において、魔術師の最も一般的な呼び名はカム kam であったらしく、シベリアのタタールと「黄ウイグル」は今日もこれを用いているし、ロシアの民族誌文献に現われるところの、シャマンが儀式を執り行なうことを指すカムラーニエ камлание という語はこれに発している。シャマンを意味するカムという語は、すでに、最古のウイグル語文献である、一〇六九年のクダトク・ビリクの中に見られる。次の記述からわかるように、ルブルクもまたこの語を知っていた。「フランク族がアンティオキアを奪った頃（一〇九八年の第一次十字軍の頃）、コン・カム con cham がこの北の国々の支配者であった。コンがその名で、カムは予言者という意味で、かれの称号であった。かれらは、予言者にはすべてカムの名をつけて呼び、民衆の支配は予言術を支えとしていたから、君主のこともカムという呼び方を用いた(2)」。ところでルブルクはここで、カム kam とハーン khan とを区別せずに用いている。別のところで、かれはシャマンの行ないを次のように描写している。「かれらのうちのある者は悪魔を尊崇し、夜中に天幕の中央に料理した肉を置いて、悪魔のお告げを求める者たちを集める。祈禱儀式を整える予言者（カム cham）は魔術を始め、太鼓で激しく地面を打つ。かれはついには狂乱状態に陥り、自分を縛ってもらう。やがて暗くなると、悪霊が訪れ、魔術師はそれに肉を差し出すと、悪霊は謎に満ちたお告げを下すのである(3)」。

モンゴル人、ブリヤート人、カルムク人は今日、シャマンをブー bō̈ と呼び、ヤクート人はオユーン ojūn と呼ぶ。女性の魔術師には、ヤクート人も、ひとしくモンゴル語のオトガン udgan を用いる。しかし、女シャマンは男ほどに重要な役割を演じない。プリクロンスキーによれば、ヤクート人は、近くに男のシャマンがいないときとか、さして重要でない場合に限って女シャマンの世話になると言っている(4)。ところにより、たとえばヤクート人とかブリヤート人の場合、女シャマンが声望を得て、その死後、永続的に祀《まつ》られることがある。

モンゴル人とヤクート人、それにザバイカル地方のツングースの場合、男シャマンの名称はそれぞれの言語ごとに異なるのに、女シャマンは共通の呼び名をもっているので、トロシチャンスキーは、これらの諸族が共通の運命をもっていた時代には、シャマンはもっぱら女性であったという結論に達している。また別の場所でトロシチャンスキーは、一般的に女の方が神経病にかかりやすいために、女がまずシャマンを始めたのだと述べている。ヤクートのシャマンの胸当てには、「乳頭を表わす」二個の金属（84図）すらついているということは、かれの解釈に従えば、男シャマンはもとは女であったという証拠である。(5) トロシチャンスキーの想定を支持するニオラッツェはさらにすすんで、最初のシャマンは女であったというテレウートとブリヤートの伝説を記録したと述べる。(6) だが、こういった理由づけは根拠薄弱で同意しがたい。女はふつう霊界の仲間入りを避けねばならず、聖物にさわったり祈禱儀式に参加してはいけないということにたびたびなっているのを見ると、シャマンの職は起源的には、男の手にのみ握られていたとする方がよりほんとうらしい。カイ・ドンネルはサモエドについて述べながら、「実際に神のお告げによって、人間と霊界の仲

59（右）・60図　ゴルドの女シャマン。シムケヴィッチによる

介者となったほんもののシャマンは、常に男である」[7]と言う。他のシベリア諸民族の場合も、起源的には同様であると思われる。

シャマンの能力と素質

霊界との連絡を作り出すことがシャマンの最重要な課題であるから、この役目は、すべての人間に賦与されてはいない、特別の素質を前提にしていることは明らかである。だからシャマンになれるのは、単に修行を積んだからというのではなく、当人の避けることのできない運命であると見なされる。トゥルハンスク地方のツングースは、何人《なんぴと》も自分自身をシャマンの職につけることはできず、ただそれを「受けとる」のだと私に説明した。こういった贈り物は、当たった者にはいやなことであり、特別に重荷であるとさえ普通には考えられている。

ヴェルビツキーはアルタイ地方のシャマニズムを叙述して、シャマンの素養は、家系に受け継がれている、病気のようなものであると言う[8]。数々の例もまた、シャマンの素質が事実上、一種の病気として現われることを証明している。ラドロフによれば、この病気の発作は突発的におとずれる。突然の倦怠感に襲われ、手足がしびれ、震えが起こる。異常なあくびがそれに続き、胸に圧迫を感ずると、それがために病人に一種独得の叫びを発せしめる。震えながら目をぎょろつかせると突然起き上がり、憑《つ》かれたようにぐるぐるまわって、ついには口からいっぱい泡を吹いて地面に倒れ、てんかんのようにのたうちまわる。そのとき、手足は無感覚になり、何でも手当たり次第につかみとり、真っ赤に焼けているものや尖《とが》ったものを呑み込んでも平気だ。しばらくすると吐きもどす。当人が最後に太鼓をつかみ、シャマンし始めるまで、この苦悶と苦痛は続く。それからやっと、徐々に落ちつきがもどってくる。だが、祖先の呼び出しに応ぜず、シャマンになることを拒めば、精神病になるか早死にをする。(9)

ソボリエフもまた、アルタイ・タタールは、シャマンの才は生まれつきのもので、ふつうすでに、こどものときにてんかん発作となって現われるものと信じていると書いている。病人はときどき意識を失い、人を避け始め、永年の間悲惨な状態で暮しているうちに、やがてシャマンの弟子に迎えられるという。(10)

ヤクート人も、シャマンの素質は、すでにしばしばこどものときに現われるという。シチューキンが語ったところによると、シャマンになるべき運命にある者は、幼時から精神薄弱児のようにふるまって、森の中をさまよい、みずから生命を断とうとして水や火に飛び込んだり、凶器を手にしたりする。こういった兆候から、身内の者は、この子はシャマンになるのだと結論する。(11)このような性向は、しかしながら青年期になって初めて、あるいはもっと後で現われることがある。上に述べたような前兆が現われると、ある霊が当人に迫り、自分に仕えるよう要求するとすぐに、自分も霊に仕えようと申し出るのだと、広く信じられている。ヤクートのあるシャマンは、魔術師の職に召されたときのことをこう述べている。「二十歳のとき、私は病気にかかり、他の者が見ることも聞くこともできないことがらを、自分の目で見、自分の耳で聞くようになりました。九年もの間、起こったことを誰にも打ち明けないで、《霊》と争いました、というのは、言っても信じてもらえず、ばかにされやしない

61(右)・62図　盛装したヤクートのシャマン。
A. O. ポポフによる

かと恐れたからです。結局私は病気が重くなって、すんでのことで死ぬところでした。それからシャマンするようになると、すぐに病気もよくなりました。今でも、永い間シャマンせずにいると気分が悪くなって病気になります[12]」。

ヤクート人は、シャマンの素質を暗示する病気をもった人間をメネリク mänärik と呼び、一種の「神経発作」がその者を苦しめ、その場合、ヒステリーとてんかんの性向があると説明していると、トロシチャンスキーは書いている。トロシチャンスキーはさらに、本来のシャマンもメネリクも、儀礼を行なっているときに、同じような状態で倒れるけれども、メネリクの方は、ときにシャマンのまねをすることによって、随意にこの状態に達しうることもあるが、意図せずして忘我の状態に陥ると述べている[13]。

アガピトフとハンガロフによれば、ブリヤート人は、死者が未来のシャマンを決定し、すでに幼いときに魔術師に選ぶのだと信じている。誰がシャマンになるかは、独得の兆候によって決定される。

しばしば失神して倒れ、霊を見、幻覚をもち、人を恐れ、山や森に引きこもるので、まわりの者が、シャマンのところに仕込んでもらいに連れて行く。(14) ブリヤート人の場合、シャマンとなれる素質は神経病の形をとって現われ、幻覚や他の者には見ることのできない霊との対話や、麻痺状態がその特徴であると、ペトリは説く。ときどき、衝動が病人を襲ってはシャマンさせるたびに、跳び上がって踊り、拍子をとって歌い始める。すると気分がよくなったと感じる。(15)

ツングースの場合も、シャマンになる素質は病気として現われると述べられる。シロコゴロフは言う。シャマンが死ぬと「霊魂が離れ」て、一族の若い男や女に不思議な病気が蔓延《まんえん》し始める。病気にかかった者は夢見がちになり、気が抜けたようで、仕事をやりとげる能力を失い、うわごとを言い、睡眠中にさまよう。過敏と憂鬱のため、しばしば荒野に逃げる。誰にも治すことのできないこの病気には、またヒステリーの発作と痙攣《けいれん》が伴っている。霊魂がとうとう病人の一人をいけにえとして選んだとき、一族の他の者は救われるが、選ばれた者は容態がもっと悪化する。かれは食欲を失い、眠りもとれなくなる。夕方と夜は、それに加えて激しい発作に襲われ、まるでシャマンになったように震え、跳び上がり、歯ぎしりする。すると、病人がシャマンして早く忘我の状態に入れるよう、太鼓を手にもたせてやるのがしきたりになっている。ツングースは、シャマンの候補者が意識を失うと、霊が体内に入るのだと信じている。それは誰も見ていない、また発作が起こっても助けてやれない森の中でも起こりうる。ことによっては、この場合、霊に苦しめられた者は、身内の者が捜し出して家に連れもどしに出かけるまで、あるいは死の手にかからないうちに自分で家へたどりつくまでに何日も、シャマンし続けるのである。(16)

シベリアの他の民族の場合でも、それどころか、ラップの場合でさえも、シャマンできるのは、特別の素質にもとづいているといわれる。ウェニヤミンはサモエドについて、シャマンの子全部が父の職業を継ぎうるのではなく、霊が選び出すのであって、こどものときすでに霊が姿を示した者だけがなれるのだと語っている。特別な前兆が現われれば、その者はシャマンのもとで仕込まれる。(17)

　シャマンとなる前提である病的な症状すら、まだ納得のいくように説明されていないとはいえ、大きな名望を得ているシベリアのシャマンを、単に精神病患者にすぎないと割り切るわけにはいかない。多数の報告によって、てんかんがシャマン候補者の特色だと確認できるのは興味深い。ゴルドの場合にも事情は同じであると述べたロパーチンは、同時に、この病気の発作は間歇《かんけつ》的に現われ、その後病人は再び普通の健康な者とまったく同じようにふるまうだけに、自然の子らにとっては一層神秘的なのだと述べている。(18) シャマンの心理状態を研究した結果、どんな結論が出るにせよ、忘我の発作とうわごとがシャマンの特徴である。前ぶれもなく襲ってくる、きわめて苦痛の大きいこの病気の発作から逃れるために、患者はときどき自分から進んでその状態を催すことによって、病気をおさえ、苦痛をやわらげようと努力する。シャマンし始めると、ただちに気分がよくなるということも数多くのシャマンが語っている。さらに、その行為をやめると、新たに苦痛が始まると、多くの者が付け加えている。

　すでに述べたように、忘我状態はうわごとを伴っていて、それはシャマンの無意識の肉体に霊が入り込むからだと信じられている。そのときシャマンが口にすることばはかれ自身のものではなく、その体内に入った霊のものである。シャマンは意識がもどった後、霊が自分を介して何をしゃべったかはふつうは知らないので、シャマンの近くに、事態に精通した老練な人物がいて、シャマンの挙動を注意深く追って、見たり聞いたりしたことをしっかり記憶しておくことが大切である。同時に、この人物は霊に対して、おまえは何者か、なぜやって来たのか、望みは何かなどと尋ねる。シャマンを行なうときに重要な意味をもつこのような人物はシャマンの助手と呼ばれる。[19] フィン人がラップ人のシャマンの助手を《謎解き人》と呼んでいるのは、忘我状態で発せられたことばは、しばしばきわめてぼんやりしているので、解説者には謎解きの能力がそなわっているものとされているからである。

訓練しただけでは、誰もほんもののシャマンにはなれないのだが、だからといって、天賦の能力だけでもこの重要で多面的な職務が果たせるわけではない。シャマンには適性のほかに、機敏さと知識、つまり伝統的な表象と風習、とりわけ氏族の精神世界に精通していることが要求される。したがって候補者は氏族の賢者たちだけでなく、世間に傑出したシャマンとして知られ、神秘的な力によって弟子を完全に暗示にかけてしまう人物について教授を受けねばならない。過敏で病的な幻覚作用が、明けても暮れてもそのような不可思議なことがらに埋没しているこのような環境の中に浸《ひた》っているうちに、若いシャマンのたまごは諸霊に取り巻かれながら、人々に恐れのまじった畏敬の念を呼び起こし、ひとたびシャマンするときには一挙手一投足、片言隻句も、はたの者をただちに感応させてしまうような、偉大な人物に生まれ変わるのである。シャマンはその上、真っ暗な夜、土間で燃えている火の炎だけが、ほの暗い光を投げているような、人いきれに満ちたテントの中でシャマンすれば、人々はすべて強い催眠作用のとりこになる。そうすればシャマンのまわりには次第に神秘的な後光がさしてきて、一同の者に信頼感を呼び起こし、その名声は後の代まで不滅になるのである。

シャマンの諸霊

シャマンが諸霊によって選ばれるという考え方は、前に述べたいくつかの例から明らかとなろう。この信仰はシャマニズムが行なわれている地域ではどこでも普通である。トゥルハンスク地方のツングースは、シャマンに召された者はハルギ khargi という名の悪魔を夢で見るものと考えているとトレチャコフは述べている[20]。前にも述べたように、この地方のツングースは、シャマンの屍体を地下に葬ると、死んだシャマンの《魂》であると思われている海がらすは、二度ともどっては来ないのだと私に説明した。遅かれ早かれ起こる、この海がらすの復帰は、かれらの考え方によれば、故人の卑属の一人に新しいシャマンの素質が現われることを意味する。この兆候が現われたと確認すれば、身内の者は木で鳥の像を刻む。

アルタイ・タタールは、未来のシャマンが重い病いと闘っている様子を見ると、「霊（tös）がやって来た」とか「霊が苦しめている」と言う習慣がある[21]。ブリヤート人の考えでは、シャマンし始めれば、《先祖の霊》あるいは《気狂い霊》がシャマンの中に入って行く。この話を語っているペトリは、同時に、「《気狂い霊》がシャマンを襲う瞬間、かれは前のめりになって足を若干拡げて頭を下げ、大声でアブルルル abrrr! と叫ぶ」と述べている。この身振りこそ、シャマンの体内への霊の侵入を意味するのだとブリヤート人は説明する。ペトリはさらに、シャマンはそのとき、はたで見ている者の目には、まったく「正体の抜けたように」見えると言っている。霊が脱けるや否や、シャマンは深く

吐息をして、外套《がいとう》の端で顔の汗を拭《ぬぐ》うと、ずいぶん気分がよくなったような気がするのである。(22)

死んだシャマンの《魂》と見なされ、後継者のもとに現われてシャマンになるよううながす霊をヤクートはエメゲト ämägät と呼ぶ。人間のような姿をしたエメゲトの像を銅板で作り、シャマンになる人間の服につける。魔術師はシャマンしている間、エメゲトを介してのみ見たり聞いたりすることができるという。(23)ヤクートのシャマンはさらに、いつでもシャマンし始めるときに天幕の中に招き入れて、シャマンしながら話をするという、ケレニ käläni と称する一群の従者や助手をもっている。シャマンの力が強いか弱いかは、かれが強力で有能な諸霊をもっているかどうかにかかっていると信じられている。(24)おそらくケレニもまた、すでに死の国へ去った氏族のシャマンの霊であって、シチュ－キンによればヤクートのシャマンはケレニに力添えを求めるという。(25)場合によっては、シャマンはこれらのケレニの名を挙げることがある。

一族の死んだシャマンはアルタイ地方でもやはり絶対に不可欠の守護霊として登場する。これらの霊は、シャマンが巫儀《ふぎ》を行なっている間、その頭頂部・肩・腕・足などに留まるのだとアルタイ・タタールは信じている。こういう目に見えない助手を他のシャマンよりも多くもっているシャマンもいる。大シャマンは十ももっているが、小シャマンは一つか二つということもある。アノーヒンによれば、それがいくつもある場合、一族の始祖とされる故人がそれらの首長である。引き連れている霊の数の多少は、シャマンの魂の力にかかっているのであって、あるシャマンは他のシャマンよりも多くもっている。他のシャマンの霊魂を横取りするシャマンさえいる。(26)

アルタイ人の見方によれば、こうした諸霊の最も重要な意味は、シャマンの相談役になれることである。最もおごそかで緊張に満ちた瞬間は、何といっても寝静まった真夜中、シャマンがシャマンしながら、自分の諸霊とことばを交わし始め、諸霊が何を知ろうとし、何を欲しているのか、あるいは他の霊がこれらの霊を通じて何を望んでいるかをつきとめているあの瞬間にほかならない。まさに、このような超感覚的なお告げの伝え手としてこそ霊は不可欠のものであり、それゆえにシャマンはシャマンし始めると、——諸霊の愛顧をつなぎ留めるために——絶え間なくケルメスの像におみきをふりかけるのである(27)。

アノーヒンの報告から推測するに、アルタイ・タタールは諸霊はもっぱらシャマンの外にあって活動するものと考えているのに、ある民族はそれがシャマンそのものの中に入るものと考えているふしがある。このような考え方を示しているのは、とりわけゴルドのシャマンであって、かれはシャマン霊セオン seon を呼び出すと、ただちにそれを呑み込むため口を開き、諸霊が動物の姿をとって現われるときには、その動物の身振りや声をまねてそれをからだの中に誘い込むのである(28)。

同様の観念と習慣は、ツングースにも見受けられる。シロコゴロフがスヴェン syvēn について説明しているところによると、それはシャマンの死後自由になって、氏族の成員の中に適当なやどりの場所を求め、やがて新しいシャマンを得てそれをみずからの思いのままにするシャマン霊である。このようにして、諸霊はシャマンを自分の勢力下に置くことができる一方、シャマンの方でも、自分の霊の仲介によって他の霊にまで「はたらきかけ」て、シャマンの助けを必要とするすべての者に役立ててやる。ばらばらになっていると、氏族の者を強い不安におとしいれる、きわめて影響力の強いこうした氏族霊たちを自分のもとに集めることができるがゆえに、シャマンがどれほど大きな役割をもっているかが理解できよう。したがって、死後、その《魂》が孫の一人に伝わって行くと信じられている死んだシャマンは単独にではなく、かつてかれの守護霊としてはたらいた、すべての霊を引き連れて現われるのである。(29)

まったく独得な方法で、シャマンの中に入り込んで行く、こういった《霊》（ヤクートのエメゲトを参照）のことを、おそらくツングースもヤクートも、一般的な守護霊とは別物と理解していたらしい。シャマンの肉体から離れた魂がみずからお告げを下すのではなく、広い範囲にわたり動きまわって見聞したところを語ることのできる《霊》を通じて、お告げを受けとると信じられているのであって、これは明らかに前者の《霊》を指している。このシャマン霊は他の諸霊と一緒になって、それらがそのときに何を要求しているのかを探り出すのである。さらにこのシャマン霊は、他の諸霊に頼んだり強制したりして、シャマンを助けさせる。(30)

しかしながら、スヴェンは、その力も形も能力も一様ではなく、シャマンを行なっているさ中のシャマンの中に入り込むと信じられている。シャマンの発する特有の個性と能力は、いかなる霊がからだに入ってくるかによって決まるのであって、シャマンそのものから生じるのではない。だから、誰かに手をかしてもらわなければ動けないような、めくらでよぼよぼの老人でも、元気のいい霊が体内に入ってくるや否や、まるで青年のように活発に踊り始め、特別に重いシャマン用装束を身につけているのも忘れて、一メートルもの高さから跳び降りたりする。弱い女のシャマンも、必要とあらば、屈強な男どもが寄ってたかっても、とり押さえることのできないほどの力を発揮しうることがある。火を恐れぬ霊がシャマンの中に入り込むと、シャマンははだしで、かっかと燃える炭火の上を歩き、灼熱の鉄にさわり、あるいは火のついたろうそくを口の中に入れることができる。痛みを感じない霊は、シャマンを刺したり、切ったり、打ったりしても感じないようにさせる。動物の姿をした霊がシャマンのからだに入ると、シャマンはその動物の性質を得る。だからスヴェンが蛇であれば、シャマンも蛇のように身を動かす。ツングースは、シャマンに旋風のような能力を与える旋風スヴェンもいるという。その霊の性質がシャマンのからだに、いかに現われうるかという例として、ある姙婦の霊が女シャマンの中に入り込むと、まるで当人が姙娠したかのように、からだがふくらみ始めるという。霊が離れるや否や、肉体はもとの状態にもどる。(31)

さらにツングースやゴルドは、氏族の諸霊のほかに、ときには異族の霊がシャマン、特に女シャマンのからだに入ることがあると信じている。こういうスヴェンは外国語を話すので、シャマンはその霊の貫入を受けるや、外国語を話し始める。それゆえ、伝えられるように、ツングースのシャマンはときとしてシャマンしているとき、ヤクート語、ダウール語、マンシュー語、シナ語などを使うということが起こる。シャマン自身がこういったことばをまったく知らない場合は、霊がシャマンの口を借りて話している証拠であると考えるのである。(32)

諸霊がシャマンを自分の道具として選ぶ一方、シャマンもまたこれらさまざまの霊をさまざまの目的のために呼び出して利用することができる。それぞれの霊はその目的を果たすと去って行く。ツングースの語るところによれば、退去は突然起こるので、シャマンはただちに落ちつきをとりもどし、顔の汗を拭《ふ》きとり、目をこすり、水か茶を飲み、間もなく眠くなり、へとへとになって眠り込んでしまう。翌日はさっぱりした様子で寝床から起き上がり、はた目にはいかなる魂のかげりも目につかないのである。

諸霊がシャマンに不可思議な能力を与えるという観念は、ツングースに限られない。ゴルドもまた、憑かれたシャマンは火にも焼かれず、厳寒にも凍えず、水にも溺れないと語っている。シャマンの肉体は、憑かれたときは乱暴に叩いても、突き刺しても、切ってもこたえないということも広く信じられている。(33)ペトリはブリヤートのシャマンとその驚くべき行為を叙して、シャマンが火の上で踊り、はだしで灼熱の鉄板の上を歩き、あるいは真っ赤に焼けた焼き判をなめ、燃えている炭火を呑み込み、煮えたぎる湯を一瞬にして水にしてしまう等々と述べている。(34)シベリアのさまざまの民族にとどまらず、ラップについてさえあるこのような話は、実際の観察にもとづくものである。シャマンのたまごはてんかんの発作のとき、あるいは火に、あるいは水にからだを投げ、または半裸で厳寒の中を走りまわるという事実をすでに見たではないか。しかもその際、かれらは痛みを感じることなく、我と我が身を鋭い刃物で切ることができるという例もある。だが老練なシャマンは、はたの者がもっと不思議なものを見たと思い込むように暗示をかけることもできる。この点で、レヒティサロがオブドルスクのサモエドについて述べている次の描写は特におもしろい。

「シャマンは受けとった二十八本のナイフをあらためて、汚れているものがあればそれをきれいにした。最も大きなものは最後にまわした。かれはシャツを脱ぐと、ナイフをはだかのからだに突き刺し、見物人によく見えるように、手に握りしめて刺し込んだ。同じようにして、からだのさまざまな部分にナイフを突き刺していった。一番大きいナイフは脳天に刺した。第一撃は半分まで、次は完全に見えなくなるところまで突き刺した。助手はシャマンのしていることを見てはならない。そうしようとすれば、シャマンはナイフでおどかすのだ。それからシャマンの顔色は黒ずんで、ものも言えなくなる。かれは助手に、太鼓をくれるように手だけで合図する。かれは太鼓を叩きながら異様な舞踏を始めると、ナイフは一本一本、まず切っ先が、次には全体が現われて地面に落ちる。最後にシャマンは足を振って片方の長靴を脱ぎ捨てる。さらに足を振ると、足の裏からまずナイフの尖《さき》が、次いでもっと上の方まで現われて、やがてナイフは地面に落ちる。シャマンは、それが最後に脳天に突き刺したのと同じナイフであると、見物人に信じ込ませる(35)」。

こうした例は、狡猾《こうかつ》なシャマンが、人の信じやすさをうまく利用して、一種の「手品師」に転落し始めたことを示しているが、実はそれがシャマンの本来の姿でないことはもちろんである。

シャマニズムと動物界

シベリア諸民族の迷信的観念において、聖動物はシャマニズムの全領域にわたって、特に注目すべき役割を演じている。その神聖さがどの動物に由来しているかは、いつでも簡単に確定できるわけではないのだが。ある動物は、より一般的な尊崇の対象であり、別のものはある特定氏族の範囲にのみ限定される。また、特定の人間に対してのみ、何か神秘的な関係をもつ動物がある。きわめて広く注目を浴びているのはある種の鳥であり、中でも鷲《わし》と白鳥を挙げておかねばならない。

すでにシャマニズムの起源伝説の中で、鷲は神々の使いとして登場する。アガピトフとハンガロフはこの伝説を次のような形で紹介している。初めこの世には病気も死もなかったが、やがて悪霊が病気と死の鞭《むち》によって人間を苦しめるようになった。そこで神々は鷲を天から人間のもとに送って助けようとした。ところがせっかく救いの鷲が地に降りたのに、人間どもはそのことばも、その目的も理解しなかった。だから鷲はやむなく神々のもとに舞いもどってきた。そこで神々は、地上で最初に出会った人間にシャマンの才を授けるよう、鷲に命じた。鷲は再びやって来るとすぐに、一本の樹の下に眠っている女が目に入った。女は夫と別れて暮していたので、鳥はこの女と関係し、女は身ごもった。やがて女は夫のところにもどってから月満ちて男の児を産んだ。これが《最初のシャマン》となった。別の伝えによれば、この女自身、諸霊が見えるようになり女シャマンになった。[36]

ブリヤート人はそのため鷲を特に尊び、この鳥が天幕の上を飛んでいるのを見ると、敬意を表して、空中に乳あるいはタラスン［馬乳酒を蒸留した飲みもの］をまいてやるのだと語っている。さらに鷲を殺した者は必ず死ぬとかれらは信じている。[37] ヤクートもまた鷲を傷つけることは大罪であると考えている。たまたま鷲がわなにかかって、そこで死ぬようなことがあれば、白樺樹皮に包んで、かつて死者を葬ったのと同様のやり方で、特にその目的で作った台（arangas）か、あるいは樹上に載せる。セロシェフスキーによれば、ヤクートはこうして準備した場所に鷲の骨を納めるときに、「おまえの銅の骨は台の上に安置し、銀のむくろは高く上げた」と唱える。鷲は人を助けることもできれば、病気などをもたらすこともできる。特別の場合にはヤクートは鷲の形を作ってその中に自分の魂を吹込んでから、天幕の上座に置く。トロシチャンスキーによれば、近くに鷲がいないときでも、庭の中の一種のテーブルの上に、鷲のために殺した動物の心臓を置いてやる。だが住みかの近くに鷲がやって来れば、家長は仔牛を屠《ほふ》って、その一部分を鷲がつかめるように置いてやる。[38]

鷲はまたアルタイ・タタールの場合、各地で特別の尊崇の対象となっている。前世紀［十九世紀］初頭、アルタイ地方を旅行したアレクサンダー・ブッゲは、チャリシュ河畔のとある天幕の上に、鷲の剝いだ皮が置いてあるのを見たと書いている。そのわけを尋ねたところ、それは《神様》（ロシア語ボーク бог）だと答えた(39)。この場合の鷲は、前に述べた神話的な鷲と混同してはならない。この点に関する観念は、他の聖鳥に見られる比較材料に照らして研究しなければならない。

シベリア諸民族がいじめたり殺したりするのを罪と考えるもう一つの聖鳥は白鳥で、ブリヤート人にはこの鳥にちなんだ、次のようなおもしろい伝説がある。あるとき三羽の白鳥が泳ごうとして湖水に降りて来た。白鳥は着ていた衣を脱ぐと、見事な女に変わった。そこで、岸辺に隠れていたホリドイという名の狩人が、衣の一つを奪ってそれを隠した。白鳥の女たちはしばらく泳いでから、衣を着ようとして水から上がった。しかし衣を奪われた白鳥は、仲間が飛び去った後も、はだかのまとり残された。そこで狩人は彼女を連れて帰って妻とした。月日が経つうち、女は息子十一人、娘を六人産んだ。だいぶ経ったある日のこと、昔の衣のことを思い出して、夫に隠した場所を聞いた。男は妻が自分もこどもも置いて去るわけはないと信じて、女にあの不思議な衣を返してやった。女はちょっと試しに着てみるといった様子で衣を着た。するとたちまち、天幕の煙出《けむだ》しの穴から舞い上がってしまった。家の上を飛びながら、女は残された者たちに呼びかけた。「あなた方は地上の者だから地上に残りなさい。だが私は天に生まれた身の上ゆえそこへ帰ります」。高く高く舞い上がりながら、「毎年白鳥が北へ向かう春と、もどって来る秋には必ず私のために特別の祭をするように」と言い残した。ブリヤートはさらに、娘のうちの手に煤《すす》のついた一人が、逃げる母親を差し止めようとしてその足をつかんだために白鳥の足は黒くなった、今日白鳥の足が黒いのはそのためであるという。[40]

シナその他、さらにヨーロッパでも知られているこの伝説は、ブリヤートの場合、迷信的な観念と儀礼に結びついているのだが、これを前に述べたシャマンの父としての鷲の物語と比較すると、いずれの動物も氏族の始祖、つまり鷲は父、白鳥は母として現われていることに気がつく。そのような事情があるため、一族はその動物の名を名のり、大いなる崇敬の念をもってとり扱い、決して捕えたり殺したり、いわんやその肉を食べたりはしない、ある特定の動物の子孫であるという、多くの自然民族に見られる信仰、いわゆるトーテミズムに目を向けなければならない。その動物が死んでいるのを見つけたら、盛大にとむらってから葬らなければならない。言うまでもなく、トーテミズムということばは、あるインディアンのことばであって、氏族という意味のトーテム totem ということばから出ている。このことばと、それに関係する迷信的観念を初めて紹介したのは、インディアン地帯に旅行し、一七九一年にその旅行記を出版したカナダの商人J・ロングである。それから数十年の後、マクレナンがトーテミズムを宗教史的および社会学的研究の対象としたときに、この現象はより大きな注目を浴びることとなった。比較材料が蓄積されるに従って、多数の研究者たちはこの問題をしばしばとりあげた。ある者は、ほとんどすべての動物崇拝に、トーテミズムの名残りを見ようとした。熊祭もときにトーテム観念に帰せられた。しかし今日ではこの問題に関して、以前よりもっと冷静な態度がとられるようになった。動物が役割を演ずるすべての観念が、もっぱらトーテミズムによってのみ説明しつくされるものでないことも明らかである。

それにもかかわらず、シベリア諸民族もまた、インディアンのそれにあたる観念と風習を思わせる何かをもっているという根拠が存在する。マクレナンが研究者の注意をトーテミズムに向けさせる以前すでに、そしてロングの著作が現われる前に、ph・J・シュトラーレンベルクは、ヤクートなどの信仰について書いた一七三〇年の著作で次のように述べている。「そのほかに、各種族はたとえば白鳥、鵞鳥《がちょう》、からすなど特定の動物をもち、それを神聖視している。一族が神聖視するところの動物は食べてはならない。ところが他の種族のものなら食べてもさしつかえない」(41)。同様の貴重な報告は一八四〇年に現われたシチューキンの著作の補遺の中に収められた「二つの古写本」において、ことは同じように簡潔に記述されている。「そのほかに各氏族は、その固有の守護者と代願者をもっている。それは白い鼻孔をした牡馬とか、からす、白鳥、鷹などであると考えられている。これらの動物は食用に供しない(42)」。

こうした迷信的観念はヤクートの場合、今日に至るまで生きている。本書の著者は、今［一九三〇年頃］フィンランドに滞在中の、それぞれ異なるヤクート氏族に属する三人の亡命者から、それぞれが特定の氏族動物をもっていることを聞いた。すなわち、一人は鷲を、もう一人はからすを、三番目の者は、足が白く、頭のてっぺんに白い斑点のある茶色の牝牛をもっている。氏族動物はいかなる氏族の成員もこれをおどしたり、辱《はずか》しめたり、傷つけたり、殺したりしてはならない。もしそうすれば不幸が起こるからである。特定の牝牛を氏族動物にもつ者は、もしそのような牛が群の中に生まれた場合、それを人にくれてやったり売ったりしてもよいが、氏族の成員はたとえよそ者の前でも、その乳や肉を口にするのは慎まねばならないと教えてくれた。ところが他氏族の者は、それを心おきなく勝手に処分していいのだ。常に父方から子孫に受け継がれるこのような氏族動物の名で知っているものを、上述のヤクート人はもっと多く挙げることができた。すなわち、馬・熊・犬・猫・鷹・白鳥・郭公《かっこう》・やつがしらがそれである。ある氏族が、やはりこの動物名で呼ばれることがあるかどうかは、このヤクート人たちは知らなかった。今日かれらはふつう、ロシア人の姓をもっているからだ。氏族と動物との結びつきは何にもとづいているのかということも、かれらは説明できなかった。だが大きな強い氏族動物は、とにかく「より値打ちが高い」か、あるいは「よりすぐれている」とかれらは聞き伝えている。

同様の信仰があるらしいという兆候は、他のテュルク・モンゴル系諸族にも見受けられる。いくつかのブリヤート種族は、かれらがオトハ［удха］と呼ぶものの起源は、実際は白鳥にさかのぼると言う。ハンガロフが記録したハンギン氏族のシャマンの歌謡において、ハンギン氏族のオトハはセンsen鳥で、セレル・モンゴル族のホン［хун］鳥であると歌われている。いずれもシベリアの白鳥属の名である。[43] ポターニンは、白鳥を始祖の母にもつハンギン族は、白鳥殺しは重罪であると考えていると述べている。白鳥の羽毛に一度でも手をふれる勇気のある者はめったにいない。白鳥を追いかけた者は重い病気にかかるとされる。[44] シャシコフが述べているブリヤートの伝説の中では、狩人が白鳥の巣を壊して、ひなをもち去ったとき、そのくちばしには火が起こって、天幕の屋根に落ちたので村中が焼けてしまったと述べられている。春、白鳥がやって来ると、白鳥のために飲み物を供《そな》えてあたりにふりまくのがブリヤートの習慣である。女たちもまた、春になって最初の白鳥を見ると、お辞儀をして拝むともいわれている。

こういった尊崇は、起源的にはおそらくほんとうに白鳥に由来する氏族によってのみ行なわれたの

63図　ノイン・オーラ出土の金属板

であろう。バラガンスク地方に住むハンギン氏族のほかに、自分の始祖が伝統的な考え方に従えば白鳥であったとする、定住ブリヤート氏族がなお二つアラル地方にあるという。すでに述べた、衣を奪われて、狩人の妻になるという白鳥の伝説は、二つの地方におけるこの伝承と関係づけられる。(45)

鷲に対して行なう特別の儀礼もまたおそらくは、特定の氏族に限られているのだろう。ドゥイレンコワによれば、テレウートの一族メルキュット Märküt はベルクトという鳥に起源をもつし、同様にユット氏族は羊を、ユルタス族は頭の白い鷲を祖とする。(46)

アガピトフとハンガロフは始祖の父として、なおボハ・ノヨン［буха ноён］（牛王）という名の存在や、狼や、たらめんたい lota［タラ科の淡水魚］を挙げる。ボハ・ノヨンについてはシャマンが見事な伝説を語り、ブリヤート人が供物《くもつ》を捧げているが、これは牡牛とも、あるいは人間ともいわれ、ハンの娘に産ませた男の児がブラガト氏族の始祖になったとされる。(47)《鷲王》などを兄弟にもつ《牛王》はすでにウイグル人の伝説の世界では、そこの王族の始祖として述べられている。ある伝説はトーラ河とセレンガ河が合流するところに二本の松の樹があり、その間の盛り上がった丘から、この《牛王》が生まれたと教えているので、ハンガリーの古代研究家A・アルフェルディは、ここに添えたノイン・オーラの匈奴の墳墓の中で発見された金属板（63図）こそ、まさにこの種の伝説に登場する牡牛の姿をした始祖を表わしたものだろうと考えた。(48)

自分が狼の子孫であると考えた氏族や部族はシベリアにはいくつもあった。たとえばウイグルの起源伝説は、匈奴《きょうど》の王が自分の二人の美しい娘に土地の英雄たちはふさわしくないと考えて《天》に捧げたところ、《天》はそれに対しておとめたちに一匹の狼を送り、狼はおとめたちをウイグル人の始祖の母にしたと伝えている。一方で、シナのある年代記が、突厥《とつくつ》の紋章には「金狼の頭」が描かれていると述べているところから、ラドロフは、追放された一族の始祖はこの伝説によれば、一匹の牝狼に育てられたのだと考えた。東部アルタイに住むベルシト族もまた一匹の狼の子孫であるという。チンギス・ハーンの始祖がすでに灰色の狼だといわれている[49]。

虎に起源を求めているのは、ゴルドのアクテンカ族である。その始祖アクテンカは伝説によれば虎とゴルド女の交配から生まれた。この猛獣は一族の者に対しては何も危害を加えないので、かれらは虎を恐れる必要はないといわれる。もちろん人々は虎を傷つけてはならないし、虎が追った野獣を捕えてもいけない。人間が仕止めた動物に虎がふれた疑いがある場合、ゴルドはその皮すらも自分のために用いることはない。この一族の成員以外の者もまた気をつけねばならない。万一、外部の者で、不幸な偶然によって虎を殺してしまった場合、処罰を免れるためにアクテンカ族の一人のところへ行かなければならない。自首の申し出を受けた者は一族を集めて、この一件について相談する。許しを乞うために、当人は酒と野獣の肉をもって来なければならない。この二つはアクテンカ族の供物樹のところまで運ばれる。一族の最年長者は、ただちに「長老よ、怒るなかれ、かれは汝《なんじ》の息子を運悪く誤って射ったのだ。今後、かれは気をつけるだろう。ここにあるご馳走は、かれがもって来たものだ。飲みかつ食い、起きたことは忘れてくれ」。次いで村をあげての饗宴は何日も続く[50]。

シュテルンベルクは、アムール沿いには、自分の始祖母が夢の中で虎や熊と交わったので、自分たちは虎や熊の子孫であると考えている多くの種族がいると書いている[51]。

熊から始まったとする種族は、アルタイ・タタールの中にもあるという。テレッコエ湖の東岸に住むテレンギット系一族であるカラ・テレスは熊を先祖と考えている。同様の観念はビイスクおよびクズネツク地方のいくつかのタタール種族がもっている[52]。

上述の種族伝説と信仰観念を眺めると、動物はふつう、一族の始祖父として登場することに気がつく。したがって昔は、女と動物は結婚できると本気で信じられていたように思われる。シュテラーは一七七四年に出版した著書の中で、カムチャツカの事情を描写し、カムチャダールは、双子が生まれたときはいつでも、その父親は狼であると考えていると述べている。さらに、カムチャダールは十月に行なわれる年祭のとき、乾草で狼の形を作り、狼が村の娘と結婚してくれるように、一年中大切にとっておくと述べている[53]。交わりが夢の中で行なわれるというシュテルンベルクの説明は、自然民族の観点からすれば特によく理解できる。だが、そのような獣父が通常考えられるように牡であったとしても、人は動物のいずれの性とも交わることができることに注目しなければならない。前に述べたヤクートの亡命者の一人が、自分の氏族動物がまだらの牝牛であると語ったのは、同時にまだらの牡牛ということも意味しているのであって、この場合、ことばどおりにそれが何か始祖母というようなものだと結論することはできない。氏族動物と伝説が結びついている場合、その動物は父であって母ではないのが普通である。ある動物が一族の始祖母であるという信仰が、何にもとづくのかということを理解するのもまた、もっと困難である。このような氏族動物は、私の知る限り、シベリア諸民族における白鳥だけである。イェニセイ人から聞いたところでは、白鳥の月経は人間の女とまったく同様であるということだ。だが氏族の祖としての白鳥が、すでに初めからほんとうに母親の役割を演じたかどうかは確かでない。氏族動物の信仰が、ただ一つだけの起源にさかのぼるのかどうかも疑わしい。すでに述べたように、ある種族は雷もまたトーテムと考えた。その場合、もとはおそらく雷は大きな鷲に似たものだと考えられていたのであろう。

こうしたトーテム観念は、特別の種族の動物名や王家の動物紋章が、さらに明らかにしてくれるかもしれない。

64図　ブリヤート・シャマンの《聖なる毛皮》。B. E. ペトリ撮影

トーテミズムという用語を使うとして、以上述べた本来の意味でのトーテム動物のほかに、シャマンは自分でさえどういう意味があるのかあまりよくわからない動物の姿をした種族霊を、まだ多数もっている。たとえばブリヤートのサルトール族は、シャマンの家系の者（オトハ）は、動物の血、とりわけ「サルトール族のシャマン動物の血」を食べることは禁じられていると語っている。[54] シャマン動物とはどういう意味なのか、この記述からはよくわからない。ブリ

ヤート・シャマンの住居の中で、ふつう、上座の壁とか魔法の杖《つえ》には、小さな森林動物の皮が多数吊るしてある。そのすべてがもっぱら祭儀用というわけではないが、それらがもともとどんな意味をもっていたかは知られていない。ツングースのスヴェンも、ゴルドのセオンも動物の姿をしているらしいということは、すでに述べたところである。北シベリアの諸民族は、鵞鳥《がちょう》、あび、とりわけ赤くびあびとかの水鳥は霊的存在であって、決して指さしてはならないと考えている。これらの水鳥をかたどったものは、ツングース、ドルガン、ヤクートの、特に祭儀の場所や墓に見られる。おそらく、人はそれを死んだシャマンの霊と考えているらしい。少なくともツングースのシャマンの《魂》は海がらすの姿をとって新しいシャマンの体内に移る。

シャマン儀礼を行なっているとき、ツングースはさまざまな動物を補佐役として用いる。トゥルハンスクで聞いた話だが、魔術師はシャマンするにあたって特別の天幕を設け、そのまわりに、像をとりつけた八本の杭《くい》を打ち込む。木に刻んだこれらの像は儀礼がすんだ後も捨てずに保存するが、太陽・月・雷の鳥のほか、いろいろな鳥を表わしている。太陽・雷の鳥・白鳥・郭公は天幕の東側に、西側には月・鶴・海がらす・あびが来る。さらにこのようなさまざまな動物の像は、シャマンが天幕の正面のかまどの後ろの土間に坐る場合、自分の傍らに置く。左側には灰色鱒《ます》・かわうそ・狼・かわめんたい、右側にはネルマ魚［仏訳では鮭］・蛇・とかげ・熊の像を置く。前にはとかげに似た木像を立てる。空中からも水中からも、地上からも地下からも助けに呼ばれたこれらの動物は、シャマンする際に重要な任務をもつものとツングースは考えている。儀礼の初めに、これらの像を代わるがわるとりあげて、その時々の重さでいろいろなことを推しはかるのである。

ドルガンとヤクートのシャマンも狼とか狐とかの動物の助手の像を作り、用を命じて送り出す[55]。ブリヤートのシャマンもまた、ある特定の動物に、次のように歌って助けを求める。「灰色兎は我らの走者、灰色狼は我らの使者、ホン鳥（白鳥）は我らのホビルガン（qubilqu「姿を変える」より）、鷲 khoto は我らの使者[56]」。ブリヤートのシャマンはそれぞれ、ある者は鷲、ある者は禿鷹《はげたか》、ある者は蛙というように、それぞれホビルガンをもっているという事実にザトプリャーエフは注意を向けている[57]。

ブリヤートのシャマンのホビルガンが常に一定の動物であるのと同様に、ドルガンやヤクートも、特定の動物の姿をとって現われる、シャマンの特有の霊について語っている。ドルガンとヤクートのこのような観念について、V・N・ワシーリエフはこう書いている。「それぞれのシャマンは、魚・鳥・昆虫などといったような、さまざまな動物の姿をとって現われると想像される。数多くの補助霊をもっているが、そのほかに、自分の生死がかかっているもう一つの主霊イエ・クル ijä-kyl《母獣》をもっている。シャマンはこの霊を、一生を通じて三度しか見ることがない。一度目はシャマンになるとき、二度目はシャマンとしての経歴の中期において、最後は死の直前である。この《母獣》はふつうシャマン自身よりも早く死ぬ。この霊がある偶然のきっかけで死ぬ場合には、シャマンの死もまた延ばすことはできない」。ワシーリエフは、たとえば意地悪なシャマンが巫術《ふじゅつ》を行なっている最中に、他のシャマンの魂動物を見たりおどしたりして、その動物のみならず、その動物の持ち主も死に至らしめることがあると記している[58]。

この種の動物で最も強いのは、セロシェフスキーに従えば牡牛・牡馬・熊・おおしか・鷲である。自分のイエ・クルが犬か狼の姿をしているシャマンは運が悪いとセロシェフスキーは書いている。特に犬の姿をしたものは、自分のシャマンを決してそっとしておかないで、絶え間なく心臓を「かじり」、「肉体をさいなむ」といわれる。新しくシャマンが現われるときは必ず新しいイエ・クルも一緒に現われるので、もとのシャマンはイエ・クルの到来を見てそれと知る。これらのシャマン動物は、何よりも、「シャマンだけが見ることのできる」空想の産物であるという点でトーテム動物と区別される。ヤクートはさらに、シャマンが争えば、かれらの「動物」もたがいに戦い合い、それは一か月も、それどころか一年も続くことがあると信じている。自分の動物に死なれたシャマンはやがて死ぬ。シャマンの病気もまた、かれらの諸霊の間の争いのしるしであると見なされる。[59]

アルタイのテレウートもまたトン・ブラ tyn-bura（《ブラ霊》）という、シャマンの特別の霊のことを語っているが、その名前から（bura, pura は動物。カラガス＝pur おおしか、ヤクート＝bur トナカイ、モンゴル＝buir おおしかと比較せよ）、動物の姿をしているものと考えられている。アノーヒンによれば、相争うシャマンの強い方が相手のトン・ブラを「奪い」、その足と首を切り落とすことができる。こうして、トン・ブラが死ねば、相手のシャマンもまた二、三日中には死ぬ。[60]

こうした例からすると、動物の姿をしたシャマン霊は、これらの民族にあっては、その持ち主とすこぶる近い関係にある。それはおそらく、動物の姿をして歩きまわるシャマン固有の魂であろう。シャマンの《魂》が、ほかならぬトナカイの姿をして徘徊するという観念は、すこぶる広汎にわたっている。ゴルドのシャマンは死者を背負って死の国に運んで行くとき、トナカイの姿になる。森林ユラークもまたシャマンの《魂》があの世に消えると、「あの人の牡牛の姿が歩いている」という。[61] トレチャコフによれば、トゥルハンスク地方のサモエドは、それぞれのシャマンは、身近に「トナカイの姿をして暮していて」、呼べばすぐ来る従者をもっていると考えている。一種不思議なひもが、その動物と主人とをつないでいて、この動物がシャマンの意向を受けて出かけて行くと、その分だけひもも伸びるという。ときには、二、三のシャマンが共同して、気にくわぬシャマンに圧力を加えようとすることがある。「自分たちのトナカイ」が一緒になって、相手の「トナカイ」を襲うようにしむけるのがそのやり方である。この「トナカイ」が孤軍よく耐えることができずに屈すれば、シャマンもまた生命を失う。(62) ここで、レヒティサロがユラーク・サモエドの死の儀礼について書いているところを述べておくべきだろう。「年寄りの魔術師ンギテルマ ngytterma が死んだ後、その息子は《ンギテルマの頭》と称して、角と足をそなえたトナカイの木像を作る。故人の妻はこれを小さな仔トナカイの毛皮にくるんで、天幕の妻の座に立てておく(63)」。

同様の観念は、ラップにおいても見られる。参考のために、十八世紀のJ・キルダルの描写を次に引いてみよう。「二人の魔術師はたがいに「トナカイ」をけしかけて喧嘩させた。すると「トナカイ」が勝ったり敗けたりするのに応じて、シャマンもまた勝ち敗けを感じるのであった。一方の「トナカイ」が、相手の角にぶつかって真っ二つに折れれば、自分の「トナカイ」の角をやられた方のシャマンは病気になる。一方の「トナカイ」が相手のトナカイを殺せば、トナカイを殺された方のシャマンは死ぬ。この闘いは、争い合う「トナカイ」がへとへとになれば、それと同じように、主人のシャマンも参って打ちのめされるといったふうに進行する(64)」。これほどたがいに遠くへだたって住む諸民族のもとで、相闘うシャマンが、申し合わせたように、通常のシャマン動物としてもっぱらトナカイの姿をとるというこの記述にふれるのは実に驚異である。ところで、フォーブスはラップについて、「魔術師がもし鳥をもっていればその鳥（vurnes lodde）を敵に差し向けることができる」と述べている。[65]次のような、人間の魂の姿はいろいろであるというゴルドの考え方は、ヤクートのイエ・クル観念にもっとよく似ている。それによると、善人はトナカイ・おおしか・魚などの形をした魂をもっているのに、悪人の魂は野獣・狼・白てん、あるいは蚊とか虻《あぶ》とかの吸血昆虫として登場する。明らかにこれと関係のある、貴重な比較材料をなすのは、とりわけスコルト・ラップのカズ kaddz（お伴《とも》）動物とスカンジナビア人のフィルギャ Fylgja 動物である。[66]

シャマンの樹

ドルガンとヤクートは、最高神アユー・トヨンが初め世界とその住人を創ったとき、人間が病気などの不幸に見まわれた場合に助けてやるために、同時に《最初のシャマン》も創ったと考えている。かれらの伝説にはまた、ある種の樹も登場しており、V・N・ワシーリエフはそれについて次のように述べている。「かれ（神）はシャマンを創り、その住居の前に八つの枝のある、「決して倒れることのない」聖なる樹トスペト・トゥルー tyspät turū を生やし、その枝の陰に神みずからの子、輝く霊人を住まわせた。同時にアユー・トヨンは地上に三本の樹を生やし、その根もとに坐りながら、最初のシャマンに使わせる、あらゆる呪術用具を作って、人間に敵意を抱く諸霊と闘うために、これらをいかに用うべきかを教えた。各々のシャマンはそのときの名残りとして、当人がシャマンの職に召されたときに育ち始め、シャマンが死ぬとともに倒れるトゥルーというシャマンの樹をもっている。しかるに最高神の住居の前に生えるトスペト・トゥルーはそうではない。この樹は老いることもなければ、倒れることも決してない[67]」。

ゴルドは世界樹は三本あり、一本は天に、もう一本は死者の国に、もう一本は地上に生えていて、最初のシャマン、ハド Khado はこの地上の樹からシャマンの巫具を受けとったと語っている。さらに、ゴルド、オロチ、オロッコのシャマンは誰でも、自分が生きるも死ぬもその樹にかかっているという特別の樹をもつといわれる[68]。

オブドルスク最北部に住むツンドラ・ユラークも、シャマンとその樹の間には、こうした神秘な関係が介在すると考えている。このことを暗示しているのは、とりわけ次のようなレヒティサロのことばである。「シャマンはまた、自分の神聖な場所をもっていて、そこには彼の樹（tād'ib'em be'a）が生えている。樹には人間ほどの大きさのシャダイ sjadai（偶像）が二つ寄り添って、シャマンの樹を見張っている。誰かがシャマンの樹を倒すと、シャマンは死ぬ。だが斧を樹に打ちおろそうとすると、自分の足に当たってしまうので、樹を倒すことはできない。シャマンが死ぬと、一年のうちに樹は枯れる。別のシャマンがこの樹を倒すべきときが来たと知ると、これを倒して供物を供え、サモエド人のために、この樹からシャダイ（木偶《でく》）を作る[69]」。

さまざまの民族に関する右の引用で、傍点を附した個所は、シャマンの樹とその持ち主とが相互にいかに密接な関係にあるかを示している。しかし、ここで用いた資料からは、ツンドラ・ユラークの場合がそうであるように、なぜに特定の樹がこうした意味を帯びているかは明らかでない。もしかしたら上の伝説から推測されるように、そのシャマンが巫具として用いている道具が、ほかならぬこの樹で作られているからではなかろうか。しかしドルガンとヤクートに関する報告を見ると、それが事実にもとづくものとするなら、シャマンがその職に召されたとき初めて生えてくるというシャマンの樹に対して、この説明を適用するには無理がある。

白シャマンと黒シャマン

カールロ・ヒルデーンは、ある種のシベリア諸族にあっては、いわゆる《白シャマン》と《黒シャマン》を区別しようという努力が見られると述べているが、ヒルデーンによれば、この区別はアルタイ地方には知られていない[70]。しかしアノーヒンはアルタイ・タタールのシャマニズムに関する論文の中で、《白シャマン》(アク・カム ak kam) も《黒シャマン》(カラ・カム kara kam) も挙げていて、そのいずれもが、巫具として太鼓を用いていると書いている。両者の違いはわずかに、《白シャマン》は決して死者の国の王エルリクを拝むことなく、またシャマンの長い上衣 (マニャク manjak) を着ることがないという点にだけあるのである。マニャクを着るのは「あらゆる霊 (tös)」とかかわることを仕事とする《黒シャマン》だけである。しかるに《白シャマン》は白い仔羊の毛皮で作った特別の帽子をかぶる。「浄《きよ》らかな」霊体 (aru tös)、すなわちユルゲン (天神) とその息子たちに祈願し善霊を拝むには、白いものを着ていなければならないからである。この規定は頭巾にふくろうの羽飾り (ülbräk) をつけ、その後ろ側に三本の白いリボン (jalama) を垂らすことを求めている。地面までとどく三本のリボンは供犠《くぎ》僧の服の背にも垂らしてある[71]。

トロシチャンスキーは、ヤクート人地帯にこのような二分制を捜し求めつつ、シャマニズムに関する専門の文献に黒シャマンとか白シャマンとかのことばは出てくるが、なお充分な注意が払われていないとこぼしている。だから、あるシャマンのことが述べてあっても、それが白シャマンなのか黒シャマンなのか確かめることができないというのである。自分は、ヤクートが白シャマンをアユー・オユーナ ajy ojuna、黒シャマンをアバース・オユーナ abasy ojuna と呼んでいるのを知っているだけであると彼は書いている。(72) トロシチャンスキーが述べているアユー・オユーナは、もともとシャマンではなく供犠僧を意味することばである。この異なる職能の者が、しばしば混同されるという事情が研究を困難にしている。ヤクートに関する限り、かれらが白と黒という二種のシャマンをもっていないというプリプーゾフの主張の方が当たっているように思われる。すなわち同じシャマンが、天上の霊をも地下の諸霊をも訪れることができるのである。(73)

私が尋ねたトゥルハンスク地方のツングースは、一種類のシャマンをもつだけであるという。そのとき、天神に供物をする供犠僧にはシャマン以外の者がなるという点に気づかせてくれた。そのほか、天神への供物は昼間に限って行なわれるのに、シャマンが儀礼と結びつけて行なう供物は夜供えられる。通常の供犠行事を行なうのは、父とか、家族のうちの最年長の男子であってもよく、それをシャマンとは呼ばない。

オブドルスク最北部に住むツンドラ・ユラークは天と地の諸霊をなだめるために、別々の祭場と司祭をもっているのに、いずれの場合の供犠執行者も tad'ib'e と称している。だがはっきりさせるために、この呼び名に、シャマンの拝むのが「天」の霊であるか、「地」の霊であるかがわかるようなことばをつけ加える。[74] ところがこの名称からも、また我々が利用した資料からも、「天の諸霊を自分の霊とし」、それらに供物を行なうこの人物が、ほんとうに諸霊によって選ばれてシャマンの素質を授かった、通常この語のもとに理解しているようなシャマンであるかどうかは明らかでない。

白シャマンと黒シャマンについて語っているのは、中でもブリヤートに関する資料だけである。アガピトフとハンガロフは「シャマンは善神を拝むか悪神を拝むかという点で白と黒の二つのグループに分かれる」と述べている。

《白シャマン》(サガーニー・ブー sagānï bö) は善神を拝み、人間に決して悪事をはたらくことなく、反対に人間に幸福と祝福をもたらすような神々に祈ることによって人間を助ける。一方《黒シャマン》(カライン・ブー karain bö) は人間に「災厄のみ」をもたらし、悪霊に祈って、もっぱら悪神にのみ、つまり「東のテンゲリ、東の諸侯、オリホン島の主、エルレン・カン ärlen-kan、黒い馬の主」に供物を捧げる。

さらに、白シャマンの服は白の、黒シャマンのは青い絹あるいは木綿地で作ると述べている。クディンスクのブリヤート人は、シャマンの死後初めてこうした服を着せるというが、バラガンスクのシャマンは生きているときにすでに、特別の叙品の儀式を受けた後、その服を受けとるという。シャマンの遺骸を焼いた後、《白い》シャマンの屍灰は白い、《黒い》シャマンのは青い布地で縫った小袋に集めて、樹のうろの中に納める。[75]

黒シャマンをきわめて悪い役まわりに置いている、これらブリヤート人の報告をよく見ると、かなりの誇張があるのに気づく。その力を決して過小評価してはならない下界の霊体もやはり、なだめ、とりなさねばならないとするならば、いわゆる《黒い》シャマンは上述の報告から受ける印象とは起源的にまったく別の意味をもっていたに違いない。そのほか、この黒シャマンが、単に悪業をなすだけのものであれば、なぜ特別の服装をあてがい、葬儀を行なってやるかは謎である。その行為に対する評価もまた、明らかに後代の世界観の色づけを受けている。

この問題をより大きな比較材料の背景に置いて吟味してみると、ブリヤート人の場合、ほかならぬ《黒シャマン》の方がむしろ、我々がラップについて知っているような、最も起源的なシャマンを代表していたように思えるのである。

シャマンの叙品

ヤクート人にあっては、先輩のシャマンは後継者に手ほどきを与え、秘伝を授け、同時にエメゲトの像をもたせてやるのがならいであるとスタトリングは述べている[76]。

プリプーゾフによれば、ヤクートのシャマンの《叙品式》は次のように行なわれる。年寄りのシャマンが新入りを高い山の上とか広い野へ連れて行き、そこでシャマンの装束をつけさせて、太鼓・ばち・馬のたてがみを巻きつけた柳の若枝を与える。さらに新入りの右には九人の品行方正な青年、左には純潔な九人のおとめを立たせる。この年寄りのシャマン自身も装束を身につけてから、新入りの後ろに立って文句を述べると、後継者はそれを繰り返さねばならない。まず手始めに新入りは先輩のシャマンに対して、神をはじめ、自分にとって大切なすべての者を捨てて、一生悪魔に仕えると約束をたてねばならない。すると悪魔はシャマンの願いをかなえてくれる。次いで、この悪魔は何者であって、どこに住み、どんな病気を起こすか、どのようにしてなだめることができるかということが告げられる。最後に後継者は一頭の動物を屠《ほふ》って、その血は自分の衣裳にふりかけ、その肉はこの式の参会者すべてが分け前にあずかる。(77)

この記述の中の、神を捨てる約束を行なうといったようないくつかの特徴は、プリプーゾフ自身の個人的な感じ方だとしても、やはりヤクートでは新しいシャマンの公的活動は実際に叙品の儀式を前提にしているように思われる。

シャマンの務めは、何よりもその氏族の安寧のためであって、シャマンの高価な支度費用を共同で負担する氏族としては、やはり、初めてシャマンが生まれるところを確かめておきたいと考えるのも、無理からぬところである。だからツングース地帯では、氏族員は前もって打ち合わせておき、代々行なわれてきた試験と儀礼を行なって、新入りの能力を試す日どりを決めておく。新入りが、一族のシャマンとしてのよく知られた権利を獲得するこうした儀礼は何日も続き、最後は供物を供えてしめくくりとなる。(78)

ゴルドの場合にも、供物行事の山場は新しいシャマンの任命式である。かれは前もって氏族の各戸を訪ねて、順番にシャマンしなければならない。そのときに、供物祭を手伝ってくれるように頼んでおく。近所まわりに出かけるとき、初めついて来るのは一人だけだが、やがて訪ねるさきざきで、次々に熱心な支持者が現われて近所まわりに加わり、さらに次の家にもついて行くから、取り巻きはだんだんふくれあがって行く。やがて、供物行事の行なわれることになっている新入りの家に一同集まる。祭の前夜、シャマン踊りが催されるが、踊りの参加者全員は、帯に鈴を下げて手太鼓をもっている。踊り手は少なくとも九人そろわなければならない。他の者は太鼓を打ち鳴らしながら、しばらく環になってまわっていると、新しいシャマンもすっかり身支度を整えて踊り始める。踊りの休み間にかれは諸霊をたたえる讃歌をうたい、自分が召された次第を述べる。自分の力に自信がないと言いながらも、大声で力を込めて、みなが従わねばならないセオンの指図を披露する。それから、九人のシャマンの前でいそつつじ（Ledum palustre）を燃やす。その煙にはゴルド人の考えによれば、浄めるはたらきがあるという。新入りの歌が終わると氏族の最年長者がひざまずいて、一杯の火酒を差し出す。若いシャマンはその中に指を浸して、諸霊のために「左の手の平に」少しふりかけてやる。これを三度繰り返す。翌日は供犠の場所へ行くと、前もって豚が九頭準備してあって、助手たちは合図とともにそれを屠る。新入りはその豚の血を飲んで再びシャマンし始めると、やがて忘我状態に入り、まわりの者たちは、将来のことをあれこれと尋ねる。饗宴《きょうえん》は、肉と酒が残っている限り何日も続く。シャマンは自分のセオンに対して、こうした供物をその年に決められた数だけ繰り返して供えねばならない(79)。

宗教研究の立場から見ると、ブリヤート人について記録されている叙品式の方がずっと興味深い。しかしブリヤートのシャマンは、シャマンとして活動していても、全部が全部叙品を受けているわけではない。叙品は高度な責務を授けるものと考えられているからであるとハンガロフは指摘している。こうした事情のため、叙品を受けたシャマンはより高い階級に加わり、かれらだけのグループを作っている。さらに叙品はブリヤート人の考え方によればきわめて重要な意味をもっている。というのは、

「叙品はシャマンの知力を高め、あの世の生活と、霊界の秘密を解き明かしてやり、神々とその居場所を教え、神々の配下にある霊体と近づきにさせ、その仲介によって、神に願いをたてる方法を教えるからである[80]」。

叙品はすなわち新入りを特定の目的に献身させることを意味し、一定の生活態度の維持を前提としているから、前もって準備なしに行なわれることはない。新入りは何よりもまず、豚肉を食べるというような不浄と見なされる行為はすべて避けなければならない。そのうえ、みそぎの儀式によって身を浄めねばならない。本来の叙品の儀は、《シャマンの父》と呼ばれ、以前から新入りの師を務め、すでに叙品を受けたシャマンが執り行なう。助手は《九人のシャマンの息子》が務めることになっていて、そのために九人の少年が選ばれる。かれらは儀礼を準備し、新入りとともに前もってそのあたりを馬で馳けまわり、祭に必要な品々を集める。まわって行くさきざきの天幕で乳・タラスン・クルンガ「発酵乳」のもてなしを受け、またお金などの贈り物を受ける。新入りが手にもつ小さな白樺樹にはリボンや布切れが結びつけてある。バラガンスク地方では、《シャマンの息子たち》も手に白樺の若枝をもつ。

この地方ではまた、叙品式の前に、新入りと《シャマンの父》と《シャマンの息子》は特別の天幕に入って、お茶と水で煮た「乳を加えない」穀粉の粥《かゆ》を摂《と》るだけで、九日間断食をするのが習わしである。天幕のまわりには、習慣によって馬の毛で編んだひもを三度巻きつけ、それに森林小動物の毛皮やリボンや、乳棒とスプーンに似たものもかける。その間に他の者たちは叙品式に必要なすべての下ごしらえをする。

祭日の前夜、神聖な森あるいは墓地から白樺の樹をとって来るが、そのうち少なくとも二本は根をつけたままでなければならない。樹をとりに行くとき、ブリヤート人はタラスンと羊を一頭もって行って森の《主《ぬし》》に供える。翌日になって初めて、白樺の樹とその他のものはその場所に立てられる。根つきの白樺のうちの一本はシャマンの天幕の中に、根をかまどの傍らの地面に埋め、梢は天幕の煙出しの穴からのぞくようにして立てる。シャマンがそれを伝って天界に達するこの樹を《戸口の庇護者》(ウーデシ・ボルハン ūdeši-burkhan) と呼んでいるのは、それが「シャマンに、天のさまざまな神々への入口を開いてやっている」からである。樹は叙品式がすんだ後もそのまま残しておくから、村のどこに叙品されたシャマンの天幕があるか容易に知ることができる。

もう一本の根つきの白樺、エヘ・シャラ・モドン äkhä-šara-modon もやはり重要な役割をになっており、天幕の外に立てられ、儀式の間、これも天へ昇るために使われる。これらの根つきの白樺のほかに、さらに九本の白樺を植えるが、根がついていないので《枯れた白樺》と呼ばれる。ハンガロフによれば、これらは三つの群に分けて並べられ、多くの場合、白い馬の毛で編んだひもを巻きつけ、それに白・青・赤・黄のリボンを交互に垂らす。これらの色が何を意味しているかは明らかでないが、おそらく方角の色を表わすものであろう。そのほかに、根なしの樹の方には森林小動物の毛皮九枚と、タラク［酸乳］を満たした白樺樹皮製の容器を吊るす。ハンガロフはこの点について、これらの白樺の樹は、天幕の中のも含めて、白と青の縞《しま》のひもでたがいにつながれ、《虹》つまりシャマンのテンゲリへの旅路を示しているのだと伝えている。叙品式そのものに用いられる象徴的な白樺のほかに、また別の樹や、特に九本の柱を立て、同じ数の羊をそこにつなぐ。

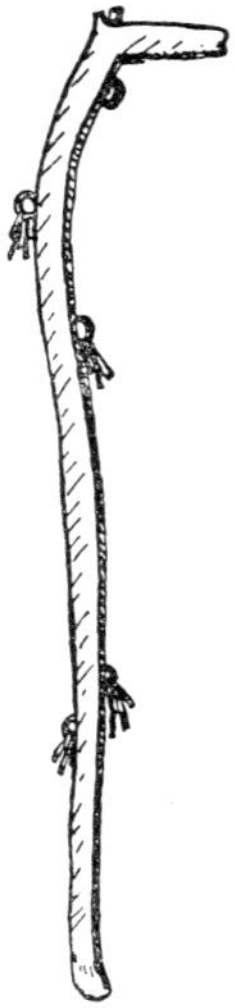

65図　ブリヤート・シャマンの《竹馬》

この神聖な行事のために、ジド žido という、下端を尖らせた九本の白樺の棒が用いられる。その上端の刻み目には、シベリアもみ (Abies pichta) のやにに富んだ樹皮がはさみ込まれ、中ほどに切らずに残した枝にはリボンを結ぶ。たいまつとして用いられるこれらの棒は、おそらくあとで地面に突き刺せるように尖らしてあるのだろう。

新入りとその手助けをする者たちは祭のとき、白い外套を着て登場し、《シャマンの息子》の外套の縁には白いリボンが垂らしてある。ポターニンは、《シャマンの父親》と新入りは赤い絹の総《ふさ》をつけた白い帽子を頭にかぶると述べている。

新しいシャマンの叙品に先立って、一種の《竹馬》のような棒や弦楽器（ホール khūr）といったような道具を浄める。《竹馬》の浄めは、同時に生命の吹き込みと考えられている。シャマンがもう一つの世界に旅するとき、それは生ける馬として仕えるのである。棒の浄めのときは、《竹馬の主人と主婦》（ホルボシ・ノヨン khorboši-nojon とホルボシ・ハトン khorboši-khatun）のために一頭の羊を屠って、そのまわりにタラスンをふりまいて拝む。ときには棒の下端に羊の血を塗ることもある。弦楽器（ホール）の浄めの際にもまた、その霊への供物を怠らない。ブリヤート人はタラスンを作るとき、この高貴な飲み物が蒸留鍋からこの楽器の上にじかに滴《したた》り落ちるようなあんばいにこの楽器を耳つきの壺に入れておくことにしている。このようにして浄めた楽器には神もまた耳を傾けるものと信じられている。

翌日からは、天幕に集まったすべての者は倦《う》むことなくシャマンし、神々に祈り、タラスンを供える。まず初めにエルギル・ボハ・ノヨン・トンホイ ärgil-bugha-nojon tonkhoi を拝んでタラスンをふりまく。この霊は、みずからを叙品した後、他のシャマンにも叙品を行なった最初の霊であるといわれている。それから、祈願文の中で「地上に降って九国の君主、ブリヤート人の守護霊となり」、「銀の帯と銀の剣」を帯びるといわれる、《西のハーンら》とその九人の息子に火酒をそそがねばならない。一定の順序に従って火酒を供えるべきその他の霊体は以下のようなものである。《シャマンの父》の先祖・その土地の霊・九人のシャマンの守護霊・その地方と近在で、故人となったよく知られているすべてのシャマン・大ボルハン・その他威力ある神々である。酒を供えた後《シャマンの父》は、さまざまな霊にもう一つ祈願文を唱えると、新しくシャマンとなる者はそれを繰り返す。伝承によれば、そのとき新入りのシャマンは、天から召されたときに受けとったという剣を手にしている。最後に、天幕の中心に立てた白樺をよじ登って、ときには煙《けむ》出《だ》しの穴を抜けて屋根の上まで出ることがある。そのとき、大声で神々に力添えを求める。

そうしているうちに、ちょうど叙品式の場へ出かけるときとなる。上述のたいまつにはあらかじめ火が点じられ、一本は先頭に立って歩く《シャマンの父》が、他はその後について歩く新入りがもって行く。次に、《シャマンの息子たち》が叙品式に必要なフェルトの敷物や、その他の祭具をもって後に続く。一行のしんがりは、この機会に出席したこれまでの叙品者と、特別に招かれた賓客である。もって来たものすべては、天幕の前で、芳香を放つ草を燃やした火の上にかざす。賓客たちはすでに天幕の中で、くすぶっている草をシャベルに載せて、頭の上に三度ずつ振って浄めてある。

天幕を離れるとき、つき添いの一行は道——芝生でおおわれているところもある——を通って白樺の樹の列のところまで行って、型どおりの讃歌をうたう。白樺の列の東の端には、いろいろな色のリボンで飾った、葉つきの小さな白樺、トゥルゲturgeが立てられ、その根もとには一種の祭壇として、フェルトの敷物を拡げる。敷物の上にはタラクやタラスンを満たした容器と供物の肉を入れた桶《おけ》を並べる。ブリヤートの聖儀にあっては、ヴォルガの諸民族と同様、九という数が重要な意味をもっていて、そのため供物盃、供物のパンなども、常に九つにそろえてある。トゥルゲの傍らには叙品式の執行者と候補者が半円形に坐り、上に述べたたいまつもそこに立てられるのであろう。他の一般の者は、白樺の列の北側に置いた九個の供物鍋のまわりに集まる。

叙品式における最も重要な行事の一つは、新入りを血で洗い浄めることであり、その場合かれは上半身を脱いで白いフェルトの敷物の上に坐らなければならない。次いで一頭の白山羊を連れて来て、新入りの頭上にもち上げて、脇腹に短剣を刺すと、新入りの上に血がふりかかる。血しぶきは新入りの四方八方から九回浴びせる。次いでその山羊を走らせると、青年たちがそれを捕えて屠《ほふ》る。ハンガロフはさらに、新入りは山羊の血を「自分の頭や目や耳」に塗りつけ、他の地方、たとえばバラガンスクではそれを飲みもすると報告している。

血で洗った後、続いて水で洗い浄める。《シャマンの息子たち》は、ときには三つの泉から汲《く》んで来た水桶に焼けた石を投じて熱くした湯に、緑の白樺の枝で作った束を入れて濡らし、血痕が消えるまで新入りの背中を叩く。するとシャマンは弦楽器（ホール）を弾いて、神聖な行事の伴奏を始め、

《シャマンの息子たち》が新入りに向かって、生涯を通じて守るべき規則を申し渡すと、新入りはおごそかにそれを守ることを約束する。ハンガロフによれば、これらの規則は次のような倫理的内容をもっている。「貧しい者から助けを求められれば、歩いてそのもとへ行け。おまえの骨折りに対して大きな報酬を求めてはならない。差し出されたものは受けとれ。常に貧しい者の身の上を思いやり、その力になり、悪霊とその威力からかれらを守るよう神々に庇護を乞え。富裕な者に招《よ》ばれたならば牛に乗って行き、やはり多くの報酬を求めてはならない。もし富める者と貧しい者が同時におまえを招んだら、まず貧しい者のところへ行き、しかる後に富める者のところへ行け」。

次いで犠牲動物の屠りが始まる。その数は九頭でなければならないが、参会者の数が多ければ、それに応じて増やすのはかまわない。供物の食事の準備をしている間、一方ではシャマンの行事が行なわれる。叙品式の最もおごそかな瞬間は昇天の儀であって、そのとき《シャマンの父》は、上に述べた根つきの白樺の幹を九回まわりながらよじ登っててっぺんまで行く。シャマンが昇って行く間に、その魂は天に達するのだと信じられている。樹を一回まわるごとに、天の一定の層を突き抜けることになっていて、シャマンはそのとき観察したことを逐一報告する。最高の天、すなわち第九天まで昇り着くと、再び九回めぐりながら地上へ降って来る。《シャマンの息子たち》は、その間じゅう安全を期して樹の下でフェルトの敷物を支えていて、やがてシャマンはその上へ降下する。それに次いで新入りはただちに同じようにして天の各層を貫いて旅をする。すでに叙品を受けたシャマンもこのようにする。そこに集まった大衆は、そのとき忘我の状態に入ると語られている。

若いシャマンは樹上にいる間、諸霊に力添えを求めるので、自分が望んだときには、その一つ一つにタラスンをふりかけてほしいと頼む。

　もちろんこうした儀式は、所が違えばそのやり方もいくらか違ってくる。たとえばバラガンスク地方では、フェルトの敷物の上に新入りを乗せて、一列に並べた九本の白樺のまわりを東から西へ九回まわる。そのとき、新入りは白樺の樹を一本一本順番に登り、一本一本の樹を九回まわりながら、だんだん高く登って行く。上に登ると、下にいてやはり樹の周りをまわっている《シャマンの父》とまったく同様に「シャマンする」[81]。

　ポターニンは、九本の樹は天幕の入口から右向きに一列にくっつけて並べてあり、新入りのシャマンはフェルトの敷物に乗せて運ばれると報告している。一番はずれの樹まで来ると、フェルトの敷物から樹に飛び移ってそのてっぺんに達し、そこですばやく樹の周りを三度まわり、樹から樹へ同じようにしながら、最後の樹まで達すると、再びそのフェルトの敷物の上に降り立つ[82]。シャマンが天へ旅するとき、九本の樹をめぐるのは、九本の樹が天の九層を表わしているからだと思われる。

　叙品式を行なっている間、供物の肉はだんだん煮えて来て、特別の容器に盛ってトゥルゲの傍らへ置く。一頭ずつを別々に分けて煮た肉は、やはり別々のいれものに盛る。まず《火の主》に少しの肉とスープを供えると、《シャマンの父》、《シャマンの息子たち》やその他のシャマンは一列に並んで、肉とスープを入れた器を一つずつ手にもち、九人のシャマンの供物を受けとってほしいと神々へ祈願し、それから供物のスープと肉を、空中や火の中へ投ずる。それから、《シャマンの父》とその他の者は食べ始める。犠牲動物の骨は最後に藁《わら》に包んで、供物盃を結びつけるための柱（aduhanisärgä）の間に立てた九本の白樺樹（グル・ボルハン gur-burkhan）にかける。

供物の儀式が終わるとシャマンは先に述べた天幕にもどるが、若いシャマンはくつろいだり遊んだりする。翌日、デベドイ döbedöi のために、さらに羊を一頭供える。デベドイはブリヤート伝説の中でソルボン solbon（金星）の従僕として登場するので、明けの明星のことらしい。この羊の骨は燃やすが、毛皮はトゥルゲの後ろに立っているズヘリ zuhäli という白樺に吊るす。羊の鼻孔にはさらに白樺の若枝を詰め、頭の上にはたいまつ（ジド žido）を置く。

シャマンの叙品のときは、これ以外の供物を供えることもあり、中でも上述のボハ・ノヨン（牛王）には、黒灰色の牡牛が次のようなやり方で捧げられる。牛は浄めた水で洗って、リボンで飾り、小さな軛《くびき》を首につける。それから、牛の頭にタラスンをふりかけて、簡単に祈禱文を読み上げた後に放す。こうした儀式は九日間にもわたって続くことがしばしばあり、それが終わって初めて白樺の樹からリボンと毛皮をとりはずし、シャマンが聖具を納めておく箱に入れる。[83]

昔は、いろいろな叙品式と、さまざまな位があった。位の数をハンガロフは九つであったとするが、ペトリは五つだけだと言う。新たに叙品を受けるたびに、シャマンはますます大きな尊崇を集めてより高い位のしるしを得たというが、それがもとどのようなものであったかは明らかになっていない。シャマンがすでに第一回の叙品で受けとる剣は、天界へ旅するときに用いられる。悪霊どもは、剣を振るわれるのを恐れるという。叙品の種類によってシャマンの服装も違っていたということも考えられる。ペトリによれば、五度目の叙品を受けた者は、ザーリン zārin という尊称を受けたという。[84]

このようにこみいった叙品は、忘我の境に陥る極北諸民族のシャマンがになっている、もとからの文化を示すものではない。これらの叙品はまた、独立に発達して形成されたものでもない。しかし、考えられるように、固有の儀礼を伴った外来宗教に範をとったものだとしても、それをどこへ求めたらいいのであろうか。ひょっとしてラマ教の影響が認められるかもしれない。ラマにもまた、叙品式があり、しかもいろいろな階級がある。やはりかれらも不浄な動物の肉を食用に供することは避けるべきだとしている。ラマもまた弟子をもっていて、弟子はラマの指導のもとに聖事を学ぶ。かれらは特別な衣服をもっている、等々。しかしこの場合、ラマ自身が前ラマ教時代の名残りだと考えているようなものがブリヤート・シャマンの儀式には見当たらないのである。

それではマニ教とはどのような関係にあるのだろうか。周知のように、オルホン河畔のカラ・バルガスンの廃墟で発見され、ソグド語を含む三つの言語で書かれた石碑には、「神の師（マル mar）マニの教え」がウイグル王国の最盛期（八世紀）、すでにこの地方に根をおろしていたと書かれている。(85) マブリヤートの民間文芸の中にはペルシアの最高神アフラ・マズダ（ホルモスダ）が現われていて、マニ教を思わせる信仰観念や儀式が跡をとどめているのもそのためだろうか。しかし我々がマニ教について知っている限りでは、真に比較できる点はない。いずれにせよ、起源的に托鉢僧を意味するソグド語シャマン šaman が、マンシュー・ツングース語のシャマンと同じものであるとすれば、特別の生活規定をもつ、叙品されたシャマンを、僧侶あるいは聖職者と比較できるというもう一つの証拠になる。

西暦紀元初め頃、ローマのキリスト教に拮抗《きっこう》していた古代ペルシアの宗教圏に目を移すと、まず著しい相互関係に気づく。ミトラの密儀には実際、ブリヤート人の同じような習慣に酷似する儀式化した叙品が登場する。その一つは血による新入りの浄めであって、これは宗教史上、決してありふれた例ではない。ミトラ教徒において、タウロボリウム taurobolium と呼ばれるこの行事を、プルデンティウスはこう描写している。ほら穴の中にじっとしている新入りは、頭上の、穴をあけた床板の上で屠った牛の血を受けとり、血しぶきが「頬・耳・口唇・鼻」などに滴って目が濡れるように、流れ落ちる血潮に向かって、顔を仰向けにしたままで受けとめ、舌で血をなめとり、むさぼるように呑みくだす[86]。

　したがってミトラ教の場合には、新入りの頭上で山羊を傷つけ、その血を「頭と目と耳」に塗りつけ、はては飲むといった、ブリヤート人と同じ行事が存在する。

　さらに共通の特徴は特別の生活規定と、豚肉その他の不浄のものを避けるという誓約、それに、特別の位階としるしをもつ、さまざまな段階の叙品である。しかし何よりも興味深いのは、ミトラの神秘にもまた、オリゲネスが述べているように、重要な儀式として天への旅、あるいは天の層を貫いての移動が認められるという点である。このような類似点は決してまったくの偶然とは言えないであろう。

　ミトラ教がその聖物と僧侶を伴ってローマへやって来たときには、すでに長い間の変化にさらされていたが、多くの特徴はまだ、故土の信仰観念と儀式を反映していた。おそらくペルシアの祭司もまたそれに従っていたらしい、祭司のより民俗的な風習は、ほかならぬブリヤート人が、上に述べた儀式の中に模倣してとり入れたように見える。祭司とシャマンは、どこか相似た牧師的な任務をもっていたし、またいずれの例にも――ミトラ教にもまた――忘我状態が重要な役割を演じてきたから、中央アジアの諸民族がその文化的に高い方の隣人から影響を受けたものと理解すべきである。

ブリヤート人は、前に述べた諸習俗を伝えている唯一の民族ではない。同様の儀式は、イリやタルバガタイに住むツングース系のシボ族に見られる。ここでもまた、シャマンの叙品の際に「黒皮白樺」と呼ばれる、段を刻んだ樹を用いており、住居の中に、九つの刻み目をつけた、小さめの似たような樹をもっている。(87) 叙品を受けたシャマンは、クロトコフによれば、その刻み目は天の層を表わしている。シャマンが九つの刻み目をつけた白樺の樹を登って天へ達するアルタイ・タタールも、ブリヤートの各地に見られるように何本もの樹を一列に並べて儀式に用いるヤクートもまた、同じ文化圏に属している。ヤクートとゴルドにその痕跡が残っている叙品式もまた、ブリヤートの同様の儀式とつながりがあるかもしれない。

シャマンの装束

シベリアのシャマン――ここでは男のシャマンのみをとりあげる――がその職務を遂行する場合、通常は特別の装束を用いており、アルタイ地方では、ふだんはそれを巫具とともに革袋に入れて小屋の奥のケルメスの像の傍らにしまっておく。移動するときは、この袋を馬の鞍《くら》につけ、その馬は女に使わせないよう気をつける。(88) シベリア最北端の諸民族のもとでも、シャマンの装束は同じように神聖である。ツングースは装束をシャマンのその他の巫具と同じように、日常の用には用いない、特別のトナカイに乗せる。聖衣を汚すことを極度に恐れるために、女やよそ者がふれることを禁じている。使い古した装束がその効力を失ったり、シャマンがその職を終えたために不用になった場合にも、つぶすことはせず、森にもって行って樹上にかける。同じように、持ち主が死んだ後も、その装束は墓の近くの樹にかけておく(89)。

そのため、新しいシャマンには、昔からの習慣に従って新しい衣裳が作られる。シロコゴロフが語っているところによれば、東ツングースにおいては、年とった寡婦あるいは若い娘（いわゆる純潔な女）がそれを縫うことになっている。すべて氏族の負担によって、あらゆる附属品をつけた装束ができあがると、新入りのシャマンは特にこれという儀式もせずにそれを着る(90)。ある地方、たとえばアルタイでは、シャマンの装束は、人間がふれた後は何らかの方法で「浄め」られねばならない(91)。ところによっては、この浄めの儀、あるいは聖別の儀式はシャマンの守護霊への供物とも結びついている。ヤクートのシャマンはそのとき、家畜を屠り、その血を新調の装束に塗りつける。古い装束に手を加えたり、新しい部分をつけ加えた場合にも同様のことを行なう(92)。

アルタイ地方のシャマンにあっては、シャマンするときズボンを穿《は》いた上に聖衣をつけるのがならいである。ただ例外として暖かい季節には、はだかの上にじかに着る。すでにグメーリンが述べているように、ツングースは夏でも冬でも、より本来の形に近いと思われる後者の習慣に従っている。一般に極北諸民族の場合も同じである(93)。

完全にそろったシャマンの装束は、広汎に分布するアルタイ系のどの民族のもとでも、もう見られないし、まだなおシャマンの威力がおとろえていない民族の場合でもそうである。父の代から引き継

66図　レベジ・タタールの手太鼓をもったシャマン。グラネによる

いだ儀式を、シャマンが服装だけは普段着のまま行なっているような地方もある。こうした、呪衣は着ていないが太鼓は用いるといったシャマンは今日、特にアルタイ地方に見かけられる。すでにラドロフは、北部アルタイ地方に定住している黒タタール、ショル、テレウートのシャマンが、固有のシャマン装束を用いていないと述べている。[94] カールロ・ヒルデーンはレベジ・タタールについて同じことを述べ、シャマンの古い装束が消えたのちは、頭のまわりに巻きつけて後ろの方で結んだ亜麻布のみがその位階のしるしとして残り、これなくしてはシャマンの行為は効力を発しないと信じていると指摘している。[95]

しかし、多くの地方で、古いシャマン装束が不可欠の巫具と見なされているところでさえも、多かれ少なかれ、衰退現象がはっきりと見てとれる。特別の装束をもつシャマンから、特にそういうものをもたなくてもよいシャマンへの変化は、もちろん手の平をかえすようにではなく、装束のある部分が省略されるというふうにして徐々に進んだのである。かつてはシャマンの完璧な装束はいくつもの部分から成っていた。すなわち、上衣、北部の諸民族にあっては、襟《えり》ぐりの下の首につける胸当て、頭巾、手袋、大腿までかぶさる胴長の長靴などである。服装の退行を追ってみると、それがかつて至るところに存在したとして、まず最初に手袋が省略され、次いで靴の順となったことに気づく。上衣と頭巾はそれらより長くその地位を維持したように思われ、そのいずれかが今日まだ、かつてのシャマン装束の名残りを伝えるものとして残っていることがある。

装束の退行は、そのある部分が消滅するだけでなく、装束についているアクセサリーがとり去られることにまで及ぶ。さらに、昔の装束を新しいのに切り換えるとき、アクセサリーの位置をつけ間違えてしまったことが確かめられる場合も多い。もし研究者が、多数の同じ型のシャマン衣裳を相互に比較する機会に恵まれれば、こうした誤りを見破ることができよう。

今ではもはや、生きている人間が、完全なシャマン装束を身につけているところを見る幸運はめったに得られないとしても、ロシアとシベリア以外にも、西欧のいくつかの博物館に永年にわたって集積された豊富な蒐集が、この注目すべき服装の起源と、それが元来もっていた意味を理解するための道を指し示してくれるであろう。さらに、さまざまの地方でさまざまの時代に書かれた文献に見られるシャマン装束に関する記述は、この研究材料を補ってくれる。

このようにして研究者の利用を待っている比較材料の上にたって、どのタイプがどの文化圏のものであるかを確かめるのは困難ではない。もちろん、同一民族にあっても、いろいろな差異が目につくけれども、その大部分は副次的なものであって、たいていは服につけてもそれによって服の性格自体を左右するほど深い意味のない余計なものである。特にシャマンの扶助霊の像がそうであって、それらはいろいろな形をとっていて、一つ一つは固有の意味をもっている。しかし、たとえばツングースのような民族にあっては、シャマンの装束に基本型が何種類も用いられているということは注目に値する。各々の型を知るにはもちろん、装束のすべての部分が、もとのままの状態で残っていることが

67(右)・68図　テレンギットのシャマン上衣。右は正面、左は背面。
A. V. アノーヒンによる

必要である。こう注意しておかねばならないのは、博物館ではときとして無知のために、別々の異なる服の部分を寄せ集めて一つにまとめあげることがよくあるからである。

シャマンの装束を詳しく調べてみると、それは個人的な、あるいはその場の思いつきでできたものではなく、広いにせよ狭いにせよ、ある地域に共通の観念の特色を帯びたものであることがわかる。さらにシャマンの装束は、多くのアルタイ系諸民族のもとでは、それ自体何か動物を代表する完結した全体をなしていることは明らかである。

アルタイ地方に住むテレンギットのシャマンの上衣(マニャク manjak)は、のろ鹿、マラル鹿、あるいは羊の毛皮で作ってあって、明らかに大きな鳥の特徴を表わしている。袖下の縫い合わせ目に沿って垂れている総は《鳥の風切り羽》を表わしていると、民間では説明している。肩から垂れている皮や布の総もまた《つばさ》と呼ばれていて、そこにふくろうの羽がつけてあることが多い。こうした附属品は、さらに、帯からと、背中からと、ほとんど地面につきそうなほど長く垂れ下がって、上衣の下部全体を形づくっている。背中に垂れているこれらの長い帯ひもは、鳥の《尾》を表わしている。シャマンの腋《わき》のところには、ときどき鷲みみずくの羽がまっすぐに立ててあることもある。上衣におけるのと同様な考え方は、《鳥の頭巾》（クシ・ペリュク kyš-pörük）と称する頭巾にも含まれていて、これは今日この地方ではすでに珍しいものとなっている。通常、それは赤い布でできていて、金属のボタン、小さな貝、ビーズの総、またときには飛ぶ鳥の像のついていることもある。頭巾の総にはふくろうの羽が用いられている。おそらく以前は、この《鳥の頭巾》は今日よりももっと鳥に似ていたに違いない[96]。

　したがって、アルタイのシャマンは今日ではその上着と頭巾しか残していないけれども、その装束をつけたときには、ただちに鳥の姿、それも——羽から推してみると——鷲みみずくの姿になったことは明らかである。

　アルタイのシャマンは、さらに悪霊を追い払うためのいろいろなものを装束につけている。装束の袖や背中につけた鈴やガラガラがそうである。右の袖にはふつう五個、左には四個つける。背中には二列、あるいは三列に並べてつける。さらに背中の小さな筒状の附属物と一緒につけた環は、音を発して諸霊を退散させる。このような附属物は、背中に横にとりつけてある鉄の棒にもついている。そのほか、背中には小さな金属製の弓矢を、ときには九個を一列に並べてつけてあるのさえ見られる。これらは明らかに悪霊を追い払うための道具であって、やはりシャマンの背中に一列に並べてつけてある小さな貝（ユラン・バス jylan basy《蛇の頭》）もまたこの目的に役立つものであろう。ときに

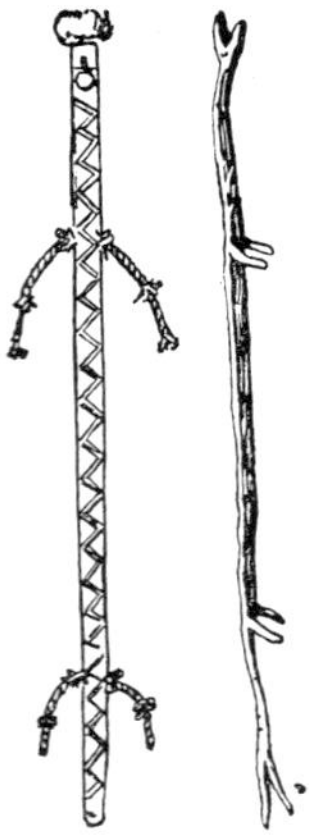

69（右）・70図　死者の国の怪物ユトパとアルバ。A. V. アノーヒンによる

ひもの下端にも貝をぶら下げることがある。さらに、特に注目に値するのは、肩のつけ根とか、肘《ひじ》とか、手首とかの、袖のいろいろな部分に縫いつけられた山猫の皮からとった切れ端である。シャマンはこのようにしてその関節を守ろうとしたのだと推定してほぼ間違いなかろう。

さらにこの地方のシャマンの装束には、ある神秘的な霊像がつけてある。なかでも最も広く見られるものは、首につけた九個の人形で、それぞれの頭には鷲みみずくの羽がまっすぐに立ててあって、ユルゲンの娘たちを表わしていると説明されている。服のまわりにはぐるりと、蛇に似た動物の像が下げてある。その一つは黒か茶の布地で作ってあって、エルリクの国に住むユトパ jutpa という怪物を表わしている。ここに掲げた図から見られるように、裂けた口、二対の足、二叉の尾をそなえている（69図）。もう一つのアルバ arba という死者の国の怪物の像は、緑の布で作ってあり、そのうち足と尾は必ず赤くなければならない。頭にはふくろうの羽と、その目を表わすという小さな銅板がついている（70図）。いずれの怪物も、死者の国へ旅するシャマンを護るものと信じられている。シャマンの上衣の腰のまわりには、金属の飾りと貝をあしらった赤い帯のようなものが縫いつけてある[97]。

ランケナウが記述しているアルタイのシャマンの装束はもっと起源が古いように思われ、その赤い頭巾には灰色の鷲みみずくの羽と尾がついている。同じような鷲みみずくの羽は、上衣の背部の腋のところにもついている。のろ鹿の皮で作った上衣には、鳥型装束の様式を踏んで、びっしりと革ひもがつけてある。背中には、さらに十二本のおこじょの毛皮と、長いひもの端には鷲みみずくの鉤爪《かぎづめ》がついている。腋の下にはかなり大きな鈴が二つぶら下がっている[98]。おこじょの毛皮と鷲みみずくの鉤爪は、ここでは鈴と同様に、諸霊を追い払うためのおきまりの道具である。

同じ鳥型を代表しているのはソヨートのシャマン装束である。その保存のよい一着はエリアン・オルセン Ørjan Olsen が、オスロー民族学博物館に納めた（71—73図）。これをアルタイからもってきたものと比べてみると、その仕立て方といい観念といい、いかによく似通っているかが見てとれる。共通の特徴を示しているのは何よりも、上衣の袖と背中から下がっている布と革ひもと、その他の附属品で、その目的とするところはもちろん同じである。アルタイの上衣の、肩の下に下がっている、鳥の翼を表わすひもの束は、死者の国の神秘的動物と思われる蛇と同様に、ソヨートのシャマン装束の中にそれに当たるものがある。さらに共通しているのは金属製のガラガラと鈴である。ソヨートのシャマンの両肩には、たぶんシャマンを保護するための一種の盾である二枚の鉄板がついている。ここでは頭のかぶりものは、細い鉢巻きの上縁に、鷲みみずくの羽をまっすぐに植え、その額の側に、ビーズで目を縫いつけて、いわば顔のようにしてある（73図）。鉢巻きの下側には、額に垂れ下がるように総《ふさ》がつけてある。アルタイのシャマンもまた、昔、顔をおおうために、これよりももっと幅広であることが多いが、同じような総を用いていた。ソヨートのシャマンの装束には外套とかぶりもののほかに、胴に小さな革ひも、つまり《羽》を垂らし、その先には皮の切れ端を縫いつけて鳥の足指を表わした長靴もある（71図[99]）。

同じ文化圏内の鳥に似せたシャマン装束は、さらにカラガスのもとでも見ることができる。そこで

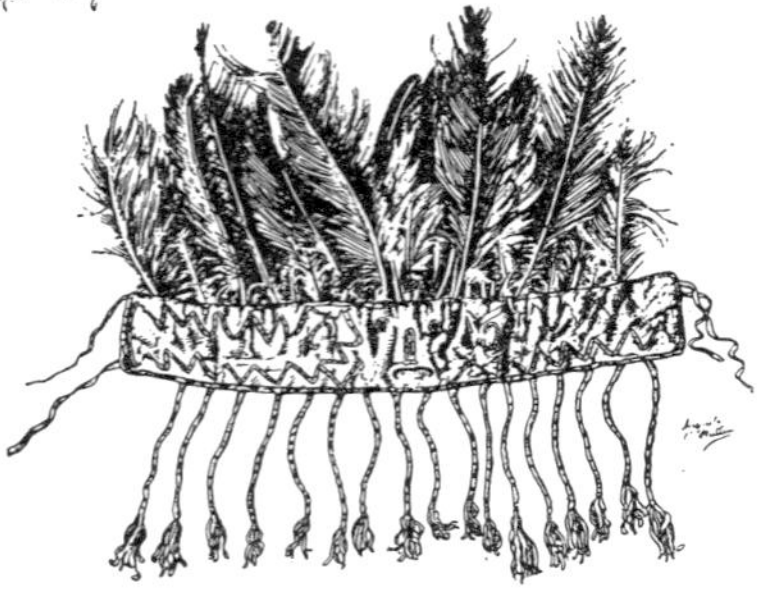

71図(右上)　ソヨート・シャマンの盛装（正面）
72図(左中)　その背面
73図(右下)　その頭巾。以上、オスロー民族学博物館蔵はシャマンのかぶりものは、まっすぐ立った鷲みみずくの羽が縁《ふち》どっていて、さらに上着の多くの附属品の中に、肩から下がっている長いひもの束、すなわち《つばさ》が目につく（75図）。この文化圏全体はつまり、シャマンはその行為を行なっている間、鳥の、もっと具体的に言えば、鷲みみずくの服を着なければならないという観念を共通にもっている。

74(右)・75図　カラガスのシャマン。ニオラッツェによる

鳥の姿に似せたシャマンの装束はさらに、シベリア極北の諸民族、ドルガン、ヤクート、ツングースのもとで見られる。それは、アルタイ、ソヨート、カラガスのとは著しく異なっていて、後者のシャマン上衣は、毛を内にした毛皮様のものであるのに対し、極北民族のはトナカイの、脂でなめした革で作ってあるという点でまず異なっている。極北地方の鳥型の特徴のうち、まず述べておかねばならないのは、袖の縫い目に沿って《鳥のつばさ》を表わし、背中に縦に垂れている上衣の裾のところで《鳥の尾》を表わしている革ひもであろう（78図）。小さな

葉状もしくは円筒状の金属の附属品もまた《鳥の羽》と呼ばれていて、ふつうは服に、ときには靴にもそれがついている[100]。このようなシャマンの装束の一つをなす靴の前面には、ツングースの場合もソヨートの場合も、革ひももしくは、じゅずつなぎにした（黄色い）ビーズ玉の先を三つ（あるいは五つ）に枝分かれさせて《指》にした、一種の鳥の足がついている（76図）。同じ考え方はもちろん、自然の鳥の羽で作ったかぶりものにも現われているが、それは今日ではヤクート人地帯からは完全に消失している。このグループに属するツングースとヤクートのシャマン装束が、もとどんな鳥を表わしていたかをはっきりさせるのはむずかしい。

　前に述べた、鳥に似せたシャマン装束に比べると、より北のものには、はるかに多くの金属製品、それも骸骨のさまざまな部分を表わす金属製品がついているという点でも区別される。たとえばヤクートのシャマンの袖には、上腕骨と、つながった尺骨と橈骨《とうこつ》を表わす細長い鉄の板のついているのが見える。ときに、袖の上側と下側と、《骨》の位置が誤ってあべこべにとりつけられることがある（78図）。古い資料には出ているが、今日ではもはや用いられていない特別の手袋として、袖口に鉄板を鍛えて作った五本指の形をしたものをとりつけたものがある（77図）。上衣の腋には《肋骨》が、首の下の襟のところには《鎖骨》が、肩のところには《肩胛《けんこう》骨》等々が見える（78図）[101]。

　ゲオルギーは、ツングースのシャマンの衣裳も同じで、袖に沿って長い鉄の筋がついていて、袖口のところで手袋になっていると書いている[102]。

　さらにツングースのシャマンは《靴下》にも、袖と同様「よろいをつけて」いると述べている。グメーリンもまた、「上から下まで堅固に鉄が打ちつけてあり、その端には五本の指のついた」ツング

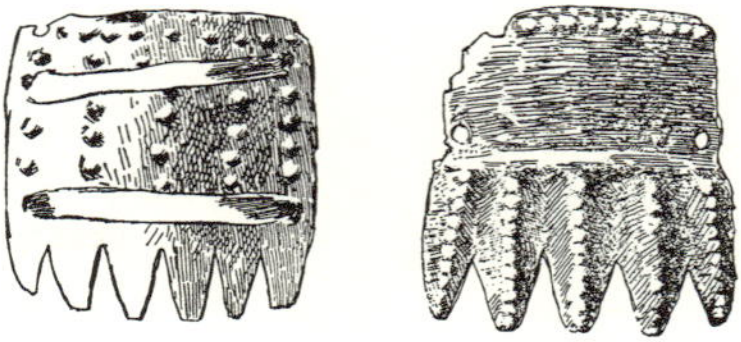

77図　ヤクート・シャマンの装束につけられた鉄の《手の平》

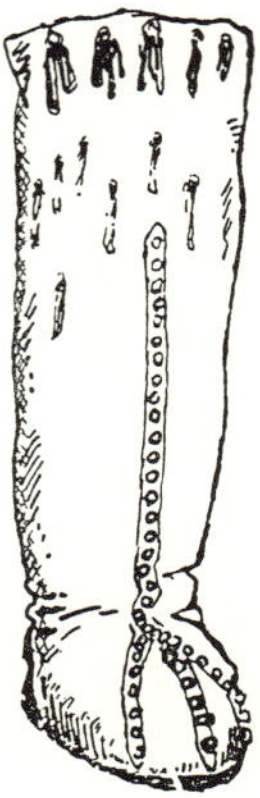

76図　鳥の足の形をつけたツングース・シャマンの長靴

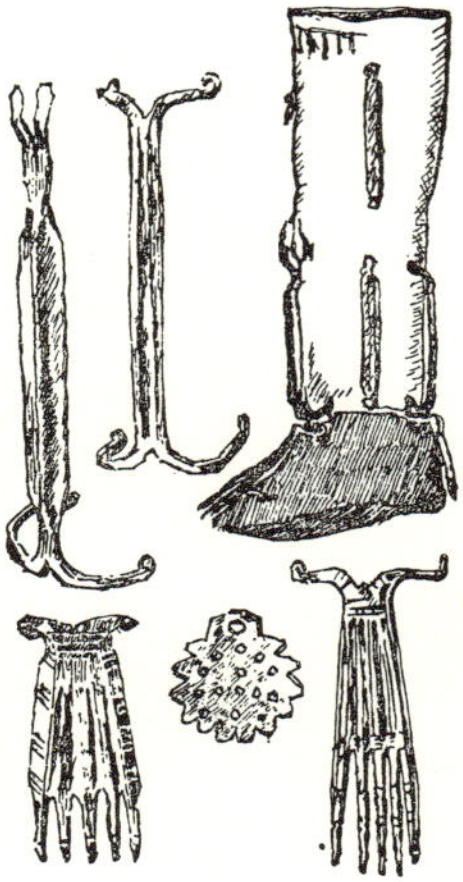

79図　イェニセイ・シャマンの鉄の《骨》つき長靴

78図　ヤクート・シャマンの上衣の背面。ペカルスキーによる

ースのシャマンの《革靴下》のことを述べている[103]。私自身もトゥルハンスク地方へ旅行した際、もちろんイェニセイ人のところでだが、あるシャマンと知り合いになって、鉄の像をつけた脂なめしの胴長の長靴が特に目にとまったことがある。この靴につけた金属製のものは、すべて熊の脚の骨格を表わしているのだと私は説明を受けた。大変不思議なことは、一つの靴に熊の前脚の骨も後脚の骨も一緒にくっつけてあることであった。つまり上部には大腿部をおおうようにして、胴の外側にも内側にも、上腕骨と大腿骨がついていて、その下部には二本の前膊骨《はくこつ》と二本の下腿骨が前後左右四つの側面につけてある。前脚の足指は、長靴の甲に、後脚のは、かかとにつけてある（79図[104]）。

このような一緒くたにしたつけ方は不自然であるから、イェニセイ人は、たぶんもと袖についていたようなものまでも、後になって靴につけたのであろう。この推測は、この点で明らかにイェニセイ人のモデルとなったツングースのシャマンが、ヤクートと同様に、その腕や手の骨を、上衣の、それにあたる場所につけていたという事実から出てくる。これらの骨が、元来、ほんとうに熊の骨を意味していたかどうかもはっきりしない。しかし、ヴィトゼンはすでに一七〇五年の著作で、ツングースのシャマンの手袋と長靴には鉄製の熊の手足がついていたと述べている[105]。同様にモルドヴィノフはツングースのシャマンの長靴には、鉄もしくは本物の熊の爪がついていたと報告している（一八六〇年）。さらにつけ加えてかれは、手袋にも鉄の《爪》がついていると報告している[106]。

これらの服装には、その他の鉄の《骨》もついていたので、それらはもとは、当然まとまった全体をなしていたと思われる。ある研究者たちは、それらは装束が示す動物を表わしたものと推定している。たとえば鳥装束の金属の骨は鳥の骨であると説明されている。私自身もまたこの説明を是としたことがあるが、さらにくわしく研究してみると、それでは納得がいかなくなる。[107] トロシチャンスキーは、ヤクートの衣服についているこうした鉄製品は、人間の骸骨を意味していると述べて図星を射た。[108] 同じようにカイ・ドンネルは、あるイェニセイ人の説明によれば、かれらのシャマンの装束で靴以外の場所についている骨は、シャマン自身の骨を表わしていると説明されている。[109] シャマンは自分の骨を特に気をつけて護らねばならないということを示す例もまた存在している。諸霊はシャマンの肉体の全関節をばらばらにはずして、その骨が全部役に立つかどうか調べてやろうとねらっているのだとショルは想像している。ヤクートもまったく同様の観念をもっていた。[110] さらにヤクートがシャマンの上衣の袖の関節に一つ一つ金属の飾り板をつけているのは、アルタイ人が山猫の毛皮の切れ端をあてがっているのと同工であって、それは明らかにシャマンの関節を保護するためである。

ここにとりあげた諸民族のあるものには鳥型のシャマン装束のほかに、これとは別の動物様の服が見られることがある。その最も重要な特色はかぶりものにつけた角である。この場合のシャマンのかぶりものは、頭のまわりに巻きつけ、さらに頭の上に十文字にかけた何本もの鉄のたがと、その先に、多くは三叉状の棒を二本、角のように固定したものから成っている。アルタイのシャマンの場合、鷲みみずくの翼がかぶりものにも上衣の背にもついているのとまったく同じように、装束のこの第二の型の場合も、《角《つの》》はシャマンの背にも見られる。グメーリンはすでに十八世紀、あるツングースのシャマンが、装束の両肩に、鉄を打って作った、いくつもに枝分かれした角をつけているのを見たことがあると述べている。[111] 私がロシアとシベリアの博物館でスケッチした、このツングースの装束には、角は通常、両肩の間にとりつけた、細い鉄の帯の両端についていた。シャマンの上衣の背中にも、何本も並べてつけてあることもあるこのような角のついた帯は、ツングースから西方へ向かって、イェニセイ人にも（81図）、サモエド族にも拡がっているシャマン装束の、一つの固定した様式の特徴をなすものである。

上衣そのものは、極北諸民族の場合、なるほど袖から垂れ下がった長い総は見られないけれども、骨によっても、その他の飾りによっても、極北諸民族がもっている鳥型のものとは本質的に異なった点はない。総はこの場合、うんと短くなって裾のところについているので《髪》と呼ばれている。[112] イェニセイ人のシャマンの装束のように裾は総がまったくついておらず、下に向かって尖っていることがある。これはもしかしたら何かの動物に似せようとしたのかもしれない。もちろんその角が何よりもの特徴ではあるが、この角装束が、もとはどんな動物を表わしていたのかつきとめるのはもっとむずかしい。というのは資料はしばしば鉄の《角》であるということは述べているが、それ以上形については詳しくふれていないからである。ヴィトゼンがツングースのシャマンの記述に添えた最も古い、もちろん不充分なスケッチでは、枝分かれの多い角は、トナカイの角に似ていて（80・82図）、イェニセイ人もやはりそれをまねている。それにもかかわらず、このタイプがもとから、ずばりトナカイを表わしていたかどうかは明らかでない。この点では別の有角動物もやはり、重要な役割を演じているからである。たとえばシロコゴロフは、東ツングース諸族にふれて、シャマンのかぶりものについている鉄の角は、のろ鹿の角を表わしたものであると記している。かれはさらに、これはかつては自然の角であり、本物の鹿の角のついたかぶりものを見たことがあると言って注意を喚起している。こ

80図　ツングース・シャマン。ヴィトゼンによる

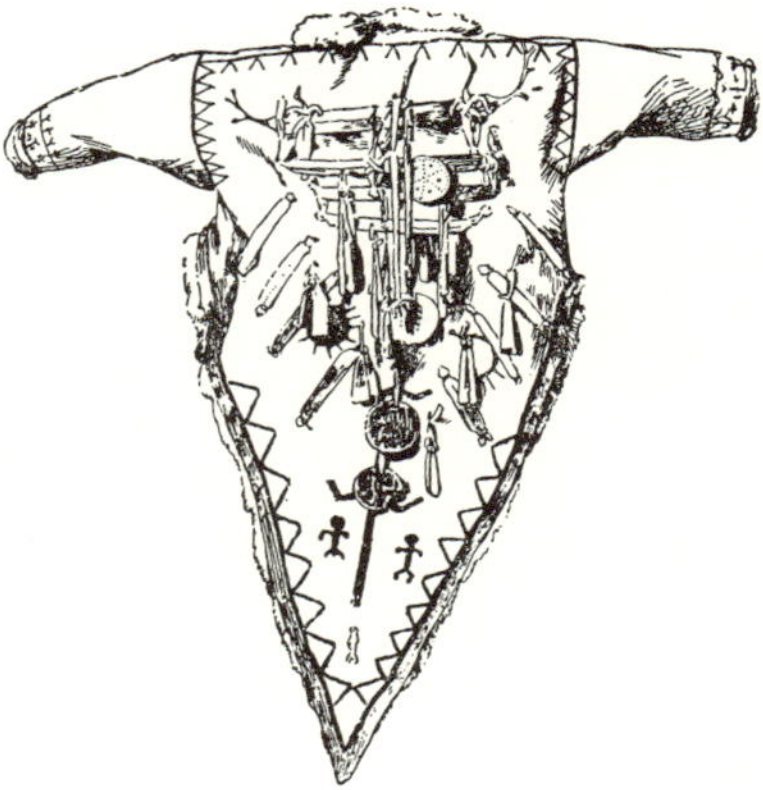

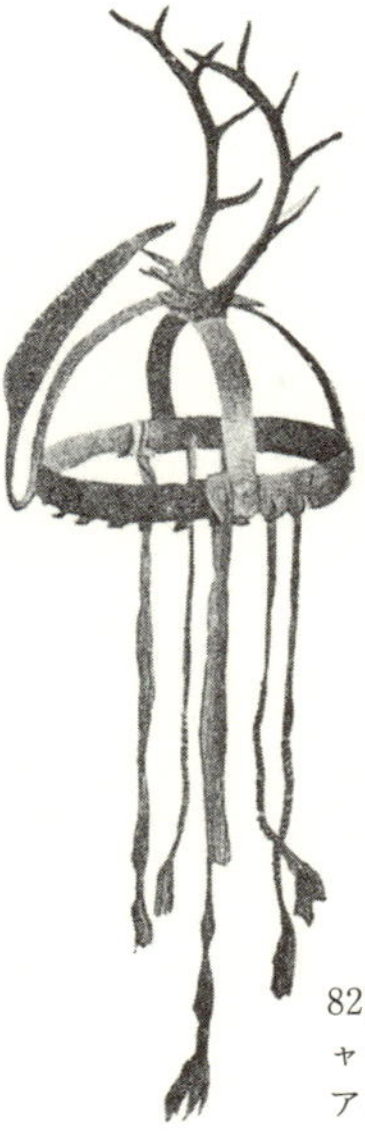

81図　イェニセイ・シャマンの上衣。
アヌーチンによる

82図　イェニセイ・シャマンの金属製頭飾り。
アヌーチンによる

83図　ブリヤート・シャマンの墓から出た鉄製品

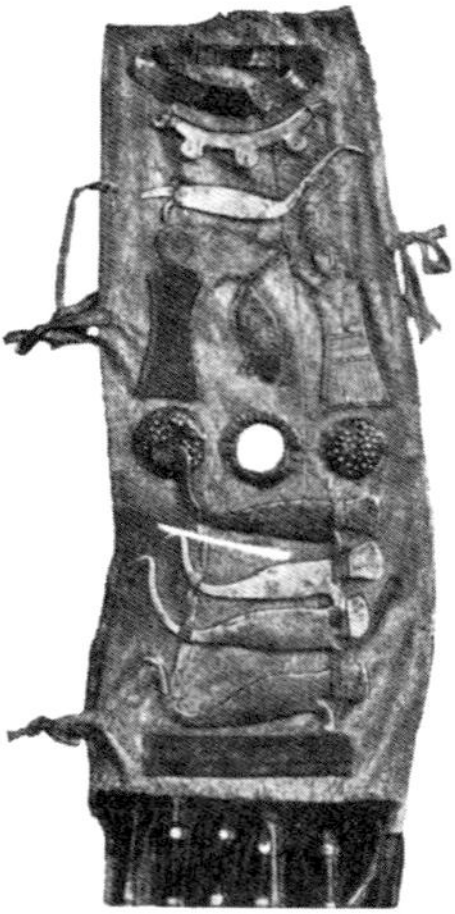

84図　ヤクート・シャマンの胸当て。ペカルスキーによる

のような装束はまた、鹿の皮で作られたに違いない[113]。

かつてブリヤートのシャマンは、同じような角のついた装束を用いていた。パラスは十八世紀に、ブリヤートのシャマンが鹿の角の形をした鉄の角をかぶりものにつけているのを見たことがあると伝えている[114]。ブリヤートで出た発掘物をもとに、同じような結論を出すことができる（83図）。したがってブリヤート人にあっても、東ツングースにあっても、角タイプを代表するシャマンの装束はのろ鹿を表わしているのだから、今日、かぶりものにつけた鉄製のものが、のろ鹿の角でなくてトナカイの角を表わしているとしても、角装束は他の北方諸民族の場合にも、もとはやはりのろ鹿を表わしていたと考えていいであろう。

発掘物からさらに、ブリヤートの古いシャマン装束には、アルタイにもサヤン地方にも見かけられないシャマンの《骨》を表わす鉄片がついていたと推論することができる。これらの使用もまた、やはりバイカル湖からシベリア北部に向かって普及したらしい。それらが昔、装束の二つの型のいずれについていたものであるかは明らかでないが、すでに述べたように、南方の鳥型にはこうしたものがついていないものもある。

ツングースとヤクートのシャマン上衣、およびこの地でよく着用される胸当て（84図）には鉄の《骨》・鈴・ガラガラのほかに、なおその他多くの金属製品がつけてあったが、なかでも背中に吊るした太陽と月の形、丸い金属製の鏡、真ん中に穴のあいた丸い金属板などを挙げておこう。この円盤は、その中心の穴を通って、シャマンがあびのように下界に降ることのできる平らな大地を表わしたものであるという（1・62・78図）。そのほか、装束にはいろいろな形をした、シャマンを助ける諸霊が吊るしてある。四足獣・爬虫《はちゅう》類・魚・蛇、中でも鳥が多く、とりわけ神聖視されている海がらすとそれに似たあび類は、霊界をさまようシャマンに指示を与え保護するものと信じられている。いくつかの装束には、人間の姿をした諸霊の像も見られる。

ソヨート型に最も近いのはモンゴルのシャマン装束であり、かぶりものには鳥の羽の総がついているが、その袖と上着の裾には、鳥装束にはつきものの総がついていない（85図）。それに反して、ときにアルタイ地方（93図）とソヨート人の場合（87・88図）には、蛇の形をしたアクセサリーが多数ついている。さらに円鏡や霊像もつけてあるが、その製法から見ると、すでにシナ文化との接触が見受けられる。

こうした蛇に似た、そして蛇を表わしてもいるアクセサリーは、ブリヤートとツングースのシャマ

85図　太鼓をもつ北モンゴルのシャマン。ペルシ撮影

ン装束にもときに見受けられることがある。パラスはブリヤートの女シャマンの肩には、こうしたものが三十本ばかり、地面にとどくほど垂らしてあると述べている。(115)

上に述べた装束やアクセサリーに比べれば、アムール流域のシャマン装束の作りははるかに単純である。ゴルドのシャマンの上っ張りは魚の皮か、あるいはシナ製の青い木綿地で作ってある。帯の下の前面には、二頭の虎と二頭の龍とか、ときにはさらにとかげ・蛇・蛙とかのいろいろな絵が描いてある。これを報告したロパーチンは、これらの動物はシャマンを助けるものであると説明している。つまり、龍はシャマンが空へ行くとき、虎は森へ行くとき、またとかげと蛇と蛙はシャマンが川や湖や沼を渡らねばならないときにつき従う。上っ張りの上半分には、同じ材料で縫った、袖の短い上衣を着る。このシナ式服装のうちで最も注目すべき部分は、熊・狼・狐・あらい熊の毛皮で裁《た》った、肩までおおいかぶさる長い総毛の毛皮のひもをつけたかぶりものである。ゴルドのシャマン装束には、それに加えて鈴やガラガラや小さな金属製の鏡などがつけてある（86図）。顎の下のところでひもで結ぶかぶりものには、トナカイの角を思わせる鉄の角がつけてあることがある。ロパーチンによれば、このようなかぶりものを用いるのは大シャマンだけである。

ゴルドのシャマン装束にはさらに手袋のほか、数多くの円筒形の鉄製アクセサリー、銅のガラガラをつけ、けばけばしい色で小さな蛇・とかげ・蛙の絵を描いた特別の帯がある。そのほか、首に巻いた革帯につけた金属製の鏡がシャマンの胸と背の両方にかかっている。鏡の中には人間の行為が映し出されるとか、鏡は悪霊の矢からシャマンを守るとかいわれる。シャマンは、シャマンし終えた後、矢が当たった数だけその《盾》にすじをつけねばならない。さらにゴルドのシャマンの場合、アイヌ人がやっているように、頭・腕・足のまわりに、はんの木を薄く削って丸まったものを結びつける風習がある。[116]

86図 装束をつけたゴルドのシャマン。シムケヴィッチによる

襟や肩に絵を描いたマンシュー族のシャマンの外套は、アルタイのシャマンの帽子と同様、諸霊を威嚇するために赤い布地で作ってあり、これだけは欠かせない金属製の鏡をつけただけのものである。アクセサリーをつけた帯は、ゴルドの場合と同じである。かぶりものの上には、銅の鳥像か鉄の角かがついている。かぶりものによっては、鳥の像がいくつもつけてあることもあ

る。シロコゴロフが指摘しているように、アムール流域のシャマン装束はシナ文化の影響下にある。(117)

こうしてテュルク・モンゴル・ツングース諸民族のシャマン装束とそのアクセサリーをざっと概観すると、この注目すべき服装が本来どのような目的をもっていたのかという問いがおのずと生じて来る。シベリアのシャマンが、諸霊と交渉に入らねばならないときに限って、この装束を用いるとすれば、この服に特別の効用を期待していることは明らかである。服につけられた多くの物はやはり、諸霊をおどす道具であることは疑いない。したがって、この装束自体が、やはりシャマンが身を守り、あるいはその威力をもって、災厄をもたらす諸霊を人間のそばに近づけまいとするための一種の変装服であるという可能性がある。アルタイ、サヤン地方のシャマン装束がその姿に似せようとしている鷲みみずくには、諸霊を追い払う力があるという民俗信仰があるのは興味深い。こどもが病気になったとき、鷲みみずくを捕えて飼う習慣は今日も各地に残っているが、鷲みみずくはこどもの揺籃《ゆりかご》に近づく悪魔を防ぐと信じられているからである。(118) ヴォグールの熊祭では、死んだ熊をおどすためにさえ、鷲みみずくに変装した人物が登場する。シベリアのシャマンが角のある動物の服装をするのは、明らかに悪霊を追い払うためである。

この場合、シャマンはその装束に示される動物の姿になっているのだと信じられている例もなるほど存在するけれども、シャマンの装束にまつわる観念を理解するために、トーテミズムとか、いわゆる魂動物とかをもち出す必要はない。(119) なるほどゴルドの伝説には、鳥になって飛んでいる霊が、ひと羽ばたきすると、その翼が鉄の羽の生えたシャマン装束に変わってしまったと伝えられている。(120) しかしシャマン装束の起源が仮装服であるとすれば、もとの仮面もしくは仮頭が今日の形態に進化したと考えられる。森林タタールのシャマンは装束を用いず、白樺樹皮の仮面を顔にかぶるだけですませている。[121]ブリヤートのシャマンは、革・木・金属の覆いを顔にかぶっているという。しかしこうした報告からは、それらと、モンゴルのラマ僧がある種の儀式にかぶる仮面との間にどのような関係があるかは明らかにならない。[122]アルタイ地方とゴルドの場合、シャマンは死者の魂を冥土へ移すとき、その諸霊に顔を見られないために顔を煤で黒く塗りつぶすのみである。ゴルドのシャマンは、精神病患者の治療にとりかかる場合にも、自分の顔にすじを引くといわれる。[123]これらの自然民族はまた、頭部全体を包んでしまうような仮面ももっているが、まさにこのようなかぶりものが、たぶんシベリアのシャマン装束の起源的な面を代表しているのかもしれない。ウェニヤミンがサモエドについて書いているように、シャマンの帽子はその服装の最も重要な部分であることに注意すべきである。[124]アルタイのシャマンのかぶりものは、翼も頭もつけた、まるのままの鷲みみずくの剝いだ皮でできていて、そこからシャマンの顔にかぶさるほどの総が垂れ下がっている。鳥のかぶりものが、靴まですっぽり包む鳥装束にまで発達する以前、シャマンはすでにこのようなものをかぶって、鷲みみずくを表わしていたのであろう。

かぶりものから角装束への発達の方は、もっとくわしく観察することができる。マンシュー族のある大シャマンの最も重要な目じるしは、かぶりものから突き出ている角である。諸霊を追い払うための、このような角を生やした仮面はアジアのみならず、他の大陸の自然民族にも認められる。かぶりものにまつわる観念が、装束全体に及んで来たとき、角の形はシャマン装束の背中にまで及んだ。角装束はかくして、鳥装束に対する平行形態として発生した。すべてのシャマンは一般的に、二つの型のいずれか一つを代表する衣裳を着てはいるけれども、シロコゴロフが指摘しているように、ザバイカルのツングースのシャマンは、鳥を表わすものと、のろ鹿を表わすものと、二つの装束の両方もっている。シャマンにしても、鳥装束だけで何でもかなうわけではないからである。(125)シャマン装束、特に鳥装束は、ある地方では女シャマンもこれを用いている。とはいってもやはり、男と女は同じ服を用いてはならないのである。

シャマンの太鼓

シベリアのシャマンは、シャマンするとき、装束のほかに太鼓も用いるが、これは巫具としては装束よりも明らかにもっと古く、さらにいくつかの民族においては、装束が用いられなくなった後も引き続ききわめて重要な役割を演じている。周知のようにラップのシャマンが装束を用いたという報告は何もないのに太鼓は用いている。最初から宗教目的に使用されたと思われるこの発明品が、どれだけ古い来歴をもっているかを言いあてることは困難であるが、大多数のシベリア諸民族のシャマン太鼓はその構造の点でラップの篩《ふるい》型太鼓に似ている。

テュルク、モンゴル、ツングース諸民族の広大な地域を通じて、太鼓の形と特にその柄の形には差異が認められるけれども、大づかみに見ると、それらはみな同じ型を示している。ツングース、ヤクート、ドルガンのシャマン太鼓（61・62・89・90図）は一般に楕円形で、から松・白樺・柳で作った枠に、毛をとり去ったトナカイの皮を、東部ではさらにのろ鹿の皮を、ヤクートでは馬皮を縫いつけ

87図　太鼓をもつソヨート・シャマン（正面）

88図　右図の背面。正面・背面ともに、ニオラッツェによる

て作る。皮を張るには、皮と木枠との間に細い棒を添えて、太鼓の枠に高さをつける。太鼓の裏側には鉄を鍛えて作った十文字の骨組みをとりつけて、通常の把手《とって》とし、それぞれの先は革ひもで枠に固定する。鉄の把手は、特に飛んでいる鳥の形にすることがある。太鼓の内側には鈴やガラガラやその他金属音を発するものが吊るされる。皮の表も裏も、ふつうは絵が描いてない[126]。しかし、ゲオルギーはツングースの太鼓の皮にはときどき、鳥・蛇その他の動物の絵が描いてあると書いていることは述べておかねばならない。かれらはさらに、把手にはブリキの霊像がぶら下げてあると語っている[127]。

アルタイおよびサヤン地方のシャマン太鼓は同じ構造であって、ときには太鼓の枠にこぶがついていることもある。一方ソヨートの場合、枠はほとんどまん丸であって、把手はたいてい二本の棒を十文字に組んだだけで、それに「神

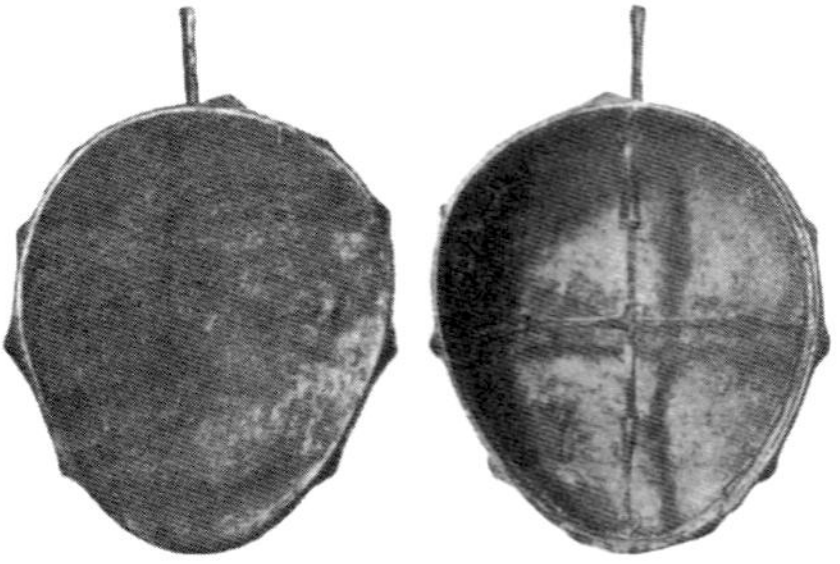

89（右）・90図　ヤクートのシャマン太鼓の裏側と表側

聖な」リボンが結びつけてある。今日、多くは馬皮を張った打面には、ここでもまた絵が描いてない（87・88図[128]）。

民族学の立場から特に興味深いのは、いくつかのアルタイ地方とアバカン渓谷に住むタタールの太鼓（tüngür）であって、その枠はヒマラヤ杉か柳で、まん丸か、多少楕円形に作ってあり、打面はマラル鹿（Cervus canadensis asiaticus）か野生山羊の皮（Capra sibirica）、あるいは若い馬の皮で張る。ヒルデーンは、レベジ・タタールは野生山羊の皮をこの目的で使用していると述べている。ラップの篩《ふるい》型太鼓のように、裏側を二つの部分に分けている白樺の把手は、アバカン・タタールの場合、特に芸術的に彫刻がほどこしてある（91・92・100図）。アルタイでは、その上半分に人間の顔が刻んであって、目にあたる場所に銅のボタンが入れてある。下側は二本の《足》に分かれている（66・93図）。首に色とりどりのリボンが結んであるこの像は、《太鼓の主》（tüngür äzi）と呼ばれている。いくつかの地方では、レベジ・タタールのように木の把手の両端は人間の顔のように作ってある。こうした太鼓の把手に似たようなものが、天幕の奥に祀ってあって、この地方では木偶としても拝むが、それは死者の国へ行った、シャマンの祖先を表わしているのだと説明されている。

アルタイとアバカンのシャマン太鼓の内側の上寄りに、把手に対して直角についている、ねじれた、あるいは単純な鉄棒は太鼓についている《主》の像の《腕》を表わしているということであり、装束の背にあるのと同じような金属製で円筒形のガラガラがぶら下げてある。たいていの場合、把手の片方の側に五個、もう一方に四個、合わせて九個ある。そのほかに、小さな鉄製の《矢》・鈴・リボンもつけてある。ガラガラと鈴はもちろん太鼓の音を一層大きくする。

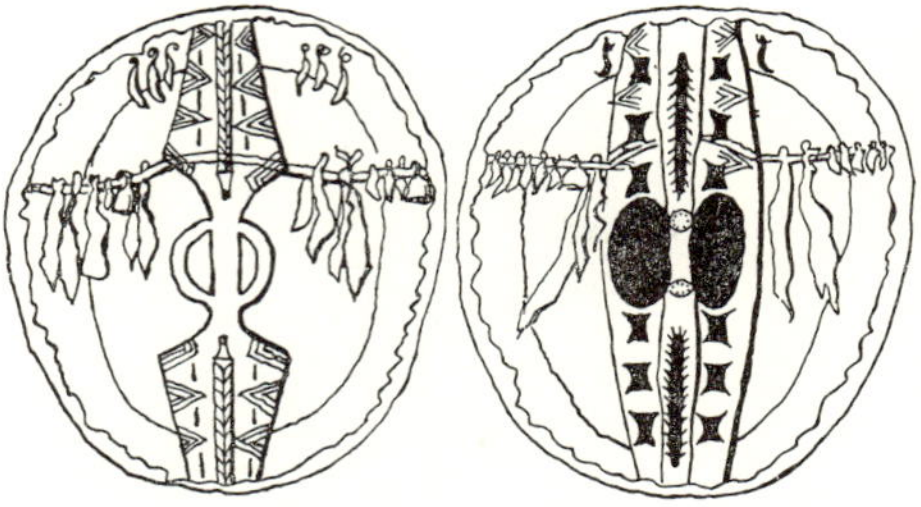

91(右)・92図　アバカンのシャマン太鼓の装飾をほどこした把手。クレメンツによる

しかし、最も注意をひかれるのは、現地のタタールが、黒・白、ときには褐色も使って太鼓の上に描く奇妙な像である。アルタイ地方、主にテレンギットの場合には、太鼓の皮の裏側にも絵が描いてある（94・96図）。それはふつう、垂れ飾りをつけた人間の姿の形に作った把手を模写したものであるが、そのほかにもそれぞれのシャマンが伝統的な観念として抱いている多くのものが描出してある。たとえば、横に渡した鉄棒より上の部分は、天と星を表わすのに用いられ、下側には《虹》（ソロング solongy）を表わす一本あるいは三本の曲線、太鼓の把手を作るのに用いた白樺、それに、太鼓の皮に用いたマラル鹿が見られる。そこにはまた、冥界のさまざまな存在、シャマンの仕事、供犠儀礼なども描かれている。[129]

93図　太鼓をもつ東アルタイ地方のシャマン。ニオラッツェによる

太鼓の皮の表側にもまた、同じような絵が見られ、しかも両腕をそなえ、装身具をつけた《太鼓の主》が描いてあるので（95図）、いったいもとは表と裏のどちらに描いてあったのかという問いが出て当然である。《太鼓の霊》は、すでにその本性からして、シャマンが儀礼を行ない、他の諸霊をも集め入れる内側にやどっている点に注意するならば、内側の絵の方が古く、外側のは単にそれを余計に描いたものにすぎないと推定できるであろう。すでにカルヤライネンは次のように書いて、この立場をとっている。いわく「太鼓の内側は、シャマンが手助けしてもらうために呼んだ諸霊の集まる場所であり、天地をそなえた世界の縮図として描き出され」ており、「そのままの写しかあるいは若干変形されたものが外側にも描かれている[130]」と。

しかし、たとえばアバカン・タタールにおいては、太鼓の皮の外側にだけ絵が描いてあるのは注目すべきことである。太鼓の把手はこの場合、人間の形に作ってないため、《太鼓の主》を皮のいずれの面に捜しても見当たらない。飾り絵はまったく別の様式をとっている。ここでは、太鼓の表側は一本の分離帯によって、上半分と下半分の二つに分ける習慣がある（13・21・99図）。このような帯は太鼓全体もしくは上半分だけを囲んで、天を表わしている。《天》には太陽・月をはじめその他の天体が見え、さらに弓をもって馬などの動物を追っている騎乗者も見える。ある絵には、馬に乗った人間が、おそらくソルボン solbon、すなわち金星とおぼしき星を手にもっている（21図）。天を表わしている部分には樹木と柱が描かれ、その梢には星が光っていることもある（97図）。皮の下半分には

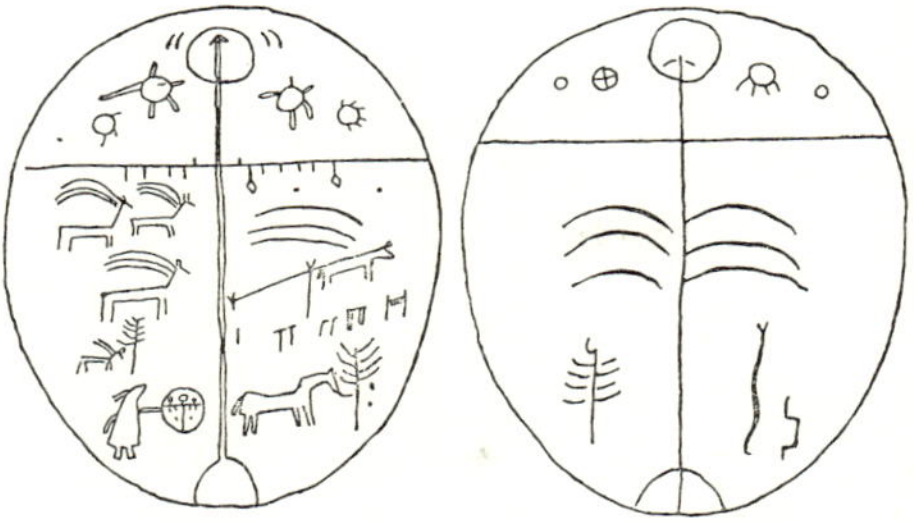

94（右）・95図　アルタイ・シャマン太鼓の裏と表に描かれた図。アノーヒンによる

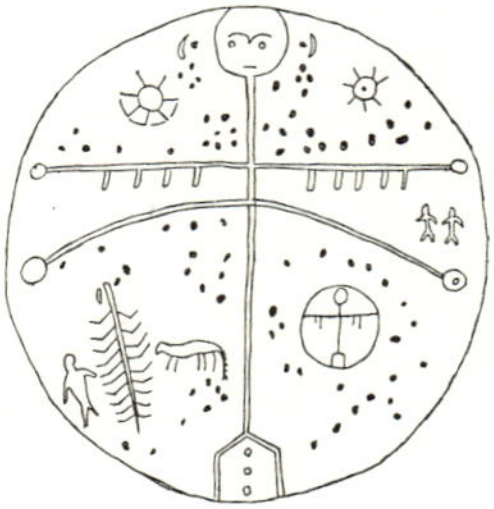

96図　アルタイ・シャマン太鼓の裏側の図。ポターニンによる

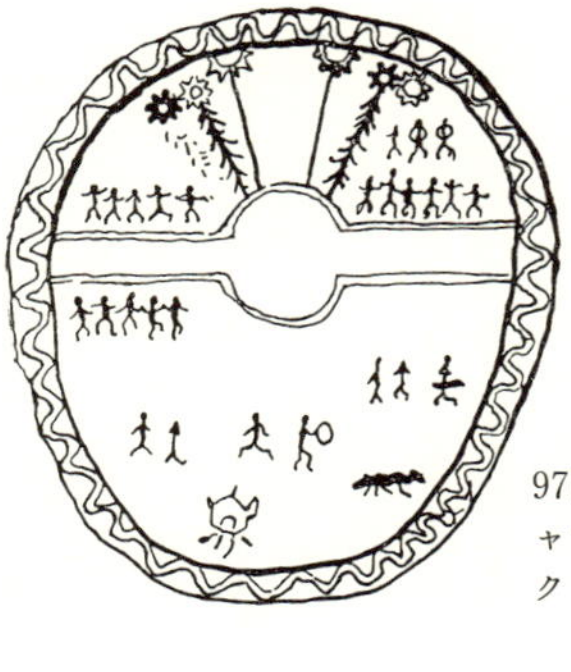

97図　アバカン・シャマン太鼓の表の図。クレメンツによる

太鼓をもったシャマンが見え、さらに冥府のさまざまな動物や、女性の病気の霊が奇数ずつ、一列あるいは二列に並んでいる（21・97・99図）。相互に大きな違いの認められる太鼓の飾り絵は、ときとしてすこぶる個性的な性格をそなえているように見える。

アバカン渓谷における同様な飾り絵の様式は、アルタイの各地でも踏襲されているが、絵は分離帯で分かたれた表側にだけ描かれている。その一例は、画家のグルキンがテレッコエ湖畔で作った写しであって、天を表わす部分の真ん中には高くそびえた世界樹と、それをはさんで左右に太陽と月がある。下側には角を生やした動物が二匹描かれている。茶色がかった黄土色で描かれたこのスケッチのおもしろい点は、太鼓の皮を分かっている帯から下半分には、他の飾り絵に特有のもので、それから借用した垂れ飾りが描いてあることである（13図）[131]。それぞれ起源的には独立したものであったと思われる、こうした異なる型が相互に影響し合ったのかもしれない。特に注意をひかれるのは、いずれの型にも共通した二分的な世界の縮図であるが、どちらの型がより古いかは、確信をもって言うことはできない。おもしろいのは、各地のラップもまた、太鼓の表に飾り絵を描いて横線で分かち、上側を天とそこに住む霊体のためにあてがっていることだ。これほど遠くへだたって住んでいる民族が、相手からそれを学びとるということはもちろんありえない。

アルタイ人のシャマン太鼓の枠もまた、星やその他のもので飾ってあることがある。今日では、まったく飾りのない太鼓も見られる。たとえばレベジ・タタールの太鼓にはどんな絵もついていなかったとヒルデーンは述べている[132]。一九八ページに添えた図からその内側が見えるが、サカリ・ペルシがキャフタとウルガの間で撮影したモンゴルのシャマン太鼓にもまた絵がない。把手の上端についている人間の頭は、おもしろいことにアルタイの《太鼓の主》に似ている（85図）。

太鼓のばちとしては、至るところで洗濯棒の形をした細長い道具が用いられている。アルタイ人はふつう若い白樺に、レベジ・タタールは一種の灌木（Spiraea chamaedryfolia）に彫刻をほどこして、その打面は、兎の皮か、野生山羊のような大きめの動物の足の皮で包む。ばちの背の側には、アルタイ地方では小さな金属製の環をつける。柄の上端の穴にも環を通し、それに色とりどりのひもとか布切れを垂らす（98図）。アルタイのシャマン歌謡において《鞭》と呼ばれているこのばちは、手から落ちないようにひもで手首に結びつける。[133] ある北方民族の場合、柄は動物の頭のような形に作ってあったり、あるいはゴルド地帯におけるように霊像を彫刻する。背の側に何か金属の像をつける地方もある。ばちの先半分に、ゴルドはのろ鹿の足の皮を、ツングースはトナカイその他の動物の足の皮を用いる。[134]

98図　アルタイ・シャマン太鼓のばち。アノーヒンによる

シャマンの装束と同様、太鼓もまた神聖なものと考えられており、特に移動の際には、それを汚さないように気をつける。ツングースの場合、太鼓の枠用の材料そのものが、神聖な場所からもって来られなければならない。アルタイ地方の住民は、太鼓の枠にする樹を捜すとき、人間や動物が切ったり、傷をつけていないのを選ぶよう気をつける。したがって、そのような樹は

人里離れたところに生えていなければならない。ヤクートは太鼓の枠に用いる木部は、から松の樹から、その生育をはばまないようにして切りとるといわれる。そのとき、動物を屠って供え、幹に血と火酒をそそぐ。アルタイでは、煙にくぐらせたり火酒をふりかけたりしてシャマン太鼓を聖化する。太鼓がすり切れても、ふつう、枠をとり換えることはしないが、必要とあらばいつでも新しい皮を張ることができる。たとえばその家に死人が出て太鼓が穢《けが》された場合にも同様の処置をとる。古い皮は破り捨てたりせずに、樹にかける。シャマンが死ぬと、太鼓は故人の墓の傍らに置いてやる。男と同じく、女のシャマンもまた、シャマンするときに太鼓を用いるが、みな自分用のをもっている。(135)

太鼓がいかなる目的をもつかという問いに対し、資料はさまざまな解答を与えている。ヤクートの観念によれば、太鼓はシャマンが霊界へ旅立つときに乗って行く動物の象徴的な写しであるとプリクロンスキーは説明する。ヤクートの伝説の中では、ときとして、シャマンの馬とも呼ばれている。ブリヤート人も同じく太鼓のことを、シャマンが旅立ちに用いる乗馬であると言う。それはこの地方の太鼓が馬の皮で張られるということに起因するのであろうか、太鼓をマラル鹿あるいは鹿の皮で張るときは、マラル鹿とかのろ鹿とか呼ばれる。事実カラガスとソヨートのシャマンは、「我はシャマン、野生のマラルに乗って行く」とうたう。ヤクートの伝説では、シャマンがその太鼓をもって天の七層を貫いて飛翔すると語られている。(136)

こうした例は、太鼓は、儀式の際に、旅行の具、あるいはシャマンの伴《とも》をする動物と考えられていることを示している。アルタイ人が太鼓のばちを呼んで言う《鞭《むち》》ということばもまた、こうした観念と一致している。シャマンは強く太鼓を打ち続けているうちに、忘我の境に入り、その魂は肉体を離れて不思議な旅へ出かけるのであるから、こうした考え方もまた特によく理解できる。しかし、太鼓が初めから、シャマンの昂奮促進用具として用いられたかどうかは明らかでない。

この問題を論ずるにあたって、霊界もまた太鼓を打つ対象であったということを想起すべきである。「オスチャークに太鼓の目的を尋ねると、かれはシャマンが当面必要としている諸霊の助けを呼びかけるためだと、私の印象ではためらわず答えたし、ところによっては、シャマンの助手である諸霊を招び出すのである」とカルヤライネンは書いている。[137] ロパーチンもまた、ゴルドのシャマンが装束をつけてから、太鼓をもち、セオンの助けを呼ぶありさまを報告し、同じようにこれを理解している。初めは低く、まばらに太鼓を打ち始め、だんだん強く、早く打って、それに歌を合わせつつ、諸霊に力添えを求める。同時に、諸霊を見て、その答えを聞いているような素振りをする。[138] アルタイ人とヤクート人は諸霊を太鼓の中へ集めもするという。[139] しかし、シャマンが太鼓を打つのは、悪霊を追い払うためだという例もまた存在する。たとえば人が死んだとき、故人の魂がまだうろついていると信じて、家を浄めている間、アルタイのシャマンは太鼓を打ち鳴らしなが

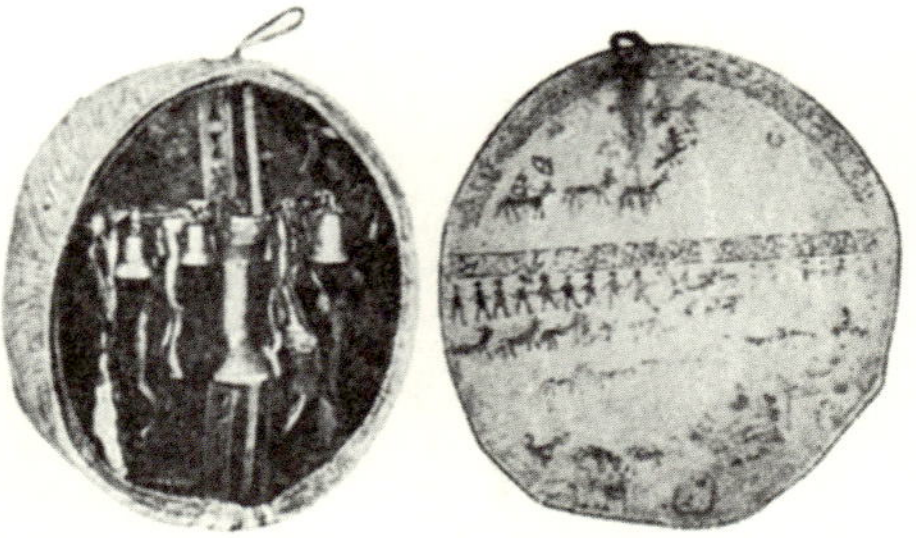

99(右)・100図　ベルチル・シャマン太鼓の表と裏。ニオラッツェによる

ら、家の隅から隅へと悪霊を追いつめて、ついに「太鼓とばちの間」にそれをはさんで捕えるのである。[140] シャマン装束は諸霊をおどすための道具であると見なされるから、鈴やその他金属のぶら下がりもので増幅しようとしている太鼓の音もまた、もとは同じ意味をもっていたと推定することもできよう。多くの自然民族が、まさにこの方法で悪霊を家から追い出していることを我々は知っている。

レヒティサロ博士は、オビ河下流のツンドラ・ユラークのシャマンは、呪歌の中で太鼓のことを《弓》とか《歌う弓》とか呼んでいることを示唆し、「サモエドの場合もフィン系諸族の場合も、シャマン太鼓の使用は二次的であるように思われる。そうして、シャマンはもと弓を用いて諸霊をおどし、それを目がけて射たらしく思われる」と述べている。かれはさらに、「弓射によって悪霊をおどす」ことをほのめかす実例を伝えている。[141] 事実がこのとおりであり、したがって弓が太鼓に先行していたとすれば、それはただちに太鼓は実際にもとは、まさに悪魔祓《ばら》いの道具として用いられたという証拠となるであろう。弓はまた、いくつかのテュルク系民族のもとでも、シャマンするときに登場する。すなわちラドロフは、レベジ河畔でかれが出会った一人のシャマンは、太鼓の代わりに弓を用いていたと報告しているが、そのシャマンはこうして諸霊を自分の方へ招び寄せていたと書いている。[142] アノーヒンもまた、アルタイ地方では男のシャマンも女のシャマンも、小さな弓（jölgö）だけを用いて儀式を行なっていたと述べている。その場合、どのように行なうかは、この記述からは明らかでないけれども、[143] 小さな弓であるということであるから、その弦《つる》はきっと一種の楽器として用いられたに違いない。

太鼓というものを用いないキルギスのシャマン（バクサ baksa）は今日、弦楽器（コーブス

kobus）を伴奏しながら歌謡をうたう。そのほかに、鈴と鉄のガラガラをつけた四角形の板を杖につけたものをもっている。シャマンはしばらく演じて歌った後、昂奮状態に陥ると、その杖をつかみ、そこにぶら下げてあるものを揺すって鳴らしながら、忘我の状態で踊り始める。二人のシャマンが共同で演ずる場合は、その一人が演じ歌い、他の一人が手にその杖をもって踊る。[144]

プリクロンスキーは、ヤクートのシャマンもまた、太鼓がないときは、杖を用いると書いている。[145]ブリヤートのシャマンも白樺の樹か鉄で作った《馬》と称する杖を二本もっていて、その握る部分は馬の頭になっていて、下端はひづめに似ている（65図）。ときには、杖の中ほどのところに《すね》が作ってあることもある。右手にもつ杖は左手にもつものより、いくらか長めであるのが普通である。

101図　竹馬をもつブリヤートのシャマン。いずれにも鈴と森林小動物の毛皮がつけてある。B. E. ペトリ撮影

そのいずれにも、ガラガラやたくさんの森林小動物の毛皮がつけてある（101図）。ハンガロフは、太鼓と竹馬はシャマンが行きたいところへ旅するのに用いる馬を表わしているので、同じものと考えられることがあると説明している。太鼓の木枠と同じように、杖を作るのに必要な材料もまた神聖な場所、つまりかつてシャマンを葬った場所から手に入れる。[146]アルタイ地方の森林タタールのシャマンもま

た、同じような竹馬を用いるという(147)。

ラップが太鼓を用いて行なう予言の風習は、テュルク系民族には知られていない。それに反して、ツングースや北シベリアのその他いくつかの民族は、太鼓のばちを空にほうりあげて、それが地面に落ちたときの位置で事を判断する。打つ面が上を向けば、肯定の答えを意味する。

シャマンの職能

本来のシャマンの助けを必要とするのは、霊界との接触なくしてはきりぬけられないような場合に限る。霊界との接触は二通りの形で起こる。シャマンの魂が忘我の状態において肉体から脱けてあの世へ行くか、あるいは諸霊がシャマンに入ってそれに霊感を与えるかである。後者の場合、諸霊は、忘我の境に入ったシャマンの口を通じて、シャマン自身は意識しないものについて語り、すでに述べたように、もう一人別の人間がそのことばの意味の解き役を務める。このようにしてシャマンの助けによって諸霊と直接に接触することができるのだから、この場合、魔術や呪文の力を借りる必要がないのは明らかである。

もちろんある資料は、シャマンがきわめて多様な課題を遂行せねばならぬことを明らかにしている。たとえば羊の肩胛骨《けんこうこつ》を用いて予言したり、さまざまな魔術の使い手として、医者・祭司などとして登場するという。しかし注目すべきは、その際シャマンという語はしばしば誤って用いられているということであり、それから上に述べた職能は、忘我状態に達しない本来のシャマン以外の者でも、事情に通じている者なら行なえるということである。シャマンの助けは「一生のあらゆる変わり目に」必要とされるという考え方もまた誤解を招きやすい。ラドロフが指摘しているように、シャマンはふつう誕生・結婚・葬送と結びついた儀式とは、何か予期しないことでも生じない限り関係をもたない。(148)たとえば難産のときとか不姙のときにはシャマンに頼る。トゥルハンスク地方のツングースは、こどもに名前をつけるとき、シャマンの立ち合いは必ず必要というわけではないと私に説明した。しかしヒルデーンは、レベジ・タタールのシャマンは、新生児とおそらくは産婦の幸福のため、産後何日か経て、場合によっては二、三週間も後にこどもの名前をつける段になって、太鼓をもってやって来ると述べている。ブリヤートの場合もこどもの出産後、シャマンの世話になるのが習慣であって、そのときシャマンは「こどもが泣かないように、そして早く成長するように」と、湯に浸しておいた草や葉の束でこどもを叩く。湯の中には杜松《ねず》や芳香を放つ草も入れる。次いで、こどもの無事を祈って羊や山羊を供える。(149)

かつて私がトゥルハンスク地方のツングースのもとで実態を調べた際、ここではシャマンの世話になるのは次のような場合に限られるのだという説明を受けた。すなわち死後一年間はもとの家にとどまっていると信じられている死者の魂をあの世へ移さねばならないとき、宿なしの霊体を、そのために作った木像の中に移し入れるとき、何か超自然的な理由で猟運が去ったとき、通常、秋に猟を始めるとき、それに特にツングースの一家の者が重い病気にかかったときなどである。

シベリアのその他の民族もまた同じ理由でシャマンの庇護のもとに入る。特にアルタイ・タタールとゴルドのシャマンが、家に残った故人の魂をどのようにして捕えて冥土へもって行くかという例は、すでに供養祭のところで述べておいた。自由に出歩きまわって害悪をなす霊体をおとなしくさせるために、木像に封じ込めるときに行なう儀については、ほとんど報告が記録されていない。ただはっきりしているのは、シャマンはシャマンするにあたって木像を作り、その中に霊を封じ込めるのであるが、その前にまず問題の霊を捜し出すことである。さらにこの霊に最初の食事を供えるのはシャマンでなければならず、その後は家族が面倒をみる。狩の成功のために、今日シャマンがシャマンするのは主として極北の諸民族の場合だけであって、ユカギールの観念によれば、あとで狩人の手に入る動物の《影》を前もって捕えてくれるよう、諸霊に援助を頼むのである。ツングースのシャマンは、シャマンしている間、野獣の捕獲に関する儀式を模倣する。野生トナカイを捕えに出かけるときには、シャマンはトナカイの住んでいる場所を知っておかねばならない。超感覚的情報の伝え手として、かれは必要とあらば、敵とその予備軍、泥棒とその隠れ場所、遠くでのできごとといったような、なお多くの神秘のことがらにも通じていることがある。

しかし、シベリアのシャマンが求められる動機はたいていの場合病気である。アルタイ地方のこのような病気としては、マラリア・天然痘・梅毒・白痴などが報告されている。アルタイ・タタールはモンゴル人のように薬草や薬を用いることができず、ただただシャマンの力を借りて、どのようなケルメスがこれこれの不幸をひき起こし、どのようにしてそれをなだめねばならないかということをはっきり知ることができるものと信じているのだとアノーヒンは指摘している。(150)

病気になるのは、その人間の魂がからだから脱け出て、外に待ち伏せている危険の力に陥るからだと考えられているので、いきおいシャマンの任務は、病人がもとの状態をとりもどせるよう、逃げた魂を捜して連れもどすことにある。この仕事はブリヤートの伝説ではすでに最初のシャマンのものとなっている。モルゴン・カラ Morgon-Kara（類話ではボホリ・カラ Bokholi-Kara ともなっている）は冥土の君主エルレン・カンが下界に連れて行ってしまった魂でさえ、救い出して連れもどすことができるほど有能なシャマンだったので、エルレン・カンは天神エセゲ・マラン・テンゲリに不平をこぼした。そこで神はシャマンを試すことにした。この目的のために、神は人間の魂を捕えて連れ去り、甕《びん》の中へ入れて、口をおや指でふさいだ。さて、その人間が病気にかかると、家族の者はモルゴン・カラに助けを求めた。モルゴン・カラもまたただちに仕事にとりかかり、森・水中・山峡、はては死者の国までその魂を捜し求めたが見つからなかった。最後にシャマンは「太鼓に乗って」天界へ昇った。ここでもまた、魂は甕の中に閉じ込められていて、天神がその口を指でおさえているとわかるまでは、永い間魂を捜さねばならなかった。そこで、この術策にたけたシャマンは、一匹のすずめ蜂に姿を変えて、神のおでこを刺したから、神はびっくりして、甕の口から指を離してしまった。シャマンはこうして、かわいそうな魂を救い出すことができた。シャマンが再び太鼓に乗って、魂とともに地上に降りたのを見て、神はかっとなり、シャマンの力を弱らせて太鼓を真っ二つに割ってしまった。シャマンの太鼓は、もと両面に皮が張ってあったが、この日から片面張りになってしまったのだとブリヤート人は説明する。(151)

病気の原因は魂の喪失にあり、そうなったとき、もちろんシャマンが捜さねばならないという観念のほかに、病気になるのは、一個の霊（いくつもの霊という場合もある）が病人の中に入って苦しめるのだというもう一つの観念もある。シャマンはそのとき、悪霊を追い払わねばならない。だが、魂を引き寄せる儀式にせよ、諸霊追い払いの儀式にせよ、必ずその場にシャマンがいなければならぬというものでもないらしい。つまり、シャマンが来なくても、家族の者が自分で、いなくなった魂を呼びもどすとか、あるいは大きな物音をたてて、さいなむ霊を病人のからだから追い出すかする例もまたある。ゴルドはときどき、乾草で人形を作って、その中に諸霊をおびき入れて封じ込め、前庭に捨てる。(152) こうして家族がやってみてもうまくいかないときは、もちろんシャマンの助けがどうしても必要である。

さらにシャマンは、魂の脱けた病人の肉体に、その魂を連れもどすに先立って、体内に入り込んでいるよその霊をまず追い出さねばならないという観念はきわめて広く分布している。ツングースの場合もそうであって、シャマンする行為には異なったいくつもの手順が含まれている。シロコゴロフは次のような順序で記述している。㈠シャマンはまず、自分の守護霊たちにうかがいを立てると、そのうちの一つがシャマンの前に坐る。㈡シャマンはその助けによって病気の原因と、病人から脱け出た魂の居場所とをつきとめる。㈢シャマンは再び自分の前に坐っているさまざまな諸霊に呼びかけ、ただちに病人の魂を捕える。㈣シャマンは呼び集めた諸霊の力添えで、病人の体内に忍び込んだ霊を追い払って、特に定められたその霊のもとの住みかへもって行く。㈤シャマンは病人の魂を再びもとのからだの中へもどす。㈥シャマンは諸霊にその力添えを感謝する。シロコゴロフは同時に、他の諸霊もまたせっかくの努力をぶちこわしにしてしまう恐れがあるので、この儀式を成功させるためには、好意ある諸霊の庇護のもとに身を置くことが前提であると指摘している。一つ一つの霊は、固有の能力・知識・持ち場・言語と身振りをそなえていて、シャマンは祭儀の間それをまねる。(153)

病人から悪霊をとり除き、消えた魂を連れもどすことは、ヤクートとドルガンのシャマンにとっても最も重要な課題である。そのため、ここではシャマンする行為に一定の順序で展開する数ある行事の中でも諸霊呼び出しが最初に来る。ある資料によれば、そのときシャマンは天幕の土間に作った炉の傍らに坐って、火や天幕や住居の霊、自分の守護霊、すべての知り合いのユル yör（故人）、それに病気の元凶と目される恐ろしいアバース abasy に至るまで、さまざまな霊に依願する。それから、シャマンは待ってましたとばかりに、魂を奪った霊の隠れ場所を捜す。太鼓を打ち鳴らしている間、シャマンはときどき休んで、はるかかなたを見つめているようなふりをする。シャマンするときには同時に馬のいななきとか鳥の鳴き声をまねるとも伝えられている。儀礼の第三段階で、シャマンは病人のからだに入り込んでいたすべてのアバースを自分の中に集める。アバースを病人の肉体からしりぞけるためには、小枝を払って槍のようにした白樺に、樹皮をとり去って三か所環形の飾りをつけ、三か所あるいは七か所に馬の毛をつけたものを用いる。おどすように大声をあげながらこの神秘に満ちた武器を病人に向かってかざす。シャマンが悪霊を自分の中に移し入れることができたと身振りで示すと、他の者たちは槍をもって、そのシャマンを突き刺すふりをする。ただちにシャマンは太鼓を打ち鳴らし、歌謡をうたいつつ、そのもとの居場所へ連れて行く。そのときシャマンは失神状態に陥ることがある。病人の中にいくつもの霊が入り込んでしまった場合は、シャマンはそれらをすべて順々に追い出さなければならない。シャマンが《首きりのユル》のような危険な物の怪《け》を病人から自分の中に導き入れるときは狂乱状態となり、小刀を要求し、太鼓のばちでのど元を断ち切るような所作をする。その上、我と我が身にかみつき、それを差し止めようとする者の手に食いつく。

儀式の第四段階は、シャマンの天への旅立ちを表わしている。記述によると、シャマンは天幕の南側の窓に向かう。その外側には壁に沿って、枝を払った三本の樹が一列に立ててある。白樺の樹を中にして、その両端にから松がある。白樺の樹の先には殺したかもめのくちばしを南に向けて上向きにとりつける。白樺の東側の樹には馬の頭蓋骨を載せる。これといって何もつけていない三番目の樹を含めて、全部に馬の毛と布切れを吊るす。そのほかに樹は、馬の毛のひもでたがいにつなぐ。樹と壁との間には一本脚の台を立て、その上には火酒を入れた盃《さかずき》を置く。全身をしなやかに動かし、ばちをもった右手を振りまわしながら、シャマンは明らかに鳥の飛ぶまねをする。天界に旅するとき、九つの停り場所（オロホ olokh《座》）があると考えているので、シャマンは旅の途次、それぞれの停り場所で、そこの霊に贈り物を配らねばならない。天界へ昇る間、シャマンはたびたび上下へ視線を投げる。もどってくるとき、シャマンは前かがみになり、「中の」世界、つまり人間世界に着いたときは失神状態になっているので、正気にもどらせるには火花を打ち出してやる。シャマン自身が、意識がもどって来たことを告げると、その右足とか首筋とか頭頂とかの身体部分に火打ちを打って火花を飛ばしてやらねばならないという[154]。この火花の打ち出しがもと何を意味していたか明らかでないが、サモエドのシャマンもまたシャマンした後、燃えている炭とか燃え木で自分のからだを「浄める」とカイ・ドンネルは記している[155]。シャマンが務めをすませて、しばしかまどの傍らに坐るとき、人々は火の中に馬の毛とバターを供物として投ずる。

ここに引いた描写の中で、白樺の先にとまらせ、「シャマンの前をかすめて行く」かもめは天の諸霊に捧げたいけにえであると説明されている。同じ場所で別のシャマンが、これとまったく同じ儀式を行なったとき、その三本の柱の各々の先に鳥の像がつけられた。西側の樹のはエクセケ・クルöksökö-kyl（神話的な双頭の鳥）、真ん中のはケイ・クル käi-kyl（やはり神話的な鳥）、東のはスオル suor（《からす》）である。[156] 樹に彫って像を作ったこれらの神話的な鳥は、少なくとも犠牲の鳥ではなく、むしろシャマンの魂の道案内であることは明らかである。

ヤクートのシャマンの儀礼も、もちろん相互に細かい点で差異があって、ところによっては何本もの樹が用いられている。たとえばプリクロンスキーは、病人のためにシャマンするとき、天幕の外に一本のから松、一本の白樺、さらにその南には枝を払ったから松を一列に並べて、一本のひもでそれらをつなぐと報告している。犠牲動物をつないだ最初の樹には九つの刻み目をつける。[157] 何本も樹を立てることについては、セロシェフスキーもまた述べていて、シャマンが犠牲動物を天へ連れて行くときは、樹は一列に並べなければならないと書いている。樹の列の一番はじには、犠牲動物をつなぐためのただの柱が立っている。それに三本の棒が連なって、その一本一本には木の鳥像がとりつけてある。最初のは伝説的な双頭の鳥、二番目は海がらす、あるいはからす、三番目に

102図　サモエドのシャマン。カイ・ドンネルによる

は郭公が載せてある。鳥のくちばしは樹の列と同様、南に向けてある。鳥をつけた棒から一ひろほどの間隔をおいて、梢の先にだけ緑を残してあとは枝を払った九本のもみがもう一列並んでいる。最初の鳥の載った棒から始まって、樹から樹へと馬の毛でよった縄が渡してあり、それには白い馬の毛の総《ふさ》が下げてある。この樹から樹へだんだんと高くなっている縄は、セロシェフスキーによれば、シャマンが鳥の後について、犠牲動物を追いながら天界に昇って行く道すじを意味している（158）。ここに掲げるセロシェフスキーの著作からとったスケッチには、樹冠をつけた樹が七本だけ見えている（103図）。

103図　ヤクートの供犠。セロシェフスキーによる

ヤクートの場合と同様な観念と儀式は、ヤクート語を話すドルガンのもとにも見られる。この北方高緯度地帯においてもまた、シャマンは病気を治すとき、九つの天の層を通り抜けねばならない。各層には、シャマンの道中の安全を守り、悪い魔術師が天へやって来ないように妨げる役目をもつ諸霊が住んでいるという。悪霊は、天の一番下の層すら通り抜けることができないと、ドルガンは説明している。それに反して善霊は、各々の停り場所で一休みした後、旅を続けることができるという。道中の最も難儀な部分は、住民の意見によると下の三層であって、それを通り抜けると、一つ一つの停り場を経て行く旅はもっと楽になる。もちろん、停り場

（オロホ olokh）というのも前に述べた九本の樹と同様、天の層を意味している。それぞれ同じ方向を向いた鳥をとまらせて、一列に並べた九本の柱は、ドルガン人の場合にもシャマンの天への旅路を表わしている。柱は順々に高くなっているので、木彫りの鳥も少しずつ高く昇って行く（104図[159]）。

104図　ドルガン・シャマンの天への旅路。V. N. ワシーリエフによる

ヤクートのシャマンもドルガンのシャマンも、それぞれの停り場の霊に供え物をしなければならないので、たいていの場合、この儀式のために一本脚の《テーブル》を立てるが、その卓面としては、ただ幅のせまい板をのせるだけである。横木には九個（ときには七個）の小さな盃が刻み込んであり、シャマンは各停り場に達するたびに次々に乳を満たす。ところによっては盃の傍らに小さな肉片が置かれることもある。ここで描写した儀式をもっとわかりよくするために、何本も樹を立てる代わりに世界柱（トスペト・トゥルー《決して倒れぬ柱》）を一本だけ用いる場所では、その板屋根の縁に、乳で満たすための九個の小さな窪みが見られる（5図）。

この特異な儀式を観察してみると、病人の治療のとき、シャマンがなぜに天界へまで、しかも第九天まで昇らねばならないかという問いが生じる。シャマンがそこまで行くのは、病人の魂（クトkut）を捜し出すためだというのがヴィタシェフスキーの主張である。[160] 信じられているように、邪悪なアバース abasy のとりこになっているとすれば、病人の魂はどのようにして最高天まで行ってしまったのだろうか。悪霊が天に住んでいるとはふつう考えないだろうし、しかもほかならぬ最高神の住みかがあるとすればなおさらである。シャマンが病人のために、天界から新しい魂を手に入れて来てやるという報告もまた存在しない。V・N・ワシーリエフは、この問題を別のやり方で解釈した。それによれば、悪霊に奪われた病人の魂をシャマンが救出したとき、それをただちに病人のからだの中へもどすのではなく、まず第九天へもって行って魂を休ませ、回復させ、浄化するのである。悪霊のわなに陥《お》ちた魂は、こうしなければ二度と逃れることができないほど、めちゃめちゃに痛めつけられているか、あるいは虐待されて病気になったり、悪霊にさわられて穢されているというものだ。[161]

ワシーリエフが、きっと現地の人の話から得たに違いないこの説明は、不注意に見過ごすわけにいかない。つまり、この目的のために行なわれる天への旅が、古いシャマニズムの観点からどのように理解されるべきかという問題が出てくる。この問題を論ずる際、トロシチャンスキーは、かれに知られている資料によれば、ヤクートのシャマンが決して下界へではなく、伝説の中でもふつう天へ昇るということに注意を喚起している。とはいえ、トロシチャンスキーは、シャマンがときとして反対の方向へも旅をすることがありえないとは考えていない。これを暗示しているのは、かれの見方によれば、シャマンは水にもぐる鳥を用い、それを諸霊のところへ行く道中の道案内と考えていること、さらにシャマンの装束には、地下の世界へ通ずる《諸霊の穴》（abasy-oibono）の模写が描かれているということである。しかしトロシチャンスキーは、地下の霊に願いごとをするのはごくまれであり、その中にはヤクートが今日の居住地に定着した後初めて身につけた、少し後の時代の習慣が現われていると推定している。それに対して天界にある霊についての観念は、おそらくはヤクートが今日の居住地に移り住む以前の故土にすでにあったものと、トロシチャンスキーは判断している。[162]

とはいえ、問題はトロシチャンスキーが思っているほど簡単には解けない。というのは魂を奪い病気をひき起こすこれらの諸霊を、天に住んでいるものとヤクートが信じている例はないのである。V・N・ワシーリエフはむしろ、魂は人間の肉体を離れた後、やすやすと、魂をつけねらう諸霊の獲物となり、下界に連れ去られて行ってしまうと指摘している。そうであればシャマンは魂を地下に捜すために出かけねばならぬことは明らかである。さらに注目すべきは、比較的新しい資料が示しているように、ヤクートはシャマン行事の異なる方向について語り、アララ・クラル allara kyrar とユセ・クラル üsä kyrar という二つの異なる表記を用いていることである。前者は、シャマンが下界の、後者は天界の諸霊に対して行なう行事のことをいう。[163] シャマンはまず前者の行事を行なうので、この方が後者よりも古くからあったという証拠と見なされるかもしれない。

シャマンは病人の肉体から追い出した悪霊を「南へ」もって行くと報告している。[164] この報告は、ヤクートのもとの故土である南から病霊がやって来たという観念がその中に反映されているというのでない限り、誤解にもとづいているらしい。V・N・ワシーリエフはやはりこの点を別のことばで、次のように述べている。シャマンは地面にからだを沈めるようにして、まるで水の中にもぐるようなしぐさをして、病人から追い出した悪霊を下界に連れて行くのであると。[165] 奇妙なことには、ツングースもチュクチもラップも、シャマンが半ば眠ったような状態に入ることを、「もぐる」と言っていることである。[166] これらの例は明らかに、あの世はすなわち水の下にあると考えられていることを暗示している。すでに述べたように、シャマンの協力霊もしばしば水にもぐる鳥の姿をとる。

さらに、シャマニズムが下界の諸霊とどのような関係にあるかを教えているのは、シャマン装束と、通常の儀礼が夜行なわれるということである。たとえばスタトリングは、ヤクートのシャマン儀礼は天幕の中で、夜執り行なわれると書いている。V・N・ワシーリエフも、ドルガンとヤクートについて同じことを述べている。トゥルハンスク地方のツングースもまた、シャマンは夕闇が下りた後、初めてその職務を執行すると私に説明した。シロコゴロフが指摘しているように、東ツングースにあってもまた、シャマンは「夜間、ほの暗い家の中で」シャマンした。しかしそれはひとり極北の諸民族の場合に限らず、アルタイ地方でもまた普遍的である。すでにルブルクは十三世紀に、古代テュルクのシャマン（カム）の祭儀を描写して、「悪魔の託宣を受けたい者は、夜、小屋の中に集まった」と述べている。[167]

こうしたことから考えると、ヤクートのアララ・クラルはトロシチャンスキーが思ったように、後になって借用したものではなくて、その中にはシベリアのシャマニズムのきわめて古い状態が現われていることは明らかである。もう一つの問いはおのずから、ヤクートが今日の居住地に移住した頃、かれらはすでに昇天を知っていたかどうかということになる。ここでとりあげた儀式がすでにアルタイとバイカル地方に、古くから根をおろしていたということを考えてみると、ヤクート人もまたかなり早くから、明らかにかれらが北へ移って来る以前にすでに知っていたと判断してよさそうである。

しかしアルタイ・タタールに関する資料からは、かれらが病人の治療のために天へ昇ったか否かは明らかでない。供犠祭で天神に捧げた屠獣の魂を天にもって行かねばならないとき、シャマンが天界に行くことだけは報告されている。少なくとも前世紀の中頃にはアルタイ地方伝道団の文書室《アルヒーフ》にあったとおぼしい一つの古写本は、三日間にわたる祭儀を詳細に叙述してシャマンの天への旅をすこぶる興味深く描き出しており、ヴェルビツキーもラドロフもこの資料を用いた(168)。

第一日目の夜、太陽が山のかなたへ沈むや、準備にとりかかる。シャマンは離れたところにある白樺の森の中に適当な祭場を選び、森のひらけた空地に、入口を東に向けて、フェルトの覆いをかけた天幕を設ける。天幕の中央には、若い白樺の樹を、その緑の梢が煙出し《けむだ》から突き出るようなあんばいに立てる。白樺のてっぺんには一垂れの布をかけて一種の幟《のぼり》とし、枝を払ったその幹には斧で下から順々に深い刻み目、つまり階段（タプト tapty）をつける。さらにシャマンは馬群の中から一頭をいけにえとして選ぶ。天神に捧げるためで、毛色は白っぽいものと決まっている。馬を屠る前に、シャマンは、それがいけにえとしてふさわしいかどうかよく吟味し、《魂》を追い出しておいてから、第九天に昇り、そこで天神の《白い天幕》のそばにとどまるよう命ずる。いけにえの屠りはその日の夜行なわれる。

祭儀のプログラムは翌日を待って続行され、その頂点に達する。シャマンは夕刻現われ、暗い天幕にはもう火が燃えている。まずシャマンは、前日、煮た供物の肉を盛った皿を手にもって、《太鼓の主》、《火の母》、最後に天幕の中に集まった、見えない客にも見える客にも饗応《きようおう》する。シャマンはさらに、飾りひもをつけた縄（セルテュ söltü）を天幕の前に張り渡し、それに木綿、毛、あるいは絹で作った服九つをかける。シャマンは、それを杜松の煙にあてていぶらせながら、「馬も載せきれない」ほどの贈り物をほめる。次いで同じようにして太鼓を浄め、装束を着る。シャマンはまた、太鼓の皮を火にかざし、温めて、ぴんと張らせてから、歌をうたい太鼓を打ち鳴らしながら、定まった順番に従って諸霊の名を呼び出し始める。霊が一つ一つ現われるたびに、シャマン（カム）は「アー・カム・アイ ā kam ai!」と叫び、あるしぐさをして、やって来た霊を太鼓の中に捕える。おびただしい数にのぼるこうした諸霊の助けがなければ、儀式は成功しないので、その一つ一つにへつらいのことばが捧げられる。集まった霊の数が増えれば増えるほど、シャマンは一層力をこめて太鼓を打つ。天幕の中に立てられた白樺の樹のまわりを何度もまわった後、最後に《戸口の守護霊》(戸口に住む霊）に向かい、次にはどの霊に協力を求めるべきかと尋ねる。答えを受けとると、シャマンは《戸口の守護霊》に、アイナ aina とかその他の悪霊が儀式をぶちこわしに来ないよう、その《銅剣》で見張ってほしいと頼む。次いで供物寄進者やその家族と親族の者を「浄め」て、天幕からすべての悪霊を追い出す。奇妙なことに、シャマンは弓を手にもっていないのに、その歌謡の中では《弓射》が語られる。これは、弓がかつて悪霊祓いの道具に使われていたことを暗示している。

やがて導入部の行事が終わると、シャマンは骨の折れる天への旅にとりかかり、今どの段階にまで来たかということをさまざまな歌謡や音や身振りで表わす。天のどの層まで来たかを示すためには、白樺の樹を登るとき、その天の層にあたる刻み目に足をかける。そうするとすぐにがさがさという物音が聞こえ、シャマンは「さあ、突き抜けたぞ」と叫ぶ。次いでシャマンは白樺と火のまわりを馳けまわり、ますます恍惚状態に入り、歌をうたって一層激しく太鼓を叩く。第三の層に達すると、そこまでシャマンが乗って来た犠牲の馬（プラ pura）は疲れの色を見せ始めるので、馬は《頭の支え手》

（バシトゥトカン baštutkan）――供物儀式のときの助手の一人――の世話にゆだねる。彼の魂は馬の魂に従って行く。ただちにシャマンは鵞鳥を呼び出し、その鳴き声をまねて、背に乗る。そのとき、手で鵞鳥の飛ぶまねをするのが普通である。鵞鳥が第三天の《乳海》でのどをうるおし、スュロ süro 山を一口食べ、そうして《頭の支え手》がシャマンの口を通して、旅がつらいのでもう帰りたいとこぼして休み、元気をとりもどすと再び旅は続けられる。その休み場で、シャマンは聴衆に、見たこと聞いたことを話してやることになっている。シャマンはとりわけ迫り来る荒天、さいなむ病気あるいは災難のことを伝える。シャマンが別のシャマンに会えば、またそこから聞いた話も伝える。別の天の層へ移ったときも同じような観察をする。たとえばシャマンは第四天では一羽のカラ・クシ（鷲）が郭公を追いかけている様子を描写する。第五天では、前にとりあげた強いヤユーチに会う。第六天では月に、第七天では太陽に会う。シャマンは、さまざまの儀礼を行ないながら第八天、第九天へと、次々に進み、最高神に捧げた供物は受けとってもらえるかどうかを確かめる。それに加えて、最高神から、天候の変化、その年の豊凶などについての確かな情報と、さらに神が新しい供物を欲しているかどうか、それはどんなものがよいかなどについて語る。シャマンは最高神（ユルゲン）と話し合った後、忘我の境の極に達し、やがて消耗し尽くして地面にくずおれる。天幕の中にはしばし敬《けい》虔《けん》な沈黙が続いた後、シャマンは目をこすり、両手を伸ばし、シャツの汗をしぼる。それから居合わす一同の者に、まるで長途の旅から帰ってきたかのように挨拶するのである。

　祭は三日目の夜に再び続行され、そのとき、特に富裕の者は飲み物を持参し、供物の酒は段々をつけた白樺の樹にふりかける。

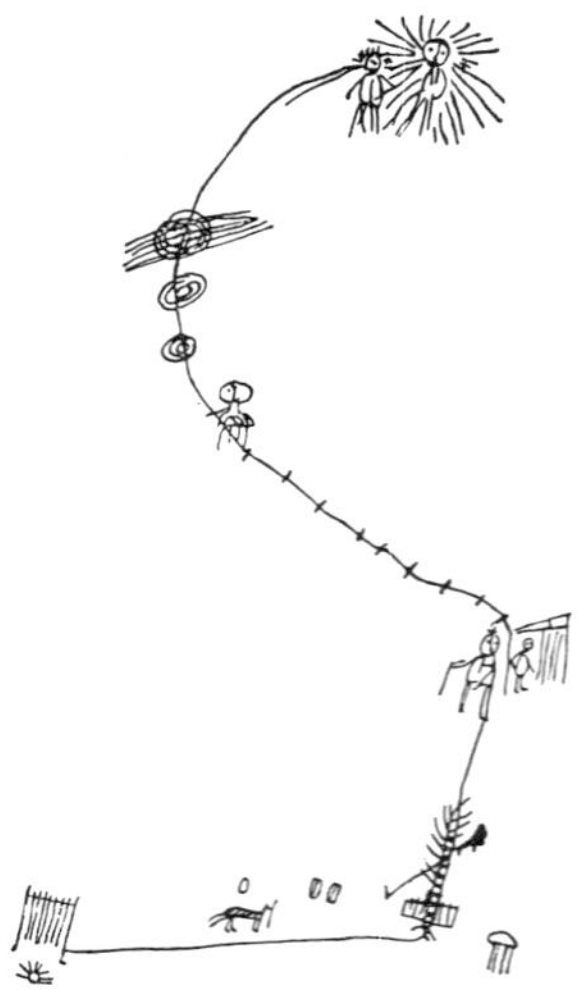

105図　アルタイ・シャマンの天への旅路。グルキンによる

これらの儀式の一部始終は、それを行なっている種族もいろいろであるから、アルタイ全域にわたって何から何まで同じというわけではない。差異は、その地方の伝統的な観念や習慣は言うまでもなく、シャマン個人の知識と力量にかかっている。ここに添えたA・V・アノーヒンの民族学資料集からとった興味深い図は、この奇妙な儀式を独得なやり方で一層わかりよく示してくれるものである（105図）。ここに見られる細い線は、《ユルゲンの道》すなわちシャマンが供物をもって最高神のところへ向かう旅のありさまを示している。供物寄進者の天幕には火が燃えていて、線はそこから発している。《道》の傍らにはまず、杭につないだ犠牲の馬と、その近くで三つの桶に出会う。最初のはボグドガン Bogdygan に、第二のはケクシ Kökysh に、第三のはユルゲンに捧げてある。次には斜めに立てた柱があり、それには犠牲動物の毛皮がかけてある。天に昇る本番は《白樺の樹》のところから始まっており、それは図から見るところでは天幕の中にあって、九つの《階段》（タプト tapty）が刻んである。白樺の上の方にはボグドガンの住居があり、その前にもう一つの神話的な存在、ボブルガン Bobyrgan も見える。それから短い九本の斜線で示された「不安定な」場所が見え、次いでシャマンは全部を歩ききると、「ユルゲン

への途上に立つケクシ」に出会う。さらに進むと丸じるしをつけた三つの個所があり、最初のところには水があって青く、二番目のところには白い砂がある。三番目は雲がとどかないほど高いところにある。最も上には最高神、つまりめざす《白いユルゲン》が光につつまれて住んでいて、傍らにはその《使者》が立っている。[169] シャマンの天への旅の中で出会う人物のうち、言うまでもなくこの二人が最も重要であって、飲み物が供えられる。

病気がもとでシャマンするとき、苦痛というものは、エルリクの使者が病人の魂を捕えて、下界へ連れて行ってしまったために起こるものと考えているアルタイ人にあっては、シャマンは下界に魂をとりもどすために出かけねばならない。この骨の折れる旅の途中でシャマンは、どの一つも容易にはきりぬけられないような、いろいろな障害（プーダク pudak）を克服しなければならない。シャマンはときどき、死んだシャマンやその乗っていたトナカイの骸骨が散らばっているのが見える暗い森や高い山脈をさまよっているうちに、やがて一つの穴のところまで来る。旅の最も困難な段階は、シャマンの目の前に下界の深みが、そのすさまじいありさまを開いて見せているところから始まる。シャマンは儀礼の間、こうしたすべてのことがらをことばと身振りで伝える。特に罪ある者の魂が苦しめられている、神秘な責め場は注意をひく。死者の国の見張りをなだめ、下界の危険をすりぬけて行くと、シャマンはやっとめざす死者の国の君主エルリクに近づくことができる。エルリクは初めひどく突っかかって、激しく吠えたてるが、要領を心得たシャマンならば、たっぷり供物をすると約束して、それをなだめることができる。エルリクと話し合っているうち、シャマンの儀式は最高潮に達して、忘我の境に入る。シャマンは冥府からの帰りに、天へ昇るときと同様、鵞鳥に乗ってくると考えている地方がある。帰るときは、病人の魂も携えて来る。帰路、シャマンは徐々に落ちつきをとりもどして、まるで眠りから覚めたかのように目を開く。それから一同は、旅はどうだったかと様子を尋ねる。(170)

これらの儀礼に際して行なわれる冥土の描写が、明らかに新しい時代に入って来た外国起源のものだとしても、シャマンが魂を解放し、その他災難の原因を調べるために別の世界へ身を置くことができるという信仰こそは、シベリアのシャマニズムの真の特質である。シャマンはもちろん、諸霊のもとを訪ねたとき、どんな苦労にさらされたかという次第も述べようとする。こうした古い起源をもつ儀式は、それ自体まとまりをなしており、またそれに続く供犠は、天神に供物を供える場合とはまったく別の習慣によっているので、たびたび述べて来た天への旅は、起源的にはここに述べて来たものとは別種のものである。

冥土ではこの世とは反対に、夜が通常の労働の時間であるから、シャマンも夜だけ諸霊に近づくことができる。だからシャマン儀礼はいつでも、日没後遅くなってから始めて一晩じゅう続けることになる。シベリアのシャマンの行事の習慣の中には、地域的な、またおそらく個人的な特徴が入っていても、その最も本質的で起源的な部分には大きな差がない。かつて私がイェニセイ下流で、あるシャマンの行動を観察した際、特に注意をひかれたのはその動きと身振りであって、それはたぶん、歌謡よりも太鼓を打つことと、より密接に結びついている。かりにこう呼べるとして、その舞踏は、一種独得の身ぶるいによって装束につけた金属片を鳴らしながら、一定の拍子で前へ動いて来ることである。そしてときおり奇妙なふうにまわったり跳ねたりする。見物人には、それが何かある動物のまねをしているように見える。かつて、参会者たちは、シャマンが熊のように歩くと言ったことがある。二度、ほとんど激怒したようになって、その汗を浮かべた顔は異様で不安な様子を帯びるが、再び落ちつきをとりもどすと、ただちに虚脱状態に陥る。かれは身を動かしている間じゅう歌い、天幕に呼ばれた諸霊と話すか、死者の国への旅の模様を述べる。シャマンが二、三節誦唱するたびに、助手がそれを繰り返す。この原始的な歌謡の単調な調子に変化を添えるのは、シャマンがときどきやる、ささやきと叫喚であったり、自然の物音の模倣である。グメーリンが書いているように、ツングースのシャマンの歌謡は、「熊の唸り声、獅子の吠え声、犬のなき声、猫のなき声」を再現しようとするものかもしれない(171)。おそらくシャマンのさまざまな運動と音は、その服装と一致しているのであって、特にその装束が表わしている動物の身振りや声を模倣するときはそうである。さらに、そのおりおりにシャマンの中に居坐っていると信じられている霊に応じて、もちろんその他の動物や霊体だって表現することができる。

ツングースと同様、ユカギールもまた、シャマンしている間、いろいろな動物や鳥のなき声をまねる(172)。ヤクートのシャマンはとりわけ鳥の声をよくまねると、プリクロンスキーは書いており、またレヒティサロの報告によれば、かれがサモエドのもとで聞いた歌謡の中では、シャマンは何か見なれない存在をまねて、たぶん北極鴨のようにふるまって、絶えずよたよたと歩く。北極鴨はアアア・アヴルクaaa avlykと声をたてて、よたよたと歩くので、シャマンも歌うときそのようにまねをするのだと人々は言う(173)。ブリヤートのシャマンは、自分のからだの中に入り込んだトーテム的《牛王》ボハ・ノヨンの役を演ずるとき、その身振りをまねて、牛のように四つ這いになって歩き、唸り、地面をかいて、居並ぶ者に突っかかる。(174)

観察者の注目は、もちろんシャマンの行動だけではなく、そのそばに静かにおごそかに坐って、シャマンの演技から片時も視線をそらさず、自然の子らのもとでのあの夜の儀式がかもし出すことのできる神秘的な雰囲気に完全に身をゆだねている観衆の方にも向かう。ある地方では、シャマンは終わりに、その参会者一人一人のために太鼓のばちを足の前に投げる習慣があり、ばちの腹が上向きに地面に落ちると、その者に対してシャマンが目的を達してくれたとか、あるいはそのことばどおりになるであろうというしるしである。

現代の人間が宗教的かつ社会的現象としてのシャマニズムをどう評価するにせよ、原始社会におけるその価値と意味はすこぶる注目すべきものであったことは明らかである。シャマンの威力は通常その死後も存続し、その像が作られ、後の代になっても家族と氏族の守護霊として尊崇される。(175)それにもかかわらず、シベリアのシャマンは特別の社会階級を形成したこともなければ、そのささやかな報酬によって、他の者にぬきんでた経済的地位に進出することもなかった。

第二十二章　供犠と供犠祭

自然民族は、人間のまわりを徘徊して、その生活を阻害もすれば助けもすると考えられる目に見えない霊体は、人間の姿をしていると考えているので、同時に、人は諸霊の要求を満たしてやることによって、その愛顧を得ることができるという考え方もここに根ざしている。死者の霊に供物《くもつ》を供《そな》える風習が、明らかに古い起源をもつことは容易に理解できるところであり、そのことについては、すでに死者と供養祭の結びつきにおける例を示しておいた。

死者崇拝は、もとはアルタイ系諸民族が、家々で祀《まつ》っている霊像をなだめることをも目的としている。ゴルドは、粥《かゆ》・肉・魚など、自分が食べる物をその霊像の口に塗りつけてやると、ロパーチンは書いている。ゴルドはまた像の前に食べ物入れを置いて、指で火酒をはねかけ、煙草を供え、その他いろんな方法で喜ばせようとする[1]。家族霊に対するこうした供飯はゴルドに限らず、シベリアの全民族に共通している。同じように、諸霊が着ると思われる毛皮や布切れなどを支度してやるのが普通である。さらに、いろんな機会にいけにえが供えられるが、その目的は霊を饗応するだけではなく、必要とする霊に家畜を送りとどけてやることでもあった。このことは、屠《ほふ》り供犠《くぎ》の際に守られ、狩猟文化に密着した野獣屠り儀礼に酷似した儀式から、いろんな形で明らかになる。何よりも犠牲動物の骨

106図　犠牲獣の剝いだ皮を立てたアルタイ人の祭場。ラドロフによる

は、壊さないでそっくり保存するよう細心の注意が払われねばならない。こうすることによって、この犠牲動物はあの世へ行き、そこで受けとられて使われると考えられている。後になって、南から入って来た、供物を火によってとどけるという習俗も同じように分布しているが、そのときでもやはり、骨は焼いてもよいが、壊さないよう留意せねばならない。犠牲動物の骨をそっくりそのまま保存するには、たとえば森林ツングースの場合のように、樹にかけるのが普通である。さらにある地方では、供犠を行なうとき、骨は安全な場所に置き、舌・心臓・肝臓のような、特定の臓器から切り取った一片を添えておくように気を配る。黄ウイグルもまた、動物の最も重要な器官、すなわち頭・首・心臓・肺臓、それに十本の肋骨《ろっこつ》などを別々にして煮る。[2] ブリヤート人はある種の供犠儀式では、家畜を屠って肉を煮るときにも、気管・肺臓・心臓を切り離さないよう注意しなければならない。ときには、頭や、上に述べたその他の器官、それに足も皮につけたままにしておき、ぬけがらは地面に突き立てた白樺の樹にかける。[3] 犠牲に供された動物の毛皮は、すなわち古い習慣に従って、一般に樹にかけられる。ラドロフなどが述べているように、アルタイ地方では、犠牲に供した馬の中身を抜いた皮を、生きた馬を思わせるような形にして、斜めに立てた柱に刺し通しておく（106・107図）。

アルタイ系の遊牧民は、ふつう、馬の供物は他の供物に比して値打ちが高いと考えている。しかしいずれの地方でも、前もって約束をとりつけることなしに馬の供犠を行なうことはしない。すでにグメーリンは、ツングースのシャマンが病人の魂を連れもどしてくるとき、一本の長いひもにいろいろな毛皮や、白樺樹皮で作った小さな馬を吊るして、魂を奪った者をなだめ、シャマンしながら、これらの贈り物を《悪魔》に見せびらかしたうえで、このひもを天幕の入口の前に立てた柱の間に張り渡すなどの一部始終を報告している。約束の馬は、病人が治った後初めて屠られるのである[4]。

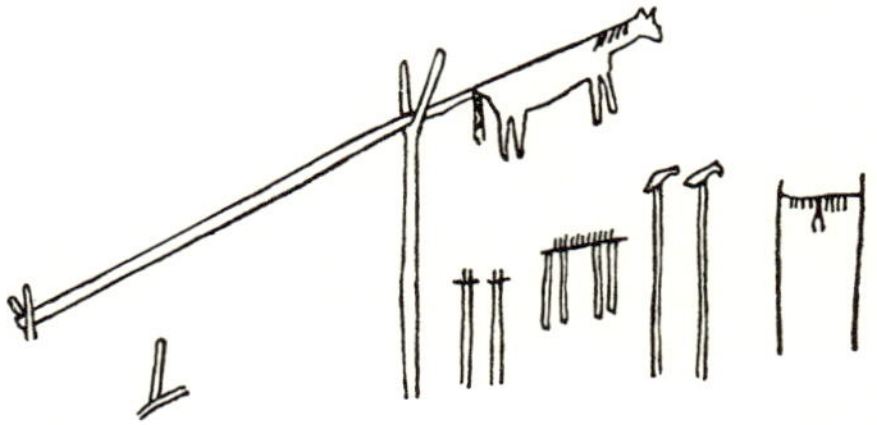

107図　アルタイ人のシャマン太鼓に描かれた供犠の様子。馬の剝いだ皮のほかにも、4脚の供物台、鳥像をつけた2本の樹、2本の棒にひもを渡して、垂れ飾りをつけたものなどが見られる。アノーヒンによる

他のテュルク系諸民族にも共通であった、ひもを張り渡すこの習慣が、もとから供物の約束を意味したかどうかは明言しにくい。アルタイ地方では、家の中まで木偶《でく》の傍らにひもを渡して、九本の飾りひも、あるいは布切れが垂らしてあるのが見られ、真ん中のは一匹の動物の姿に作ってあるか、そのかわりに兎の毛皮がとりつけてある。すなわち、動物のいけにえを約束するとき、最初はまず一個の像か、あるいは何か小ぶりの動物ですまされることは注目すべきである。これまで述べて来た多くの例から、毛皮・飾りひも、その他垂れ飾りをつけたこのひもは、本来の供犠祭にも用いられていること、また、たとえば

ブリヤート人における兎の毛皮は、この際にもまた特別の役割を演じていることが明らかになる。(5) さらに、ラドロフがテレウートの供物儀礼について書いていることは留意しておかねばならない。「カムの説明によれば、かれらは木偶はもっていないが、各戸の上座には神に名誉の席があてがってある。こう言ってかれは、各戸に何本か白樺の樹が立ててあって、それに兎の毛皮がかけてあるのを示した。この兎の毛皮は、腐りが来るまではとり除いてはならない。そのときには新しいのを（しかも冬の毛皮を）新しい白樺の幹にかけてやる。一年に二度、春と秋に、毛皮に乳をふりかけてやることによって、大地と天の父（ユルゲン ülgön）に供物をする(6)」。

馬を供える約束として、あるいは特に旅先ではその代用として、たてがみからむしりとった毛、ときには馬の尻尾もまた用いられる。

アルタイ系諸民族は屠り供犠のほかにも、諸霊や神々に生きた家畜を供えることがあって、この習慣は、サモエドおよびシベリアのウゴール系諸族も知っている。たとえばマークの報告によれば、ヤクートは諸霊にトナカイや馬やその他の動物を供えるが、これらはかなりの年まで生き続け、絹の布かビーズ玉で飾った綱がつけてあるので、供えられた動物であるとわかる。(7) ゲオルギーによれば、ツングースは家畜の繁殖を願い、シャマンを介して、神々に家畜を供える。聖別された動物（ホングン hongun）は、ここではそのたてがみと耳に赤い布切れを結んで目じるしとする。ツングースは、猛獣や霜害のために家畜が被害をこうむった場合、このようにして全家畜を一か月、あるいはそれ以上、ときには二年間も聖別しておき、その間家畜を屠ったり贈ったり売ったりしてはならないと、ゲオルギーは述べている。[8] ブリヤートは馬を聖別するとき、背中に乳かクミスをそそぐ。かれらは諸霊に牡牛を供えることがある。ハンガロフは、ブリヤート人はこうした場合、供物の牡牛を洗ってやって飾りひもをつけ、その背にタラスンをふりかけ、祈願文を読み上げたうえで放つと述べている。[9]

この聖別された動物を、あとで屠るという例もある。パラスによれば、カルムクは、頭の黄色い白い牡羊を《天の牡羊》（テンゲリン・テヘ tengerin tekhe）と称して、去勢もせず売りもせずに羊群の中にとどめておくが、年をとると殺してもよい。肉は食べ、骨と脂は焼いて、頭と毛皮は樹にかけておく。同時にかわりの新しい牡羊を聖別する。[10]

パラスが報告しているこの例は、供犠の目的でとっておく《刈り込まぬ羊》を、すでに仔羊のときから選んでおくという古代フィン人の風習を思わせる。きわめて分布の広い慣習によれば、供犠用の動物は、健康で役畜用にもたね用にも用いたことのない動物でなければならない。北東アルタイのテュルク族（クマンディン）の場合、今日でも、供物用に選ばれた動物は若くて、人を乗せたことがないものでなければならない。[11] しかし供物の動物を殺さないで生かしたままにしておくことが、この風習に由来するものかどうかは明らかでない。この問題を論ずるにあたって注意すべきは、供物の家畜は諸霊に用だててあてがうとき初めて聖別されること、またその場合いけにえを屠るときと同じ儀式が守られるということである。この種の共通の習慣には、適性吟味・動物の浄《きよ》め・飾りひもでの装飾などがある。

その供物の家畜が受けとられたかどうかを調べるため、ブリヤート人は盃《さかずき》を動物の背に載せ、それが地面に落ちるときの位置を見る。盃が地面に伏さって落ちるときは、神の気に入って受けとられたしるしである。イラン人も行なう、盃やスプーンを投げることは、シベリアでも供犠儀礼と結びついている。[12] 犠牲動物の背に乳やクミスをそそぐことは、供物が気に入られたかどうかを調べるヴォルガ地方で知られている習慣に似ていて、そこでは水をそそいで、動物がぶるっと身ぶるいすれば、よしとするのである。[13] 少なくとも黄ウイグルについても同じように報告されており、犠牲の羊の背に《白い水》(アク・ス ak su)、すなわち水で割った乳をふりかけて、動物がぶるっと身ぶるいすれば、それは神に受領されたしるしと見なす。[14] チベットのタングートもまた、犠牲動物の適性をこのようにして調べる。[15] さらにシナ語からの借用語で、マンシュー語に現われる、犠牲用の豚の耳に火酒あるいは水をそそぎ込むことを意味する語は、同様の習慣がここにも知られていることを示している。[16] そのほか、古代諸民族もすでにこの習慣を知っていた。

アルタイ系諸民族の供犠儀式を観察すると、そのさまざまな差異は地域的な原因によるだけではなく、どのような霊体に供物をするかということにかかっている。特に火に捧げる供物は他のものとは異なっている。最も顕著な対照をなしているのは、死霊と天神に対する儀式であって、その差異は極北諸民族の場合にすら確かめることができる。たとえば、トゥルハンスク地方のツングースが私に説明してくれたところによれば、シャマンは病人の治療に必要な供物を供えるとき、次のことに留意する。夜間にしかもその顔を西に向けて行なうこと。犠牲動物は黒いトナカイであること。その皮は針葉樹にかけ、骨は天幕の後ろの地中に埋めることである。ブリヤート人もまた、夜中に、死の国の諸霊に黒い犠牲動物を捧げ、その骨は焼かないのが普通である。[17] アルタイ・タタールもまた、シャマンして病人が健康になれば同じようにする。[18]

一方天神には、白い犠牲動物を屠るか聖別する。トゥルハンスク地方のツングースの場合、天神への供物はまれであり、毎年行なわれることは決してなく、常に日中、東もしくは南に向かって行なう。ここでの最もありふれた犠牲動物は白いトナカイであって、それを屠るのは家長である。毛皮は、柱に二本の横木をとりつけて、頭が柱の上に載り、足が横木で支えられるような具合に張る。この《十字架》（クレース kres）は地面に立てず、角材で組んだ台の上に載せるのが普通である。この儀式にはシャマンは参加しない。日中、東に向かって白いいけにえを供えて天神を祀る習わしは、シベリアのその他の地方にも、またサモエドにさえも見られる。

ある地方では、供犠の樹は闊葉樹、多くは白樺を用いるよう心がける。ヴェルビツキーはアルタイ人の供犠儀式を叙述して、ユルゲンには、あまりしげしげ供物をしなくてもよいので、まれにしか行なわないと述べている。すべての成人は結婚したとき供物（イーク iik）をしなければならない。そのため、神が特に値打ちものと考えてくれる白馬を選ぶ。ユルゲンに一頭の馬を約束するとき、この馬は独得の栄誉を受ける。たてがみには赤い飾りひもをつけ、女たちはこの馬に乗ることを避ける。供物をする季節は主に春で、その場所は白樺の森の中である。[19]

ベルチルは三年ごとに《天への供物》を行ない、そのとき各々の家族は火酒を用意し、供物の宴には多数の羊を用意する。供物用の羊としては、頭だけ黒い白羊が最良とされる。男たちは供犠を行なう山へ行くとき、頭巾には鷲の羽の束と、白や青の垂れひもを飾る。山稜には四本の神聖な白樺があって、その東側で火を燃やす。供物の羊を屠って肉を煮ると、頭巾の飾りをとりはずして、一本のひ

108図　牡牛を殺すミトラ。その上に７本の遊星樹と７つの祭壇が見える。キュモンによる

もにとりつけ、ひもの端は一番東側の白樺に結びつけ、もう一端は、主催者が手にもって祈禱文を読む。その後、ひもは東から西へと全部の白樺に巻きつけながら、一番西のはずれの白樺に端が来るようにしてもってくる。ベルチルは供物の肉を焼くとき、その煙が太陽に向かって立ちのぼれば、よい前ぶれだと言う。骨は壊してはならず、最後に皮と一緒に焼く[20]。

《世界柱》の傍ら、あるいは一列に立ち並んでいる樹の傍らで天神に供える供物については、すでに述べておいた。天の七層あるいは九層を貫いて供物をもって行くことを目的とする、こうした儀式は、もちろんその数だけの層と、そこに住んでいる番人を前提としている。この儀式そのものは、それぞれ、別々に供物を供えてやらねばならないこうした番人と同様、それほど古い起源のものではない。おもしろいことに、ミトラ信者の古い寺院の絵の中には、天の七層に対応する樹と、七つの《祭壇》が見えるのである（108図）。

例年の供犠祭の日どりは、アルタイ諸民族の場合、その生業によって決まっているように見える。ゲオルギーは、森林ツングースには定期の祭はないと書いている[21]。しかし事実はそうではない。少なくともトゥルハンスク地方のツングースから聞いたところでは、猟期とともに《新年》が始まる秋に、諸霊に対してご馳走を供えるという。ゴルドもまた、秋にその年の供犠祭を行なう。ロパーチンは、ゴルドは二年に一度、アムール河が凍結するときに集まって、一族の大祭を行なうと述べている。集会の場所は、通常、最も住民の多い村落とか、一族の長老あるいはシャマンが住んでいるところが選ばれる。祭日は共同の決定にもとづいて行なわれる。すでに祭に先立って、シャマンはシャマンすることによって、一族の諸霊の好意をとりつけておき、翌日になって初めて、《氏族の樹》のところへ行く。年祭は必ずこの樹のもとで行なわれ、その根もとには、一族の守護霊の像が立ててある。シャマンはしばらく誦唱して踊ると、参会者はひざまずき、シャマンが、供物は諸霊によって受け入れられたと告げるまで、そのままにしている。それから老人のうちの誰かが、それまで樹の傍らに足を縛って置いてあった豚を屠る。シャマンは豚の血を偶像にふりかけて、自分もそれを飲む。次いでシャマンは、一同がひざまずいている間に族霊に翌年の願望を述べ、それから後、偶像は納屋とか住居の土間へもどして、次の秋の祭まで待たせておく。供物の豚の肉は、最も広い家の中で食べて、それに火酒を飲む。口をつける前に、まず親指にちょっとつけて、はじいて諸霊に捧げる。他の場合にも決して供物の宴に加わらない女たちは、ゴルドの考え方によれば、供物の豚の肉を口にしてはならない(22)。

ゲオルギーは、森林ツングースには、期日を定めた祭日はないと主張しながらも、馬飼いツングースは《最初の草と最初の乳》の季節である春にこうした祭日があって、そのときには動物を一頭と、最初の乳を供えると指摘している(23)。この習慣は大部分のアルタイ系遊牧民にも共通していて、それに関してはすでに古い報告がある。たとえば匈奴《きょうど》王朝時代の資料は、匈奴族は毎年第五月（シナ暦の）

に集まって、《祖先・天・地・諸霊》に供物をしたと述べている。(24) 五月に行なわれる祭については、ルブルクもまた、その有名な旅行記の中で述べている。「五月九日、かれらはその家畜の中から、すべての白い牝牛を集めて聖別する。それから新鮮なクミス（コスモス［ルブルクはこう記した］）を大地にそそぎ、この日に大祭を行なう。というのは我々の国（フランス）の各地で、サン・バルトロミあるいはサン・シクストの日に、ぶどう酒を飲み、サン・ジャックやクリストフの日に野の果実を食べるのを習わしとするように、かれらはこの日に新鮮なクミスを飲むのがふさわしいと考えているからである(25)」。

この古くからある春の祭は、ヤクートの場合、今日の居住地帯へ移った後もまだ行なわれている。天神を祀るのはこれが唯一のものであり、豊饒を祈ってクミスを供えるのだと、トロシチャンスキーは指摘している。天神には血のいけにえを行なうことをせず、家畜を聖別し、これはその日から特に目をかけて手入れされる。以前は牝牛と仔牛の全畜群を聖別してはるか東に向けて遠くへ放った。(26)

ヤクートの春の祭に関しては、いろいろな面からの報告がある。すでにシュトラーレンベルクはこう書いている。「あたりが緑になるとただちに、各氏族は、立派な樹が一本生えている場所へ集まる（かれらは春から新年を始めるからだ）。そこでかれらは馬や牛をいけにえにし、皮をつけた馬の頭を樹のまわりにとめる。それからクミスと称する飲み物をもって車座になり、飲むときは、コップを手にもって高くかかげ、たがいにまわして、今度ははけをとってクミスに浸《ひた》し、空中にふりまき、さらに燃やしておいた火の中へ入れる」。一八二三年の記録が伝えるところによれば、春、牝牛が乳を出し、乳からクミスを製すると、ヤクートはこの供物酒を火中にそそいで、ユルン・アユー、ユルン・

アール、キュン・キュベイ・ホトゥン kün kübäi khotun、エイェクシト äjäksit といったような神々に捧げる。儀式は酒宴へと移って行き、すべての参会者がこれに加わる。(27)

マークはミッデンドルフと同様、このヤクートの祭を《ふりまき》(ウシヤハ ysyah) と称し、精霊降臨祭の頃、野天で行なうと書いている。歌謡から見るところ、これは家畜に必要な、液汁に富んだ牧草の生長に対する喜びの表現であり、また樹々に葉が出てきたことの喜びの表現でもある。祭場は小さな柱を並べて区切り、白樺で飾ってある。その傍らで客人らは拡げたむしろの上に、あちこちにかたまって坐る。クミスは白樺樹皮で作った容器や革袋の中に入れてあり、このような機会にはたっぷりとふるまわれる。酒宴は正午に始まり、そのとき、特にこのために選ばれた役員が、手に盃をもって、東に向かって火の傍らに座を占める。めいめいはまず何度も盃を高くかかげて、火の中にクミスをそそいで天神アール・トヨンとその妃キュベイ・ホトゥンに捧げ、さらに下位の諸霊や、故人となったシャマンに捧げる。それから、一同の中の年輩の一人か、あるいは宴会のあるじが祈禱文を読み上げて神々に感謝し、さらに今後の幸運と祝福を乞う。祈禱文は三度ウルイ urui と唱えて終わり、他の者もまた大きな声でこれに唱和する。まず神々に供えた後、初めて参会者は盃に口をつけるのである。(28)

もう一つの地方の習慣を描写したプリクロンスキーが伝えるところによると、祭の客人は、当日、はやばやと日の出を期して集まり、九人の若者が前に並び、手に盃をもち、左膝を折って坐る。供物祭司は、盃をとって、順々に柄杓《ひしゃく》で酒をそそぎ、それを天の九人の神々のためにふりまく。(29)

場所によっては、ヤクートは春の祝宴のために特別の天幕を張り、その壁面と地面は緑の白樺の枝

109図　ブリヤートの供犠場。
B. E. ペトリ撮影

で飾る。ここで、酒宴が始まるに先立って、天幕の中央に設けられたかまどの中に、神々に対する供物の酒をそそぐ。[30] ヤクートのこの春の祭には、さらに、種々の競技・相撲・競走・競馬がつきものである。最も興味ある習慣は、冬と夏を表わす人物の登場である。両人が相撲するとき、前者は黒か茶色の、後者は白の服を着る。競走が始まると、走者らは着衣を脱ぐが、前者は黒い皮膚で、後者は白い皮膚であるようにしておかねばならない。競馬のときは馬もまたそれぞれ、この色に合わせねばならない。[31] よく知られているように、ヨーロッパの各地においても、冬と夏がたがいに争う、このような春の競技が伝わっている。

馬牧養民の好物であるクミスが、きわめて中心的な役割を果たした同様の春の祭典は、モンゴル人・カルムク人・ブリヤート人の祝うところでもあった。バンザロフによれば、モンゴル人は牝馬たちを一か所に集めて、二本の柱の間に張った縄につないでから、参会者の一人が一頭の牝馬に乗り、もう一人は仔馬に乗る。この方は馬群のまわりを走り、前者はクミスの容器を手にもって、馬の背に一頭ずつふりそそいでやる。聖別された馬のたてがみには、さらに赤い布きれが結びつけられる。[32]

ブリヤート人の場合は、それぞれ家族ごとに集まって供犠を行なう山に乳とクミスといけにえの動物を連れて来る習わしがある。供物僧は、白樺の棒の上につけた樹脂科植物の皮に火を点じ、それを一つ一つの盃に入れて聖別する。次いで供物僧は、そこに設けた祭壇の傍らに立ち、南に向かって祈禱文を読み上げ、次いで、それぞれの家族の代表が右手にタラスンの、左手には乳の容器をもって供物僧のところまでやって来ると、かれは再び、先に述べた棒をその中に浸して、その棒でタラスンや乳を南に向かってふりまく。それがすむと、僧は棒を天に向けてかかげ、他の者は椀を空中に投げて、「幸あれ」と唱える。椀が地に落ちると、その位置を調べて、底が地面について立っていれば吉で、伏さっていれば凶となる。これを三度繰り返す。供物の饗宴《きょうえん》の後、相撲と競馬が続くが、これは他地方でもまた、こうした儀式にはつきものである。競馬で勝った者は、馬のたてがみにも、タラスンをそそぎかけねばならない。一同酔いがまわって、最後に歌をうたい上機嫌になる。ブリヤート人は、乾期の後に雨を迎えた祭では、さらに一層はめをはずす。(33)

同様な春の祭典は、さらにアバカンおよびアルタイ地方にも見られる。アバカン地方では六月に催され、村々ではそれぞれ異なる日に住民が祭場へ集まる。各家長は宴会のために多量のクミスを用意するのが常である。神々へはクミスのほか、動物に飾りひもをつけて、これを屠る。ここでもまた、春の祭典は酒宴と歌唱と踊り、それに相撲と競馬をもって終わるとラドロフは述べている。(34)

同じ地方で、サガイが行なう六月の祭を記述しているカターノフは、かれらがある高い山の上に集まって、びっしりと枝のついた一本の白樺をその上に立てて、その下に四本足の台を置く。白樺の枝々には、帽子につけたのと同じような白と青の飾りひもをつける。いけにえは一頭の白豚で、それに乳をふりかけ、屠るに先立って白樺の樹のまわりを三度引きまわす。その祈禱文においては、供物僧は天神および、山と河川の諸霊に向かって祈る(35)。

こうした牧人の古い春の祭は、中央アジアのイラン人の場合もそうであるように、同時に新年の祝いでもあったらしい。前に述べたように、キルギス人は春の最初の雷をもって一年の始まりを起算する。

アルタイ地方のテレウートは、七月二十日を待って初めて祭を催し、三頭の馬あるいは牛を「野良で」屠るとシャシコフは報告している。だが、この場合にはすでに農耕文化の影響が認められる。ロシアのエリアの日の祭日さえもまた外来のものであるように思われる(36)。

定期の供物をやはり一年に一度しか行なわないレベジ・タタールは、ヒルデーンの報告によれば、夏至の次の満月の日に行なう。それぞれの村落は、別々に祭を行なうが、時は同じくする。祭場としては、葉の茂った若い白樺が生えていて、できれば山の東側の斜面になったところが最適と考えられている。いけにえとしてはもっぱら馬が用いられ、饗宴の後、その骨は白樺の枝で編んだ籠の中に集め、この供物の白樺樹の枝に吊るす。ここでもまた供物僧の助手として七人の男衆がつき添う。報告者の案内人は、この祭は「穀物が熟すように」と行なうのであると説明した。だが、レベジ・タタールが、農耕を始めるようになったのはかなり最近のことであるということをつけ加えておかねばならない(37)。

農耕文化の普及とともに各地でその数を増している、こうした明るい季節に行なわれる祭は、ふつう天神のためのものである。白いいけにえ動物、東と南へ向かっての跪拝《きはい》、白樺が供物樹として不可欠であることなどもまたこのことを証明している。ヴォルガ地域に移住し、そこで農耕民となったチュワシとタタールの供犠祭は、それを催す時季の点でも、その儀式から見ても、現地のフィン系諸族の祝祭に酷似している。

原注

第十六章　供養祭

（1）Третьяков, 169.
（2）Маак, Вил. округ, III, 1, 98.
（3）Майнагашев, Загробн. жизнь, 283; 参照 Radloff, Aus Sib., I, 379-380.
（4）Katanov, Über die Bestatt., 109-111.
（5）Katanov, Über die Bestatt., 113, 227.
（6）Анохин, Душа, 265-266.
（7）Анохин, Душа, 260.
（8）Анохин, Душа, 262-263; 参照 Анохин, Материалы, 20-21.
（9）Radloff, Aus Sib., II, 52-55.
（10）Radloff, II, 55.
（11）Вербицкий, 73, 103 注 ; Анохин, Материалы, 21.
（12）Потанин, Очерки, II, 87.
（13）Тимряшев, 271; Магницкий, 168ff.
（14）Тимряшев, 271-273; Магницкий, 179ff.; Руденко, 83-88.
（15）Коблов, Рел. обряды, 43-44.
（16）Katanov, Über die Bestatt., 233, 283-284.
（17）Katanov, 277-281.
（18）Katanov, 278-279, 283-284; Radloff, Aus Sib., I, 487-489.
（19）Bleichsteiner, 417ff.
（20）Katanov, Über die Bestatt., 283-284.
（21）Pallas, Sammlungen, II, 291-296.
（22）Гулбин, 206.
（23）Гулбин, 206.
（24）Потанин, Очерки, IV, 37.
（25）Шимкевич, 21ff.; 37-38; Лопатин, 291ff.
（26）Лопатин, 294.
（27）Лопатин, 294ff.; Шимкевич, 22ff.

（28） Лопатин, 309ff.
（29） Шимкевич, 18.
（30） Шимкевич, 18; 参照 Лопатин, 284-285.
（31） Лопатин, 318ff.
（32） Лопатин, 304.
（33） Patkanov, Die Irtysch-Ostjaken, I, 145.
（34） Потанин, Очерки IV, 699.
（35） Приклонский, Три года（ЖСт 1891）, 64-65.
（36） Припузов, Сведения, 60.
（37） Банзаров, 30-31.
（38） Богораз, Очерк, 51.
（39） Radloff, Aus Sib., I, 486.
（40） Bleichsteiner, 438, 参照 444, 458, 460f., 474.

第十七章　死者の世界

（1） Потанин, Очерки IV, 133-134; Анохин, Душа, 267.
（2） Майнагашев, Загробн. жизнь, 284.
（3） Агапитов и Хангалов, 60.
（4） Marco Polo, 132.
（5） Анохин, Душа, 267.
（6） Bleichsteiner, 450-451.
（7） Агапитов и Хангалов, 60.
（8） Шимкевич, 15ff.
（9） Лопатин, 283ff.
（10） Трощанский, Эволюция, 65.
（11） Припузов, Сведения, 64.
（12） Трощанский, 63, 68; Серошевский, 663.
（13） Иохельсон, Брод. роды, 185.
（14） Анохин, Душа, 267; Материалы, 20.
（15） Шренк, Об инор., III, 2, 132.
（16） Katanov, Über die Bestatt., 107-108.
（17） Aspelin, Suomal.-ugril. muinaistutkinnon alkeita, 108.
（18） Худяков, カザン博物館記念論文集 1922, 99; 参照 Holmberg, Vänster hand och motsols, 23ff.
（19） Katanov, 230.
（20） Katanov, 279.
（21） Katanov, 108.
（22） Holmberg, Vänster hand, 33ff.
（23） Radloff, Aus Sib., II, 3.
（24） Karjalainen, 339.
（25） Третьяков, 203-204.

(26) Анучин, Очерк, 12.
(27) Katanov, Über die Bestatt., 226, 229–230.
(28) Анохин, Материалы, 1–4, 19; 参照 Radloff, Aus Sib., II, 10.
(29) Анохин, Материалы, 4.
(30) Karjalainen, FFC No: 44, 318.
(31) Анохин, Материалы, 4–7.
(32) Анохин, 2–4, 7–8, 19.
(33) Анохин, 8–9.
(34) Radloff, Aus Sib., II, 10.
(35) Майнагашев, Загробн. жизнь, 291; Хангалов, Нов. матер. 47–51; Сказ. бурят, 145.
(36) Потанин, Очерк, IV, 71; ТТОИС III, 99.
(37) Grünwedel, 62.
(38) Трощанский, 68–69, 86; Пекарский, 辞典 150.
(39) Приклонский, Три года (ЖСт 1891), 61.
(40) Поярков, Из области, 35.
(41) Лопатин, 285.
(42) Сиб. Вестник IXX, 33.
(43) Radloff, Aus Sib., II, 12.
(44) Бур. сказки, 29ff.
(45) Castrén, Nord. resor, III, 149ff.＝Nord. Reisen, III, 147ff.
(46) Веселовский, Разыскания, V, 162–163; Bleichsteiner, 423f.
(47) Radloff, Aus Sib., II, 12.
(48) Пекарский, Материалы, 677.
(49) Приклонский, Три года (ЖСт 1890), 29.
(50) Васильев, Изображения, 276.
(51) Агапитов и Хангалов, 55; Подгорбунский, 27.
(52) Stading, 19–20, 25.
(53) Ивановский, Монг.-торгоуты, 24.
(54) Holmberg, Die Religion der Tscheremissen (FFC No: 61), 14注。
(55) Strahlenberg, 76注。
(56) Karjalainen, FFC No: 41, 190.
(57) Stadling, 26; Шренк, Об инор., III, 2, 130–131; Alexander, North American Mythology, 249, 274.
(58) Karjalainen, FFC No: 41, 189.
(59) Karjaleinen, FFC No: 41, 190; 参照 Holmberg, Taivas-tuonela, 129–136.

第十八章　死者と生者の関係

（1） Castrén, Nord. resor, 189＝Nord. Reisen, III, 186.
（2） Radloff, Aus Sib., I, 351.
（3） Radloff, I, 362.
（4） Майнагашев, Загробн. жизнь, 278.
（5） Анохин, Душа, 261-262.
（6） Майнагашев, Загробн. жизнь, 291; Katanov, Über die Bestatt., 113.
（7） Анохин, Душа, 262.
（8） Майнагашев, Загробн. жизнь, 285; Анохин, Душа, 262.
（9） Анохин, Душа, 263-265.
（10） Анохин, 265.
（11） Анохин, Материалы, 6, 21.
（12） Анохин, 21-22, 27.
（13） Анохин, 23-24.
（14） Анохин, 24-25, 28; 参照 Вербицкий, 12.
（15） Малов, Несколько слов, 41.
（16） Трощанский, 81, 85; Виташевский, 36; Приклонский, Три года（ЖСт 1891）, 59, 62.
（17） Трощанский, 82, 85-86; Серошевский, 622-623.
（18） Приклонский, Три года（ЖСт 1891）, 70-73.
（19） Серошевский, 622.
（20） Приклонский, 70-72.
（21） Серошевский, 619.
（22） Трощанский, 97.
（23） Щукии, 276.
（24） Припузов, Свеления, 60-61.
（25） Банзаров, 6, 30ff.
（26） Ruysbroeck, 191.
（27） Ruysbroeck, 144-145, 参照 240.
（28） Georgi, Bemerkungen, I, 313-314; 参照 Шашков, 77-78.
（29） Pallas, Sammlungen, II, 347.
（30） Затопляев, Некот. повер, 9.
（31） Агапитов и Хангалов, 27ff.
（32） Хангалов, Нов. матер., 第11図°
（33） Агапитов и Хангалов, 28, 参照 Сказ. бурят, 125; Хангалов, Нов. матер., 74f.
（34） Агапитов и Хангалов, 32; Georgi, Bemerkungen, I, 314.

（35） Ruysbroeck, 144.
（36） Georgi, Bemerkungen, I, 314.
（37） Агапитов и Хангалов, 27f.; Хангалов, Нов. матер., 71f.
（38） Хангалов, Нов. матер., 83f.
（39） Georgi, Bemerkungen, I, 322; Olsen, 139.
（40） Затопляев, Некот. повер., 3; Батаров, Бур. пов., 10, 14; Петри, Стар. вера, 37.
（41） Батаров, Бур. пов., 13.
（42） Батаров, 10, 14; Агапитов и Хангалов, 24–25; Петри, Стар. вера, 35ff.
（43） Банзаров, 30; Шашков, 57; Хангалов, Нов. матер., 52; Агапитов и Хангалов, 26.
（44） Батаров, 10f.; Агапитов и Хангалов, 61; Петри, Стар. вера, 39–40.
（45） Батаров, 13; Приклонский, Три года（ЖСт 1890）, 185; Богораз, Очерк, 52.
（46） Широкогоров, Опыт, 20, 22ff.; Лопатин, 211ff., 225.
（47） Gmelin, II, 214.
（48） Georgi, Bemerkungen, I, 278–279, 参照 Рычков, XXV, 130.
（49） Пекарский и Цветков, Очерки, 115.
（50） Широкогоров, Опыт, 23ff.; Шимкевич, 39ff.
（51） Georgi, Bemerkungen, I, 278; 参照 Рычков, XXV, 130.
（52） Широкогоров, Опыт, 29; Лопатин, 213.
（53） Широкогоров, 27.
（54） Лопатин, 212.
（55） Лопатин, 214–215.
（56） Широкогоров, Опыт, 17–18.
（57） Широкогоров, Опыт, 16; Лопатин, 217.
（58） Лопатин, 211–212, 219–220.
（59） Лопатин, 273–274.
（60） Широкогоров, Опыт, 16–17; Лопатин, 218.
（61） Лопатин, 220.

第十九章　自然の主たち

（1） Jochelson, The Koryak, 119; Bogoras, The Chukchee, 285; Stadling, 12.
（2） Максимов 569–573; Коблов, Мифология, 6–8.
（3） Максимов, 573–575; Коблов, 8–9.
（4） Припузов, Материалы, 36; Ионов, Дух-хозяин, 22–

23.

（5） Маак, Вил. округ, III, 1, 111.

（6） Приклонский, Три года（ЖСт 1890）, 170.

（7） ЖСт 1890, 170.

（8） Агапитов и Хангалов, 24–25.

（9） Широкогоров, Опыт, 19.

（10） Лопатин, 222–223, 参照 Шимкевич, 56.

（11） Olsen, 138.

（12） Петри, Пром. карагас, 43.

（13） Серошевский, 669–670.

（14） Петри, Пром. карагас, 43; Агапитов и Хангалов, 20.

（15） Петри, 42.

（16） Банзаров, 21.

（17） Сказ. бурят, 84.

（18） Зеленин, Табу слов, I, 64–65.

（19） Ионов, Дух-хозяин, 5; Припузов, Матер., 40.

（20） Lehtisalo, Entwurf, 20.

（21） Зеленин, Табу слов, I, 67.

（22） Петри, Пром. карагас, 43; 参照 Катанов, Поездка, 145.

（23） Серошевский, 673; Ионов, Дух-хозяин, 7.

（24） Трощанский, Эволюция, 169; Припузов, Свеления, 63; Пекарский, Матер., 676.

（25） Широкогоров. Опыт, 15 および Versuch, 51.

（26） Ионов, 21ff.

（27） Виташевский, 37ff.; 参照 Приклонский, Три года（ЖСт 1891）, 60.

（28） Ионов, Дух-хозяин, 3.

（29） Ионов, 16.

（30） Васильев, Осн. черты, 19.

（31） Шимкевич, 43ff.; Лопатин, 224–225.

（32） Виташевский, 38; Ионов, 5; Широкогоров. Опыт, 15.

（33） Шашков, 56.

（34） Иохельсон, Брод. роды, 185.

（35） Gmelin, II, 214.

（36） Трощанский, Эволюция, 54, 39.

（37） Маак, Вил. округ, III,107; 参照 Трощанский, 4.

（38） Маак, III, 107 注、参照 Shirokogorov, Versuch, 56.

（39） Olsen, 141.

（40） Radloff, Aus Sib., II, 15; 参照 Hildén, 129.

（41） Майнагашев, Жертвоприн, 102 注。

(42) Кагаров, Монг. «обо». 115.
(43) Кагаров, 115.
(44) Банзаров, 18.
(45) KSz IX, 3, 197; Кагаров, 116.
(46) Зеленин, Очерки русской мифологии I, 29f.
(47) Holzmayer, Osiliana, 73.
(48) たとえば B. Eitrem, Opferritus u. Voropfer der Griechen u. Römer, Vidensk. Selsk. Skr. Hist-filos. kl. 1914, Kristiania 1915.
(49) Трощанский, 54-55; 参照 Маак, Вил. округ, III, 112.
(50) Максимов, 607-609; Коблов, Мифология, 11-15.
(51) 参照 Holmberg, Die Religion der Tschermissen (FFC No: 61), 55-56.
(52) Коблов, Мифология, 18-21.
(53) Поярков, 41f.
(54) Mészáros, Osm.-türk. Volksgl., 55.
(55) Магницкий, 247.
(56) Mészáros, Osm.-türk. Volksgl., 56.
(57) Банзаров, 30.
(58) Петри, Пром. карагас, 62-63.
(59) Шашков, 56-57; 参照 Агапитов и Хангалов, 13.
(60) Серошевский, 670; Трощанский, 180; Приклонский, Три года (ЖСт 1891), 62.
(61) Трощанский, 178.
(62) Серошевский, 670; Приклонский, Три года (ЖСт 1891), 60.
(63) Припузов, Сведения, 62.
(64) Лопатин, 231-232.
(65) Лопатин, 223; 参照 Шимкевич, 51-52.
(66) Лопатин, 223-224; Шимкевич, 51-52.
(67) Затопляев, 4f.; Шашков, 27.
(68) Radloff, Aus Sib., II, 7.
(69) Потанин, Очерки, IV, 186.
(70) Горохов, Материалы, 39; Middendorff, IV, 2, 1602.
(71) Сказ. бурят, 85.
(72) Трощанский, Эволюция, 53.
(73) Припузов, Сведения, 62.
(74) Хангалов, Нов. матер., 4, 73-74, 145-146; Агапитов и Хангалов, 8-9.
(75) Христианский, Восток, V, 3, 169ff.
(76) Горохов, Материалы, 39; 参照 Серошевский, 651.
(77) Трощанский, 26-27, 52.

（78）　Широкогоров, Опыт, 16.

第二十章　狩猟儀礼

（1）　Лопатин, 206.
（2）　Серошевский, 658.
（3）　Зеленин, Табу слов, I, 18-19.
（4）　Dyrenkova, Bear worship, 414.
（5）　Ионов, Медведь, 52.
（6）　Зеленин, I, 107-110; Добромыслов, 82.
（7）　Богораз, Ламуты, 65.
（8）　Маак, Вил. округ, III, 108 注4。
（9）　Серошевский, 658.
（10）　Потапов, 17.
（11）　Dyrenkova, Bear worship, 425, 427; Потапов, 17; Ионов, Медведь, 51.
（12）　Шимкевич, 40ff.
（13）　Титов, 98.
（14）　Потапов, 18.
（15）　Dyrenkova, 430.
（16）　Кулаковский, 59; Dyrenkova, 430-431.
（17）　Потанин, Очерки, IV, 39; Dyrenkova, 431; Зеленин, I, 56; Middendorff, IV, 2, 1610; Третьяков, 272; Lehtisalo, Entwurf, 52.
（18）　Маак, Вил. округ, III, 108; Пекарский и Цветков, 113; Зеленин, I, 71; Каруновская, 28; Lehtisalo, 53.
（19）　Приклонский, Три года（ЖСт 1891）, 62f.
（20）　Karjalainen, FFC No: 63, 13 注。
（21）　Drake, Sigrid, Västerbottenslapparna, Lapparna och deras land VII, 343.
（22）　Зеленин, I, 35.
（23）　Ионов, Дух-хозяин, 20, 18 注。
（24）　Лопатин, 205.
（25）　Зеленин, I, 52.
（26）　Кулаковский, 93; Зеленин, I, 52-53.
（27）　Потанин, Очерки II, 91.
（28）　Крашенинников, I, 217.
（29）　Sternberg, Die Religion der Giljaken, 268.
（30）　Шренк, Об инор., III, 82, 99; Зеленин, I, 53.
（31）　Fellman, I: Handl. och uppsatser I, 392; Holmberg, Lappalaisten uskonto, 43-44.
（32）　Patkanov, Die Irtysch-ostjaken I, 128; Karjalainen, FFC No: 63, 203.

(33) Frazer, The golden bough II, 406.
(34) Fjellström, Kort berättelse om lapp. björnafänge, 19: Holmberg, Lappal. uskonto, 46.
(35) 参照 Holmberg, Über die Jagdriten, 9-10.
(36) Ионов, Медведь, 57.
(37) 参照 Holmberg, Über die Jagdriten, 14-15.
(38) Ященко, Несколько слов о русской Лапландии (ЭО XII), 31.
(39) 参照 Holmberg, Über die Jagdriten, 15-16; Зеленин, I, 32-33; Рычков, XXV, 111.
(40) Зеленин, I, 25-26, 29-31.
(41) Nalimov, Zur Frage nach den Beziehungen der Geschlechter bei den Syrjänen (JSFOu XXV, 4), 5, 11; Karjalainen, FFC No: 63, 196.
(42) Зеленин, I, 25-26.
(43) Пекарский и Цветков, 59.
(44) Титов, 95. 熊のご馳走を食べる際に顔を黒く塗る風習はツングースにもある（Рычков, XXV, 111）。
(45) Серошевский 659; Трощанский, 55; Зеленин, I, 15.
(46) Drake, Västerbottenslapparna, 331; Virittäjä 1914, 83; Sirelius, Suomen kansanomaista kulttuuria, I, 37f.
(47) Маак, Вил. округ, III, 109-110.
(48) Drake, 332.
(49) Зеленин, I, 42.
(50) Богораз, Ламуты, 65.
(51) Титов, 95; Зеленин, I, 41, 43; Karjalainen, FFC No: 63, 13, 207; 参照 Witsen, II, 635.
(52) Зеленин, I, 42.
(53) 参照 Holmberg, Über die Jagdriten, 23-24, Зеленин, I, 56-58.
(54) Гондатти, Следы языч. веровании у манзов, 71.
(55) Fjellström, Kort berättelse, 22.
(56) 参照 Holmberg, Über die Jagdriten, 23-24.
(57) Шренк, Об инор., III, 233; Dyrenkova, Bear worship, 419.
(58) Dyrenkova, 415-416; Потапов, 18-19.
(59) Зеленин, I, 56.
(60) Manninen, Suomensukuiset kansat, 292.
(61) Manninen, 292.
(62) Sirelius, Über das Jagdrecht bei einigen finnisch-ugrischen Völkern (MSFOu XXXV), 26-

27.

（63） 参照 Holmberg, Über die Jagdriten, 22.

（64） Потапов, 18-19.

（65） Потапов, 18.

（66） Holmberg, Lappal. usk., 45.

（67） Потапов, 20; Dyrenkova, Bear worship, 416-417.

（68） Ионов, Дух-хозяин, 19; 参照 Рычков, XXV, 112.

（69） Зеленин, I, 53.

（70） Зеленин, I, 52.

（71） Ионов, Дух-хозяин, 5.

（72） Третьяков, 273; Dyrenkova, 416; Karjalainen, FFC No: 63, 18.

（73） Шренк, Об инор., III, 64.

（74） Кулаковский, 92-93.

（75） Крашенинников, I, 266f.

（76） Харузин, Русские лопари, 204.

（77） Dyrenkova, Bear worship, 421.

（78） Богораз, Ламуты, 65.

（79） Маак, Путешествие, 50.

（80） Потанин, Эркэ, 6 注。

（81） Dyrenkova, 417-418.

（82） Титов, 96; Добромыслов, 82; Рычков, XXV, 110ff.

（83） Karjalainen, FFC No: 63, 15.

（84） Karjalainen, FFC No: 63, 222.

（85） Patkanov, Die Irtysch-ostjaken, I, 129.

（86） 参照 Holmberg, Über die Jagdriten, 31-32.

（87） Леонтович, Природа, 56; Васильев, Осн. черты, 18-19.

（88） Васильев, 18.

（89） Потапов, 19.

（90） Рычков, XXV, 110; Holmberg, Über die Jagdriten, 33.

（91） Богораз, Ламуты, 65.

（92） Васильев, Осн. черты, 19.

（93） Лопатин, 205; Шренк, Об инор., III, 97.

（94） Пекарский и Цветков, 60, 113.

（95） Ионов, Медведь, 53; Кулаковский, 96.

（96） Holmberg, Lappal. usk., 50.

（97） Третьяков, 273.

（98） Серошевский, 658; Лопатин, 205.

（99） Graan, Relation（Archives der Traditions Populaires Suédoises VII, 2), 67 注；Drake, Västerbottenslapparna, 336.

(100) Добромыслов, 82.

(101) Титов, 96; 参照 Рычков, XXV, 112.

(102) Dyrenkova, Bear worship, 419–420; Потапов, 19–20; Серебряков, 35.

(103) Маак, Вил. округ, III, 108f. および Путешествие, 50.

(104) Lehtisalo, Entwurf, 51.

(105) Леонтович, 56f.

(106) Dyrenkova, Bear worship, 420.

(107) Lehtisalo, 51, 104–105.

(108) Маак, Вил. округ, III, 19.

(109) Пекарский и Цветков, 113.

(110) Ионов, Дух-хозяин, 20; Зеленин, I, 46; Петри, Пром. карагас, 45; Кулаковский, 93; Ястремский, 260; Пекарский и Цветков, 113; Middendorff, 2, 1610; Маак, Вил. округ, III, 109 注。

(111) Третьяков, 273.

(112) Зеленин, I, 25, 47, 75.

(113) Шренк, Об инор., III, 97.

(114) Иохельсон, Брод. роды, 181, Материалы, 110f; 参照 Strahlenberg, 381.

(115) Маак, Путешествие 97 および Вил. округ, III, 109.

(116) Fjellström, Kort berättelse, 29.

(117) Лопатин, 205.

(118) Wiklund, En nyfunnen skildring af lapparnas björnfest (MO VI), 37.

(119) Fellman, I., Afhandl. o. uppsatser, I, 392.

(120) Христианский, Восток, IV, 1, 107f.; 参照 v. Sydow, Tors färd till Utgård (Danske Studier 1910), 90.

(121) Karsten, Naturfolkens religion, 51–52.

(122) Потанин, Очерки, IV, 168; Серошевский, 660.

(123) Ионов, Медведь, 51–52; Серошевский, 660.

(124) Пекарский, Из як. старины, 499f.

(125) Шренк, Об инор., III, 715; 参照 Штернберг, Ант. культ, 185; Gahs, Kopf-, Schädel- und Langknochenopfer, 250.

(126) Stadling, 37.

(127) Серошевский, 657; Потанин, Очерки, II, 96.

(128) Karjalainen, FFC No: 63, 119.

(129) 参照 Holmberg, Über die Jagdriten, 50–51.

第二十一章　シャマン

(1) Банзаров, 34–35; Laufer, 105ff.; Donner, Über

soghdisch *nōm* »Gesetz», 6-8.
（2） Ruysbroeck, 171.
（3） Ruysbroeck, 258-259.
（4） Приклонский, Три года（ЖСт 1891）, 58.
（5） Трощанский, Эволюция, 118-119, 123.
（6） Nioradze, 54.
（7） Donner, Sip. samoj. kesk., 142.
（8） Вербицкий, 44.
（9） Radloff, Aus Sib., II, 16-17.
（10） Собольев, 83; 参照 Анохин, Душа, 268.
（11） Щукин, 277.
（12） Stadling, 63.
（13） Трощанский, 119-120.
（14） Агапитов и Хангалов, 44-45.
（15） Петри, Стар. вера, 50-51.
（16） Широкогоров, Опыт, 43-45.
（17） Вениамин, 128.
（18） Лопатин, 242.
（19） Широкогоров, Опыт, 42.
（20） Третьяков, 211.
（21） Анохин, Матер., 36; Дыренкова, Получение, 269.
（22） Петри, Стар. вера, 51.
（23） Серошевский, 625-627; Stadling, 105-106; Васильев, Шам. костюм, 6-7.
（24） Ионов, Примечания, 186.
（25） Щукин, 410.
（26） Анохин, Матер., 29-30.
（27） Анохин, 28.
（28） Лопатин, 316.
（29） Широкогоров, Опыт, 43-44.
（30） Широкогоров, Опыт, 38.
（31） Широкогоров, Опыт, 39, 42.
（32） Широкогоров, Опыт, 29.
（33） Лопатин, 247-248.
（34） Петри, Стар. вера, 52.
（35） Lehtisalo, Kertomus, 25-26; 参照 Шашков, 97; Банзаров, 42; Лопатин, 247.
（36） Агапитов и Хангалов, 41-42; Балдунников, Перв. шаман, 67-69.
（37） Шашков, 75-76.
（38） Трощанский, 55-56; 参照 Серошевский, 656-657; Штернберг, культ, 723.

(39) Ledebour, II, 24; 参照 Дыренкова, Род. Материалы по свадьбе и семейнородовому строю народов СССР, Ленинград 1926, 249.
(40) Сказ. бурят, 114-117, 参照 125-126; 参照 Eberhard, Typen Chines. Volksmärchen, FFC No: 120, 55f.; Holmström, Studier över Svanjungfrumotivet, Lund 1919.
(41) Strahlenberg, 378.
(42) Щукин, 276.
(43) Хангалов, Нов. матер., 74-75.
(44) Потанин, Очерки, IV, 23-24; 参照 Сказ. бурят, 81.
(45) Шашков, 75; Потанин, Очерки, IV, 24.
(46) Дыренкова, Род 249.
(47) Агапитов и Хангалов, 20; Сказ. бурят, 94ff., 144ff.; Mironov, 51ff.
(48) Alföldi, Die geistigen Grundlagen des hochasiatischen Tierstiles, Forschungen und Fortschritte 1931 No: 20.
(49) Банзаров, 9, 71; Radloff, Aus Sib., I, 129; Потанин, Очерки, II, 161.
(50) Лопатин, 207-208.
(51) Штернберг, Ант. культ, 167.
(52) Dyrenkova, Bear worship, 425, 参照 428.
(53) Steller, 117, 327-328.
(54) Хангалов, Предания, 21.
(55) Серошевский, 648.
(56) Хангалов, Нов. матер., 95.
(57) Затопляев, 9.
(58) Васильев, Изображения, 227-278.
(59) Серошевский, 626, 649.
(60) Анохин, Душа, 259.
(61) Lehtisalo, Entwurf, 159, 参照 148.
(62) Третьяков, 212.
(63) Lehtisalo, Entwurf, 141.
(64) Reuterskiöld, Källskrifter till lapparnas mytologi, 92.
(65) Reuterskiöld, 67.
(66) Лопатин, 199.
(67) Васильев, Изображения, 285ff.
(68) Штернберг, Культ орла, 733.
(69) Lehtisalo, Kertomus, 22-23.
(70) Hildén, 131.

（71）　Анохин, Матер., 33ff.
（72）　Трощанский, Эволюция, 111.
（73）　Припузов, Сведения, 64.
（74）　Lehtisalo, Kertomus, 22.
（75）　Агапитов и Хангалов, 46; Шашков, 82.
（76）　Stadling, 63.
（77）　Припузов, 65.
（78）　Широкогоров, Опыт, 45, 47.
（79）　Лопатин, 250ff.
（80）　Агапитов и Хангалов, 46.
（81）　Агапитов и Хангалов, 46ff.; 参照 Петри, Стар. вера, 56ff.
（82）　Потанин, Очерки, IV, 58ff.
（83）　Агапитов и Хангалов, 49-51.
（84）　Петри, Стар. вера, 66.
（85）　Hansen, 7-8.
（86）　Holmberg, Der Baum des Lebens, 141-142.
（87）　Штернберг, Культ орла, 735-736.
（88）　Анохин, Матер., 37-38.
（89）　Широкогоров, Опыт, 34.
（90）　Широкогоров, Опыт, 34.
（91）　Анохин, Матер., 36-37.
（92）　Stadling, 75.
（93）　Gmelin, II, 44; Серошевский, 645; Pallas, Merkwürdigkeiten, 241.
（94）　Hildén, 136.
（95）　Radloff, Aus Sib., II, 17.
（96）　Анохин, Матер., 33ff.; Потанин, Очерки, IV, 49ff.
（97）　Анохин, 39ff.
（98）　Lankenau, 279.
（99）　参照 Heikel, En sojot. schamankostym, Finskt Museum 1896.
（100）　Трощанский, 173ff., 187ff.; Nioradze, 60ff.
（101）　Васильев, Шам. костюм, 10f.; Пекарский и Васильев, Плащ и бубен, 102f.
（102）　Georgi, Bemerkungen, I, 280.
（103）　Gmelin, II, 193.
（104）　参照 Анучин, Очерк, 42ff.
（105）　Witsen, II, 663.
（106）　Мордвинов, 62.
（107）　Holmberg, The shaman costume, 14ff.
（108）　Трощанский, 136.

(109) Donner, Über die Jenissei-ostjaken, 15.
(110) Дыренкова, Получение, 273-274.
(111) Gmelin, II, 44-45, 83.
(112) Припузов, Сведения, 65.
(113) Широкогоров, Опыт, 33 および Versuch, 67ff.
(114) Pallas, Reise, III, 182; 参照 Потанин, Очерки, IV, 54.
(115) Pallas, Reise, III, 182.
(116) Лопатин, 259ff.; Шимкевич, 11-12.
(117) Широкогоров, Опыт, 32-35.
(118) Потанин, Очерки, IV, 28.
(119) Васильев, Шам. костюм, 42; Анучин, Очерк, 7-8.
(120) Шимкевич, 63.
(121) Потанин, Очерки, IV, 54.
(122) Nioradze, 77.
(123) Radloff, Aus Sib., II, 55; Лопатин, 316, 328.
(124) Lehtisalo, Entwurf, 148.
(125) Широкогоров, Опыт, 35.
(126) Васильев, Шам. костюм, 43f.; Припузов, Сведения, 65; Пекарский и Васильев, Плащ и бубен, 113f.; Широкогоров, 33; Лопатин, 262; Nioradze, 49f.
(127) Georgi, Bemerkungen, I, 281.
(128) Olsen, 97.
(129) Клеменц, Несколько обр. бубнов, 25ff.; Потанин, Очерки, IV, 40ff.; Анохин, Материалы, 49f.; Radloff, Aus Sib., II, 18.
(130) Karjalainen, FFC No: 63, 268ff.
(131) Потанин, Из альбома, 101.
(132) Hildén, 135.
(133) Radloff, Aus Sib., II, 19; Hildén, 135-136; Olsen, 98; Анохин, Материалы, 62.
(134) Лопатин, 262.
(135) Анохин, Материалы, 51; Васильев, Шам. костюм, 45.
(136) Приклонский, Три года (ЖСт 1891), 53; Худяков, 142-143; Малов, Неск. слов, 331; Васильев, Шам. костюм, 45; Маак, Вил. округ, III, 118.
(137) Karjalainen, FFC No: 63, 273.
(138) Лопатин, 316.
(139) Hildén, 142; Виташевский, Из наблюдений, 166, 183.
(140) Васильев, Шам. костюм, 34; Radloff, Aus Sib., II, 54.
(141) Lehtisalo, Kertomus, 23.

(142) Radloff, Aus Sib., I, 362.
(143) Анохин, Материалы, 52.
(144) Radloff, Aus Sib., II, 59–60.
(145) Приклонский, Три года (ЖСт 1891), 53.
(146) Агапитов и Хангалов, 42–43; Gmelin, III, 26; Pallas, Reisen, III, 181; Петри, Старая. вера, 67.
(147) Потанин, Очерки, IV, 54.
(148) Radloff, Aus Sib., II, 55.
(149) Hildén, 147; Хангалов, Нов. матер., 98ff.
(150) Анохин, Материалы, 25.
(151) Перв. бур. шаман Моргон-Кара, 87ff.; Перв. шаман Бохоли-Кара, 89f.; 参照 Дамеев, 69–70.
(152) Лопатин, 282.
(153) Широкогоров, Опыт, 41.
(154) Виташевский, Из наблюдений, 167ff.
(155) Donner, Sip. samoj. kesk., 147.
(156) Виташевский, Из наблюдений, 182; 参照 Серошевский, 645.
(157) Приклонский, Три года (ЖСт 1891), 56–57.
(158) Серошевский, 645–646.
(159) Васильев, Изображения, 280ff.
(160) Виташевский, Из наблюдений, 179.
(161) Васильев, Изображения, 286; 参照 Stadling, 121.
(162) Трощанский, Эволюция, 65–66.
(163) Виташевский, Из наблюдений, 168, 185, 188.
(164) Виташевский, 178.
(165) Васильев, Изображения, 271–272; 参照 Васильев, Шам. костюм, 24.
(166) Васильев, Шам. костюм, 24; Holmberg, Lappal. usk., 105; Stadling, 96.
(167) Stadling, 94; Васильев, Изображения, 270; Широкогоров, Опыт, 42; Ruysbroeck, 258f.
(168) Вербицкий, 46ff.; Radloff, Aus Sib., 20ff.
(169) Анохин, Этногр. сборы, 103f.
(170) Потанин, Очерки, IV, 64ff.
(171) Gmelin, II, 493; 参照 Nioradze, 92ff.
(172) Иохельсон, Брод. роды, 115.
(173) Приклонский, Три года (ЖСт 1891), 55; Lehtisalo, Kertomus, 23.
(174) Хангалов, Нов. матер., 123.
(175) Анохин, Материалы, 22.

第二十二章　供犠と供犠祭

（1） Лопатин, 230; 特にツングース族の場合の新月。
（2） Малов, Остатки, 68; 参照 Хангалов, Нов. матер., 107.
（3） Хангалов, Нов. матер., 99, 101, 113, 122, 127.
（4） Gmelin, II, 358-360.
（5） Хангалов, Нов. матер., 117-118, 126.
（6） Radloff, Aus Sib., I, 332-333.
（7） Маак, Вил. округ, III, 1, 118.
（8） Georgi, Bemerkungen, I, 284; 参照 Рычков, XXV, 107.
（9） Агапитов и Хангалов, 52, 39; 参照 Зеленин, Культ, 314 および Bleichsteiner, 456.
（10） Pallas, Sammlungen, II, 344-346.
（11） Zelenin, Ein erot. Ritus, 84.
（12） Андреев и Половцов, 23.
（13） 参照 Holmberg, Die Religion der Tscheremissen (FFC No: 61), 128 注。
（14） Малов, Остатки, 67.
（15） Потанин, Тангутско-тибетская окраина, I, 131; Зеленин, Культ онгонов, 314.
（16） Захаров, Полный маньчжурско-русский, словарь 中の *tžunšun*.
（17） Агапитов и Хангалов, 16; Хангалов, Нов. матер., 141, 143.
（18） Анохин, Душа, 257.
（19） Вербицкий, 43.
（20） Майнагашев, Жертвоприн., 94ff.
（21） Georgi, Bemerkungen, I, 286.
（22） Лопатин, 186.
（23） Georgi, I, 286; 参照 Рычков, XXV, 108.
（24） Банзаров, 38.
（25） Ruysbroeck, 255-256.
（26） Трощанский, 32-33; 参照 168-169.
（27） Strahlenberg, 376; Пекарский, Матер., 676.
（28） Маак, Вил. округ, III, 113-114.
（29） Приклонский, Три года (ЖСт 1890), 29.
（30） Шашков, 89.
（31） Трощанский, 105-106. ヴォチャークもまた雪がとけた後、草の生育を祈願するグジョル *gudžor* 祭には競馬を催す (Buch, Die Wotjaken, Acta Societ. Scient. fennicae XII, 619)。

（32）Банзаров, 38-39.
（33）Шашков, 88-89.
（34）Radloff, Aus Sib., I, 378.
（35）Катанов, Предание, 282, 283.
（36）Шашков, 90.
（37）Hildén, 139-141.

参考文献

(Adrianov) Адрианов, А. В., Путешествие на Алтай и за Саяны в 1881 г.（ЗРГО по Отд. Этнографии XI). Ст. Петербург. アドリアノフ「一八八一年のアルタイ、サヤン旅行」

——, Шаманская мистерия（ЭО 1909). Москва. 「シャマンの秘儀」

(Agapitov) Агапитов, Н. Н. и Хангалов, М. Н., Шаманство у бурят Иркутской губернии（ИВСОРГО XIV, 1-2). Иркутск 1883. アガピトフ、ハンガロフ「イルクーツク県のブリヤート人のシャマニズム」[Хангалов, Собрание сочинений, Том I. Улан-Удэ 1958.（ハンガロフ「著作集」）第一巻 289-402 ページに再録。その紹介は『民族学研究』25/3（1961）を参照のこと]

(Akimova) Акимова, Т., Чуваши с. Казанлы, Волского уезда, Саратовской губернии（ТНВОНОК 34, IV). Саратов 1926. アキーモワ「サラトフ県ヴォルスク郡カザンラ村のチュワシ」

(Altajskaja) Алтайская церковная миссия. Ст. Петербург 1865. アルタイ教会伝道団

Anderson, Walter, Nordasiatische Flutsagen（Acta et Commentationes Universitatis Dorpatensis B IV, 3). Dorpat 1923. アンデルソン「北アジアの洪水伝説」

(Andrejev) Андреев, М. С. и Половцов, А. А., Материалы по этнографии иранских племен средней Азии（СМАЭ I, 9). Ст. Петербург 1911. アンドレーエフ、ポロフツェフ「中央アジアのイラン系諸族民族誌資料」

(Anochin) Анохин, А. В., Душа и ее свойства по представлению телеутов（СМАЭ VIII). Ленинград 1929. アノーヒン「テレウート族の観念における霊魂とその特質」

——, Материалы по шаманству у алтайцев（СМАЭ IV, 2）. Ленинград 1924. 「アルタイ人のシャマニズムに関する資料」

——, Шаманизм у телеутов（СЖ 1913, No. 253）. Томск. 「テレウート族のシャマニズム」

（Anučin）Анучин, В. И., Очерк шаманства у Енисейских остяков（СМАЭ II, 2）. Ст. Петербург. アヌーチン「イェニセイ・オスチャークのシャマニズム概要」

（Baldunnikov）Балдунников, А. И., Первый шаман（БС III-IV）. Иркутск 1927. バルドゥンニコフ「最初のシャマン」

（Banzarov）Банзаров, Д., Черная вера или шаманство у монголов, Ст. Петербург 1891. バンザロフ［「黒教或ひは蒙古人に於けるシャマン教」白鳥庫吉訳『北亜細亜学報』1、一九四二年。『シャーマニズムの研究』（一九七一年、新時代社）所収。Доржи Банзаров, Собрание сочинений. Москва 1955.（ドルジ・バンザロフ「著作集」）48-100ページに再録。この版の紹介は『民族学研究』25/3（1961）を参照］

（Batarov）Батаров, П. П., Бурятские поверья о бохолдоях и анахаях（ЗВСОРГО II, 2）. Иркутск 1890. バータロフ「ブリヤート族のボホルドイとアナハイ信仰」

——, Материалы по ораторскому творчеству бурят（БС I）. Иркутск 1926. 「ブリヤート人の口演作品資料」

Bergeron, P., Voyages faits principalment en Asie dans les XII, XIII, XIV et XV siècles par Benjamin de Tudele, Jean du Plan-Carpin, N. Aschelin, Guillaume de Rubruquis, Marc Paul Venitien, Haiton, Jean de Mandeville et Ambroise Contarini I-II, La Haye 1735. ベルジュロン「十二、十三、十四、十五世紀にテュデル、カルピーニ、アシュラン、ルブルク、マルコ・ポーロ、ハイトン、マンデヴィル、コンタリーニなどが主としてアジアで行なった旅」

Bergman, B., Nomadische Streifereien unter den Kalmüchen. Riga 1804-1805. ［Oosterhout 1969］ベル

クマン「カルムク人との遊牧的漂泊」

Bleichsteiner, R., Rossweihe und Pferderennen im Totenkult der kaukasischen Völker (Wiener Beiträge zur kulturgeschichte und Linguistik, IV). Salzburg—Leipzig 1936. ブライヒシュタイナー「カフカス諸族の死霊崇拝における馬の奉納と競馬」

(Bogoraz) Богораз, В. Г., К психологии шаманстава у народов северовосточной Азии (ЭО 1910, 1-2). Москва. ボゴラス「北東アジア諸民族のシャマニズムの心理に寄せて」

——, Ламуты (З 1900 VII, 1). Москва 1901. 「ラムート族」

——, Очерк материального быта оленных чукчей (СМАЭ I, 2). Ст. Петербург 1901. 「トナカイチュクチ族の物質文化概要」

——, The Chukchee (The Jessup North Pacific Expedition VII). New York 1904. 「チュクチ族」

Brand, A., Beschreibung seiner grossen Chinesischen Reise anno 1692. Lybeck 1734. ブラント「一六九二年の大中国旅行の記録」

(Burjatskie) Бурятские сказки и проверья (ЗВСОРГО I, 1). Иркутск 1889. 「ブリヤートの民話と俗信」

Castrén, M. A., Nordiska Resor och Forskningar III, IV. Helsingfors 1853, 1857=Nordische Reisen und Forschungen III, IV. St. Petersburg 1853, 1857. カストレーン「北方旅行と研究」

(Changalov) Хангалов, М. Н., Новые материалы о шаманстве у бурят (ЗВСОРГО II, 1). Иркутск 1890. ハンガロフ「ブリヤート・シャマニズムの新資料」[Хангалов, Собрание сочинений, Том I. Улан-удэ 1958. (ハンガロフ「著作集」) 第一巻403-543ページに再録。紹介は『民族学研究』25/3 (1961) を参照のこと]

——, Предания и проверья унгинских бурят (ЗВСОРГО II, 2). Иркутск 1890. 「ウンガ・ブリヤート人の伝承と俗信」[Хангалов, Собрание сочинений, Том II. Улан-Удэ 1959. (ハンガロフ「著作集」) 第二巻218-226ページ

に再録]
——, Суд заянов мад людьми（ЗВСОРГО II, 2）. Иркутск 1890. 「ザヤンによる人間の裁き」[Хангалов, Собрание сочинений, Том II. Улан-Удэ 1959. （ハンガロフ「著作集」）第二巻 215–217 ページに再録]
（Chaptajev）Хаптаев, П. Т., Культ огня у западных бурят-монголов（БС III–IV）. Иркутск 1927. ハプタエフ「西ブリヤート・モンゴル族における火の崇拝」
（Chudjakov）Худяков, И. А., Верхоянский, сборник（ЗВСОРГО I, 3）. Иркутск 1890. フジャコフ「ヴェルホヤンスク集彙」
（Cybikov）Цыбиков, Г. Т., Культ огня у восточных бурят-монголов（БС III–IV）. Иркутск 1927. ツィビコフ「東ブリヤート・モンゴル人における火の崇拝」
Czaplicka, M. A., Aboriginal Siberia. Oxford 1914, [1968]. チャプリツカ「原住民のシベリア」
Dähnhardt, O., Natursagen I–III. Leipzig u. Berlin 1907–1910. デーンハルト「自然伝説」
（Damejev）Дамеев, Д. Д., Легенда о происхождении шаманизма и падении волшебства（БС III–IV）. Иркутск 1927. ダメエフ「シャマニズムの起源と魔術没落の伝説」
（Dibajev）Дибаев, А. А., Баксы（ЭО 1907）. Москва. ジバエフ「バクス」
（Dobromyslov）Добромыслов, Н. М., Заметки по этнографии бургузинских орочен（ТТКОПОРГО V, 1）. ドブロムイスロフ「ブルグジン・オロチョン民族誌覚え書き」
Donner, Kai, Siperian Samojedien keskuudessa vuosina 1911–1913 ja 1914. Helsinki 1915. カイ・ドンネル「一九一一—一三年および一四年にシベリア・サモエドとともに過ごして」
——, Über die Jenissei-ostjaken und ihre Sprache（JSFOu XLIV, 2）. Helsinki 1930. 「イェニセイ・オスチャークとその言語」

——, Über soghdisch *nōm* «Gesetz» und samojedisch *nom* «Himmel, Gott» (SO 1). Helsinki 1925. 「ソグド語のノーム《法》とサモエド語のノム《天、神》について」

(Dyrenkova) Дыренкова, Н. П., Bear worship among turkish tribes of Siberia (Proceedings of the Twenty-third International Congress of Americanists, Sept. 1928). ドゥイレンコワ「シベリアのテュルク系諸族における熊崇拝」

——, Культ огня у алтайцев и телеут (СМАЭ VI). Ленинград 1927. 「アルタイ人とテレウートにおける火の崇拝」

——, Получение шаманского дара по воззрениям турецких племен (СМАЭ IX). Ленинград 1930. 「テュルク諸族の観念による、シャマンの才の受けとり」

——, Птица в космогонических представлениях турецких племен Сибири. Ленинград 1931. 「シベリア・テュルク諸族の宇宙発生観念に見る鳥」

Eberhard, W., Typen chinesischer Volksmärchen (FFC No. 120). Helsinki 1937. エーバーハルト「シナ民間説話の諸類型」

Erman, G. A., Reise um die Erde durch Nord-Asien und die beiden Oceane in den Jahren 1828, 1829 und 1830. Berlin 1833. エルマン「北アジアと両大洋を通った一八二八、二九、三〇年の世界旅行」

Fraehn, Ch. M., Die ältesten arabischen Nachrichten über die Wolga-Bulgaren aus Ibn Fosslan's Reiseberichten (Mémoires de l'Akadémie Imp. des Sciences VI. Sc. politiques, histoire et philologie 1). St. Petersburg 1832. フレーン「イブン・フォスランの旅行記に見る、ヴォルガ・ブルガールに関する最古のアラビア資料」

(Fuks) Фукс, Александра, Записки о чувашах и черемисах Казанской губернии. Казань 1840. フクス「カザン県のチュワシとチェレミスに関する覚え書き」

Gahs, A., Kopf-, Schädel- und Langknochenopfer bei Rentiervölkern. W.-Schmidt-Festschrift, Mödling 1928.　ガース「トナカイ牧養諸民族における頭蓋、脚骨の儀礼」

(Galsan-Gombojev) Галсан-Гомбоев, О древних монгольских обычаях и суевериях (ЗАО XIII). St. Petersburg 1859.　ガルサン・ゴムボエフ「古代モンゴルの習俗と迷信」

Georgi, J. G., Bemerkungen auf einer Reise im Russischen Reiche in den Jahren 1773 und 1774, I. St. Petersburg 1775.　ゲオルギー「一七七三、七四両年にわたるロシア旅行の所見 第一巻」

——, Beschreibung aller Nationen des Russischen Reichs. St. Petersburg 1776.　「ロシア帝国全種族の記述」

Gmelin, J. G., Reise durch Sibirien von dem Jahr 1733 bis 1743, II. Göttingen 1752.　グメーリン「一七三三－四三年のシベリア旅行」

(Gorochov) Горохов, Н., Юрюнг-Уолан (ИВСОРГО XV, 5-6). Иркутск 1885.　ゴロホフ「ユリュン・ウオラン」

——, Материалы для изучения шаманства в Сибири (ИВСОРГО XIII, 3). Иркутск 1883.　「シベリア・シャマニズム研究資料」

Granö, J. G., Altai I-II. Porvoo 1919.　グラネ「アルタイ」

——, Archäologische Beobachtungen von meinen Reisen in den nördlichen Grenzgegenden Chinas in den Jahren 1906 und 1907 (JSFOu XXVI). Helsinki 1909.　「一九〇六、〇七年の中国北辺旅行で行なった考古学的観察」

——, Archäologische Beobachtungen von meiner Reise in Südsibirien und der Nordwestmongolei im Jahre 1909 (JSFOu XXVIII). Helsinki 1912.　「一九〇九年の南シベリアおよび西北モンゴル旅行で行なった考古学的観察」

——, Über die geographische Verbreitung und die Formen der Altertümer in der Nordwestmongolei (JSFOu XXVIII). Helsinki 1912. 「西北モンゴルにおける古墳の地理的分布と形態について」

(Grjaznov) Грязнов, М. П., Пазырыкское Княжеское погребение на Алтае (Природа 1929). グリャズノフ「アルタイにおけるパズルクの王侯墓」

Grünwedel, A., Mythologie des Buddhismus in Tibet und in der Mongolei. Leipzig 1900. [Osnabrück 1970] グリュンウェーデル「チベットおよびモンゴルの仏教神話」

(Gulbin) Гулбин, Г. Г., Погребение у желтых уйгуров (СМАЭ VII). Ленинград 1928. グルビン「黄ウイグルの葬法」

Haguenauer, M. C., Sorciers et Sorcières de Corée (Bulletin de la Maison Franco-Japonaise, T. II, No. 1). Tokyo 1929. アグノエル「朝鮮の魔術師と魔女」

Hansen, O., Zur soghdischen Inschrift auf dem dreisprachigen Denkmal von Kara-balgasun (JSFOu XLIV, 2). Helsinki 1930. ハンゼン「カラ・バルガスン三語碑のソグド語刻文」

de Harlez, Ch., La religion nationale des Tartares orientaux: Mandchous et Mongols. Paris 1887. ド・アルレ「東方タタール族すなわちマンシューおよびモンゴル族の民族宗教」

Heikel, A. O., En sojotisk schamankostym (Finskt Museum 1896). Helsinki. ヘイケル「ソヨート・シャマンの装束」

v. Helmersen, G., Reise nach dem Altai im Jahre 1834 ausgeführt. St. Petersburg 1848. ヘルメルゼン「一八三四年のアルタイ旅行」

Hiekisch, C., Die Tungusen. St. Petersburg 1879. ヒーキシュ「ツングース族」

Hildén, K., Om shamanismen i Altai, speciellt bland lebed-tatarerna (Terra 1916). Helsinki. ヒルデー

ン「アルタイ地方、特にレベジ・タタールのシャマニズムについて」
Holmberg (Harva), Uno, Der Baum des Lebens (AASF XVI). Helsinki 1922-1923. ホルンベルク（ハルヴァ）「生命の樹」
——, Siberian mythology (The Mythology of all Races IV). Boston 1927. [New York 1964] 「シベリアの神話」
——, Taivas—tuonela (Ajatus I). Porvoo 1926. 「天上界と地下界」
——, The shaman costume and its significance (AUFA I, 2). Turku 1922. 「シャマンの装束とその意味」
——, Über die Jagdriten der nördlichen Völker Asiens und Europas (JSFOu XLI, 1). Helsinki 1926. 「アジアおよびヨーロッパ北方諸民族の狩猟儀礼について」
——, Vänster hand och motsols (Rig 1925). Stockholm. 「左手と左巻き」
Ides, Evert Yssbrant, Dreyjährige Reise nach China von Moscau ab zu lande durch gross Ustiga, Sirienia, Permia, Sibirien, Daour und die grosse Tartarey. Frankfurt 1707. イデス「モスクワより大ウスチガ、シリア、ペルム、シベリア、ダウール、大タルタリアを経てシナへの三年の旅」
(Inostrancev) Иностранцев, К. А., Несколько слов о верованиях древних турок (СМАЭ V, 1). Петроград 1918. イノストランツェフ「古代トルコ人の信仰に関する若干の語彙」
(Ionov) Ионов, В. М., Дух-хозяин леса у якутов (СМАЭ IV, 1). Петроград 1916. イオーノフ「ヤクート族の森の精」
——, К вопросу об изучении дохристианских верований якутов (СМАЭ V, 1). Петроград 1918. 「ヤクートのキリスト教以前の信仰研究の問題に寄せて」
——, Медведь по воззрениям якутов (ЖСт 1915, 3). Петроград. 「ヤクート人の観念から見た熊」

——, Орел по воззрениям якутов (СМАЭ I, 16). Ст. Петербург 1910. 「ヤクート人の観念から見た鷲」
(Ivanovskij) Ивановский, А. А., Дьявол-творец солнца (ЭО 1890, 4). Москва. イワノフスキー「太陽の創造者悪魔」
——, Монголы и торгоуты II (ИОЛЕАЭ LXXI, Труды антропол. отдела XIII). Москва 1893. 「モンゴル人とトルグート人」
(Jadrincev) Ядринцев, Н. М., Об алтайцах и черневых татарах (ИРГО 1881, XVII). Ст. Петербург. ヤドリンツェフ「アルタイ人およびチェルネヴィ・タタール」
——, О Культе медведя, преимущественно у северных инородцев (ЭО 1890). Москва. 「主として北方原住民における熊崇拝」
(Jastremskij) Ястремский, С. В., Остатки старинных верований у якутов (ИВСОРГО XXVII). Иркутск 1897. ヤストレムスキー「ヤクート族における古い信仰の残存」
(Jochelson) Иохельсон, В. И., Бродячие роды тундры между реками Индигиркой и Колымой (ЖСт 1900). Ст. Петербург. ヨヘリソン「インディギルカ、コリマ両河間のツンドラ漂泊諸族」
——, Kumiss festivals of the Yakut and the decoration of Kumiss vessels. New York 1906. 「ヤクートのクミス祭とクミス容器の装飾」
——, Материалы по изучению юкагирского языка и фольклора I. Ст. Петербург 1900. 「ユカギールの言語とフォークロア研究資料」
——, The Koryak (The Jessup North Pacific Expedition VI). New York 1905. 「コリャーク族」
(Kagarov) Кагаров, Э. Г., Монгольские «обо» и их этнографические параллели (СМАЭ VI). Ленинград 1927. カガーロフ「モンゴルの「オボー」とその民族学的類似例」

(Kalačev) Калачев, А., Поездка к теленгитам на Алтай (ЖСт 1896, 3–4). Ст. Петербург. カラチャエフ「アルタイのテレンギット族への旅」

(Kamenskij) Каменский, Н., Современные остатки языческих обрядов и религиозных верований у чуваш. Казань 1869. カメンスキー「チュワシの異教的儀礼と宗教の残存」

Kannisto, A., Über die wogulische Schauspielkunst. FUF VI, 1906. カニスト「ヴォグールの演劇芸術」

(Karatanov) Каратанов, И., и Попов, Н., Качинские татары Минусинского округа (ИРГО XX, 6). Ст. Петербург 1884. カラターノフ、ポポフ「ミヌシンスク管区のカチンスク・タタール」

Karjalainen, K. F., Jugralaisten uskonto. Porvoo 1918.＝Die Religion der Jugra-Völker, FFC No. 41, 44u, 63. カルヤライネン「ユグラ諸族の宗教」

(Karunovskaja) Каруновская, Л. Э., Из алтайских верований и обрядов, связанных с ребенком (СМАЭ VI). Ленинград 1927. カルノフスカヤ「こどもに関するアルタイ諸族の信仰と儀礼」

(Katanov) Катанов, Н. Ф., Отчет о поездке 1896 г. в Минусинский округ (УЗКУ 1897). Казань. カターノフ「一八九六年のミヌシンスク管区旅行報告」

——, Поездка к карагасам в 1890 г. (ЗРГО 1891, XVII). Ст. Петербург. 「一八九〇年のカラガス族への旅行」

——, Сказания и легенды минусинских татар (СС 1887). Ст. Петербург. 「ミヌシンスク・タタール人の説話と伝説」

——, Über die Bestattungsgebräuche bei den Türkstämmen Central-und Ostasiens (KSz I). Budapest 1900. 「中央・東アジアのテュルク系諸族の葬礼習俗」

(Klemenc) Клеменц, Д. А., Минусинская Швейцария и боги пустыни (ВО 1884, 7). クレメンツ「ミヌシンスクのスイスと砂漠の神々」

——, Несколько образцов бубнов минусинских инородцев（ЗВСОРГО II, 2）. Иркутск 1890. 「ミヌシンスク原住民の太鼓の若干の見本」
——, Поездка в Качинскую степь（ВО 1886, 47）. 「カチンスク草原旅行」
——, Заметка о тюсях（ИВСОРГО XXIII, 5-6）. Иркутск 1892. 「テュシ覚え書き」
Клеменц, Д. и Хангалов, М. Н., Общественные охоты у северных бурят（МЭР I）. Ст. Петербург 1910. クレメンツ、ハンガロフ「北方ブリヤートの集団狩猟」［Хангалов, Собрание сочинений I, 1958.］
（Koblov）Коблов, И., Мифология казанскнх татар（ИОАИЭ XXVI, 5）. Казань 1910. コブロフ「カザン・タタールの神話」
——, Религиозные обряды и обычаи татар магометан. Казань 1908. 「イスラム・タタールの宗教儀式と慣習」
（Kočnev）Кочнев, Д. А., О Погребальных обрядах якутов Вилюйского округа Якимской области（ИОАИЭ XII, 1-6）. Казань 1895. コチネフ「ヤキム州ヴィリュイ管区のヤクート人の葬礼について」
Kohn, A., Die Karagassen des kleinen Altaigebirges（Globus XXIV）. Braunschweig 1873. コーン「小アルタイ山地のカラガス族」
（Kopylov）Копылов, В., Религиозные верования, семейные обряды и жертвоприношения северо-байкалских бурят шаманистов（ТПМИЕ IV）. Иркутск 1886. コプイロフ「北バイカル・シャマン教徒の信仰、家族儀礼と供犠」
（Kotvič）Котвич, В., Материалы для изучения тунгусских наречий（ЖСт 1909, 1-3）. Ст. Петербург. コトヴィチ「ツングース諸方言研究資料」
（Kozmin）Козьмин, Н., Д. А. Клеменц и историко-этнографические исследования в Минусинском крае（ИВСОРГО XXXXV）. Иркутск 1916. コジミン「クレメンツとミヌシンスク地方における歴史・民族学的研究」

(Kraševinnikov) Крашенинников, С., Описание земли Камчатки I–II. Ст. Петербург 1819. クラシェニンニコフ「カムチャツカ誌」

(Krasnov) Краснов, С., На Сахалине. Ст. Петербург 1894. クラスノフ「サハリンにて」

(Kratkie...) Краткие отчеты экспедиций по исследованию Северной Монголии в связи с Монголо-Тибетской зкспедицей П. К. Козлова. Ленинград 1925. 「モンゴル・チベットのコズロフ探険隊にかかわる北モンゴル研究についての抄報」

(Krejnovič) Крейнович, Е. А., Очерк космогонических представлений гиляк острова Сахалина (Э 1928, I). Москва. クレイノヴィチ「サハリン・ギリヤークの宇宙発生観」

(Krotkov) Кротков, Н., Краткие заметки о современном состоянии шаманства у Сибо, живущих в Илийской области и Тарбагатае. Ст. Петербург 1912. クロトコフ「イリ地区とタルバガタイに住むシボのシャマニズムの簡略な現状報告」

Kudatku Bilik, Radloff を見よ。

(Kulakovskij) Кулаковский, А. Е., Материалы для изучения верований якутов. Иркутск 1923. クラコフスキー「ヤクート信仰研究資料」

v. Lakenau, H., Die Schamanen und das Schamanwesen (Globus XXII). Braunschweig 1872. フォン・ラケナウ「シャマンとシャマン制度」

(Landyšev) Ландышев, С., Космология и феогония алтайцев язычников (ПС 1886). Казань. ランドゥイシェフ「アルタイ異教諸族の宇宙観と神統論」

Laufer, B., Origin of the word shaman (AA 1917, XIX). ラウファー「シャマンの語源」

v. Ledebour, C. F., Reise durch das Altai-Gebirge und Soongorische Kirgisen-Steppe I–II. Berlin 1829-

1830.　フォン・レデブール「アルタイ山脈とソーンゴル［ジュンガル?］・キルギス草原の旅」

Lehtisalo, T., Entwurf einer Mythologie der Jurak-Samojeden（MSFOu LIII）. Helsinki 1927.　レヒティサロ「ユラーク・サモエドの一神話のあらすじ」

——, Kertomus työskentelystäni jurakkisamojedi Matvei Ivanovits Jaadnjen kanssa kesällä 1928（JSFOu XLIV, 4）. Helsinki 1930.「一九二八年夏、ユラーク・サモエド族のマトヴェイ・イワノヴィチ・ヤードニから得た調査の報告」

（Leontovič）Леонтович, С., Природа и население бассейна р. Тумни（З 1897）. Москва.　レオントヴィチ「トゥメン流域の自然と住民」

（Lipskij）Липский, А. Н., «Гольды» И. А., Лопатина. Владивосток 1925.　リプスキー「ロパーチンの「ゴルド族」」

（Lopatin）Лопатин, И. А., Гольды Амурские, Уссурийские и Сунгарийские. Владивосток 1922.　ロパーチン「アムール、ウスリー、スンガリー流域のゴルド族」

（Maak）Маак, Р., Путешествие на Амур, совершенное в 1855 году. Ст. Петербург. 1859.　マーク「一八五五年のアムール旅行」

——, Вилюйский округ якутской области III. Ст. Петербург 1887.「ヤクート州ヴィリュイ管区」

（Magnickij）Магницкий, В., Материалы к объяснению старой чувашской веры. Казань 1881.　マグニッキー「古代チュワシの信仰解明のための資料」

（Majnagašev）Майнагашев, С. Д., Загробная жизнь по представлениям турецких племен Минусинского края（ЖСт 1915）. Ст. Петербург.　マイナガシェフ「ミヌシンスク地方テュルク諸族の他界観」

——, Жертвоприношение небу у белтиров（СМАЭ III）. Петроград 1916.「ベルチル人の天への供犠」

（Maksimov）Максимов, С., Остатки древних народно татарских（языческих）верований и нынешних крещеных татар

Казанской губернии（ИКЕ 1876）. Казань. マクシーモフ「古代タタールの土着信仰の残存と、カザン県の現キリスト教受洗タタール」

（Malov）Малов, С. Е., Несколько слов о шаманстве у турецкого населения Кузнецкого уезда Томской губернии（ЖСт 1909, II-III）. Ст. Петербург. マーロフ「トムスク県クズネツク郡テュルク系住民のシャマニズムについて」

——, Несколько замечаний к статье А. В. Анохина «Душа и ее свойства по представлению телеутов»（СМАЭ VIII）. Ленинград 1929. 「アノーヒン著《テレウート族の観念における霊魂とその特質》への若干の覚え書き」

——, Остатки шаманства у желтых уйгуров（ЖСт 1912）. Ст. Петербург. 「黄ウイグルにおけるシャマニズムの残存」

——, Шаманство у сартов Восточного Туркестана（СМАЭ V, 1）. Петроград 1918. 「東トルケスタン・サルト族のシャマニズム」

Marco Polo, The Travels of Marco Polo the Venetian. London & New York 1911. ［マルコ・ポーロ『東方見聞録』（愛宕松男訳注、一九七〇—七一年、平凡社東洋文庫）］

Mészáros, Gyula, A scuvas ösvallás emlékei. Budapest 1909. メーサーロシ「チュワシ原始宗教の諸記録」

——, Osmanisch-türkischer Volksglaube（KSz VII）. Budapest 1906. 「オスマン・トルコの民間信仰」

（Michailovskij）Михайловский, В. М., Шаманство（ИОЛЕАЭ LXXV, Труды этнограф. отдела XII）. Москва 1892. ミハイロフスキー「シャマニズム」［高橋勝之訳『シャーマニズムの研究』（一九七一年、新時代社）所収］

（Michajlov）Михайлов, В. И., Обряды и обычай чуваш（ЗРГО XVII, 2）. Ст. Петербург 1891. ミハイロフ「チュワシの儀礼と慣習」

v. Middendorff, A. Th., Reisen in den äußersten Norden und Osten Sibiriens während der Jahre 1843 und 1844, 1847 bis 1875 (III, 1; IV, 2). St. Petersburg 1851 и. 1875. フォン・ミッデンドルフ「一八四三年および四四年、四七年より七五年にわたるシベリア最北部と東部への旅行」

(Milkovič) Милкович, Быт и верования чуваш Симбирской губернии в 1783 году (СГВ 1851, No. 42). Симбирск. ミルコヴィチ「一七八三年におけるシムビルスク県チュワシの生活と信仰」

Мяхнаев, Г. М., Легенда о сватовстве Хан-Чурмасана и Лусата (БС III-IV). Иркутск 1927. ミャフナエフ「ハン・チュルマサンとルーサトの婚姻伝説」

(Mordvinov) Мордвинов, А., Инородцы обитающие в Туруханском крае (ВРГО 1860, II). Ст. Петербург. モルドヴィノフ「トゥルハンスク地方の原住民」

Müller, F., Unter Tungusen und Jakuten. Leipzig 1882. ミュラー「ツングースとヤクートとともに」

Munkácsi, B., Der Kaukasus und Ural als «Gürtel der Erde» (KSz 1). Budapest 1900. ムンカーチ「『地の帯』としてのカフカスとウラル」

Nansen, F., Gjennem Sibirien. Kobenhagen 1915. ナンセン「シベリア横断記」

(Nazyrov) Назыров, К., Поверья и приметы казанских татар (ЗРГО VI). Ст. Петербург 1880. ナズィロフ「カザン・タタールの俗信と予兆」

(Nikiforov) Никифоров, Н., Аносский сборник (ЗЗСОРГО 1916). Омск. ニキーフォロフ「アノス集彙」

(Nikolskij) Никольский, Н. В., Краткий конспект по этнографии чуваш. Казань 1911. ニコリスキー「チュワシ民族学要略」

Nioradze, G., Der Schamanismus bei den sibirischen Völkern. Stuttgart 1925. ニオラッツェ［牧野弘一訳『シベリア諸民族のシャーマン教』一九四三年、生活社］

Olsen, Ø., Et primitivt folk, De mongolske rennomader. Kristiania 1915. オルセン「ある未開民族、モンゴルのトナカイ遊牧民」

(Ostrovskij) Островский, П., Этнографические заметки о тюрках Минусинского края (ЖСт 1896, 2-4). Ст. Петербург. オストロフスキー「ミヌシンスク地方のテュルク諸族に関する民族誌的覚え書き」

Pallas, P. S., Merkwürdigkeiten der obischen Ostjaken, Samojeden, daurischen Tungussen, udinskischen Bergtataren etc. Frankfurt & Leipzig 1777. パラス「オビ・オスチャーク、サモエド、ダウール・ツングース、ウデ山地タタール諸族などに関する注目すべき事実」

——, Reise durch verschiedene Provinzen des Russischen Reichs III. Ст. Петербург 1776. 「ロシア帝国諸地方の旅」

——, Sammlungen historischer Nachrichten über die mongolischen Völkerschaften I-II. St. Petersburg 1776-1801 [Graz 1980].「モンゴル諸族に関する史伝集」

(Pekarskij) Пекарский, Э. К., Из якутской старины (ЖСт 1908). Ст. Петербург. ペカルスキー「ヤクートの古代より」

——, Материаны по якутскому обычному праву (СМАЭ V, 2). Ленинград 1925. 「ヤクート慣習法資料」

——, Словарь якутского языка. Ст. Петербург 1907. [Москва 1958.『ヤクート語辞典』東京、一九七六年、ナウカ社]

Пекарский, Э. К., и Цветков, В. П., Очерки быта пряянских тунгусов (СМАЭ II, 1). Ст. Петербург 1913. ペカルスキー、ツベトコフ「プリャヤンスキー・ツングースの生活の概略」

Пекарский, Э. К., и Васильев, В. Н., Плащ и бубен якутского шамана (МЭР I). Ст. Петербург 1910. ペカルスキー、ワシーリエフ「ヤクート・シャマンの外套と太鼓」

Первый бурятский шамаи Моргон-Кара（ИВСОРГО XI, 1-2）. Иркутск 1880. 「ブリヤートの最初のシャマン、モルゴン・カラ」

Первый шаман Бохоли-Кара（ИВСОРГО XI, 1-2）. Иркутск 1880. 「最初のシャマン、ボホリ・カラ」

（Petri）Петри, Б. Э., Промыслы карагас（ИВСОРГО LIII）. Иркутск 1928. ペトリ「カラガス族の生業」

——, Старая вера бурятского народа. Иркутск 1928. 「ブリヤート族の古来の信仰」

Plano Carpini. Bergeron, P. を見よ。［護雅夫訳『中央アジア・蒙古旅行記』一九六五年、桃源社］

（Podgorbunskij）Подгорбунский, И., Идеи бурят шаманистов о душе, смерти, загробном мире и загробной жизни（ИВСОРГО XXII, 1）. Иркутск 1891. ポドゴルブンスキー「魂、死、死後の世界、死後の生活に関するブリヤート・シャマン教徒の考え方」

——, Шаманы и их мистерии（ВО 1892）. 「シャマンとその秘儀」

（Pojarkov）Поярков, Ф., Из области киргизрких верований（ЭО XI, 1891）. Москва. ポヤルコフ「キルギス人の信仰の分野より」

（Popov）Попов, А. О., О верованиях якутов якутской области（ИВСОРГО XVII, 1-2）. Иркутск 1886. ポポフ「ヤクート州ヤクート族の信仰について」

——, Попов, П. С., Китайский пантеон（СМАЭ I, 4）. Ст. Петербург 1907. 「シナの神々」

（Potanin）Потанин, Г. Н., Эркэ. Культ сына неба в северной Азии. Томск 1916. ポターニン「エルケ——中央アジアにおける天の子崇拝」

——, Этнографические сборы А. Анохина（ТТОИС III, 1）. Томск 1915. 「アノーヒンの民族学的蒐集」

——, Громовник по поверням и сказаниям племен южной Сибири и северной Монголии（ЖМНР 1882, 1）. Ст. Петербург. 「南シベリアおよび北モンゴル諸種族の俗信と伝説から見た雷神」

——, Из альбома художника Г. И., Гуркина (ТТОИС III, 1). Томск 1915. 「画家グルキンのアルバムより」

——, Очерки северо-западной монголии II, IV. Ст. Петербург 1881 и 1883. [IV. Гоно-Алтайск 2005] [東亜研究所訳『西北蒙古誌 第二巻 民俗・慣習篇』一九四五年、龍文書局]

——, Тангутско-тибетская окраина I. 『西海・チベット辺境地方 第一巻』

(Potapov) Потапов, Л., Пережитки культа медведя у алтайских турок (ЭИ 1928, 2-3). Ленинград. ポタポフ「アルタイ・テュルクの熊崇拝の残存」

(Pozdnejev) Позднеев, А., Калмыцкие сказки (ЗВОРАО 3-4, 6-7, 9-10). Ст. Петербург 1889-1897). ポズドネエフ「カルムクの民話」

——, Монголия и монголы. Ст. Петербург 1896. [『蒙古及蒙古人』一九〇八年、東亜同文会訳・発行]

(Priklonskij) Приклонский, В. Л., Якутские народные поверья и сказки (ЖСт 1891). Ст. Петербург. プリクロンスキー「ヤクートの俗信と民話」

——, О шаманстве у якутов (ИВСОРГО XVII, 1-2). Иркутск 1886. 「ヤクートのシャマニズム」

——, Похороны у Якутов в северной части Якутской области (СС 1890, I). Иркутск. 「ヤクート州北部のヤクート族の葬礼」

——, Три года в Якутской области (ЖСт 1890-1891). Ст. Петербург. 「ヤクート州の三年」

(Pripuzov) Припузов, Н. П., Мелкие заметки о якутах (ЗВСОРГО II, 2). Иркутск 1890. プリプーゾフ「ヤクートについての管見」

——, Сведения для изучения шаманства у якутов Якутского округа (ИВСОРГО XV, 3-4). Иркутск 1885. 「ヤクート管区のヤクート人のシャマニズム研究のための情報」

(Prokopjev) Прокопьев, К., Похороны и поминки у чуваш (ИОАИЭ XIX, 5). Казань 1903. プロコピエフ「チュ

ワシの葬儀と追善」
Radloff, W., Aus Sibirien I-II. Leipzig 1884. [Oosterhout 1968] ラドロフ「シベリアより」
——, Das Kudatku Bilik des Jûsuf Châss-Hâdschib I-II. Ст. Петербург 1891 и. 1900. 「ユースフ・ハース・ハージブのクダトク・ビリク」
——, Proben der Volksliteratur der türkischen Stämme Süd-Sibiriens I-III. Ст. Петербург 1866, 1868, 1870. 「南シベリア・テュルク諸族民間文学の文例」
——, Versuch eines Wörterbuches der Türk-dialecte I-IV. Ст. Петербург 1893-1911. ['s-Gravenhage 1960, Москва 1963] 「テュルク方言辞典の試み」
Ramstedt, G. J., Kalmückisches Wörterbuch. Helsinki 1935. ラムステット「カルムク語辞典」
(Rudenko) Руденко, С. И., Чувашские надгробные памятники (МЭР I.) Ст. Петербург 1910. ルーデンコ「チュワシの墓碑」
(Rudnev) Руднев, А., Новые данные по живой маньчжурской речи и шаманству (ЗВОРАО XXI). Ст. Петербург 1912. ルードネフ「現存のマンシュー語とシャマニズムに関する新資料」
Ruysbroeck, Vilhelms av Ruysbroek resa genom Asien 1253-1255, utg. av Jarl Charpentier. Stockholm 1919. ルブルク「一二五三―五五年のアジア旅行」[護雅夫訳『中央アジア・蒙古旅行記』一九六五年、桃源社]
(Ryčkov) Рычков, К. М., Енисейские тунгусы (З XXIV-XXV, Приложение). Москва 1917 и. 1922. ルイチコフ「イェニセイ・ツングース」
(Samokvasov) Самоквасов, Д., Сборник обычного права сибирских инородцев, Warschau 1876. サモクヴァソフ「シベリア原住民の慣習法集」

(Šaskov) Шашков, С., Шаманство в Сибири (ЗРГО 1864, 2). Ст. Петербург. シャシコフ「シベリアのシャマニズム」

(Sbojev) Сбоев, В., Чуваши в бытовом, историческом и религиозном отношениях, Москва 1865. ズボエフ「チュワシの現況、歴史、宗教」

Schiefner, A., Heldensagen der Minusinskischen Tataren. Ст. Петербург 1859. シーフネル「ミヌシンスク・タタールの英雄物語」

Schmidt, I. J., Forschungen im Gebiete der älteren religiösen, politischen und literarischen Bildungsgeschichte der Völker Mittel-Asiens, vorzüglich der Mongolen und Tibeter. St. Petersburg u. Leipzig 1824. [Leipzig 1972] シュミット「中央アジア諸民族、特にモンゴル人、チベット人の古い宗教、政治、文学的教養史の領域における研究」

——, Geschichte der Ost-Mongolen und ihres Fürstenhauses von Ssanang Ssetsen. St. Petersburg 1829. サナン・セツェン「東部モンゴル人とその王家の歴史」[岡田英弘訳注『蒙古源流』二〇〇四年、刀水書房]

Schmidt, P. W., Der Ursprung der Gottesidee II, 3. Die Religionen der Urvölker Asiens und Australiens. Münster 1931. シュミット「神観念の起源」

Schott, W., Altaische Studien, Berlin 1860. ショット「アルタイ研究」

——, Älteste Nachrichten von Mongolen und Tataren. Berlin 1845. 「モンゴルとタタールに関する最古の情報」

——, Über die Buddhaismus in Hochasien und in China. Berlin 1846. 「高アジアおよびシナの仏教」

(Ščukin) Щукин, Н., Поездка в Якутск. Ст. Петербург 1844. シチューキン「ヤクーツク旅行」

(Serebrjakov) Серебряков, В. К., К вопросу о проазиатских элементах культуры у Хакасов (ЭИ 1928, 2-3). Ленинград. セレブリャコフ「ハカス人の原アジア的文化要素の問題に寄せて」

(Seroševskij) Серошевский, В. Л., Якуты. Ст. Петербург 1896. セロシェフスキー「ヤクート人」

(Šimkevič) Шимкевич, П. П., Материалы для изучения шаманства у гольдов (СПОРГО I, 2). Хабаровск 1896. シムケヴィッチ「ゴルド族のシャマニズム研究資料」

(Širokogorov) Широкогоров, С. М., Опыт исследвания основ шаманства у тунгусов. Владивосток 1919. シロコゴロフ「ツングース・シャマニズムの基礎研究の試み」

——, Social organization of the northern Tungus. Shanghai 1929. [川久保悌郎、田中克己訳『北方ツングースの社会構成』一九四一年、岩波書店]

——, Versuch einer Erforschung der Grundlagen des Schamanentums bei den Tungusen (Braessler Archiv). Berlin 1935. 「ツングース・シャマニズムの基礎研究の試み」

Сказания, бурят, записанные разными собирателями (ЗВСОРГО I, 2). Иркутск 1890. 「さまざまの採取者によって集められたブリヤートの説話」

(Slepcov) Слепцов, И. О., О верованиях якутов Якутской области (ИВСОРГО XVII, 1-2). Иркутск 1886. スレプツォフ「ヤクート州ヤクート族の信仰について」

(Soboljev) Собольев, И., Русский Алтай (З 1896, 3-4). Москва. ソボリエフ「ロシア・アルタイ地方」

(Sofiskij) Софиский, И. М., О киреметях крещеных татар (Труды IV Археол. Съезда в России). Казань 1891. ソフィスキー「受洗タタールのキレメチについて」

(Solovjev) Соловьев, Ф., Остатки язычества у якутов (Сборник газеты «Сибирь» I). Ст. Петербург 1876. ソロヴィヨフ「ヤクートの異教要素の残存」

(Spasskij) Спасский, Г., Забайкальские тунгусы (СВ XIX-XX). Ст. Петербург 1822. スパスキー「ザバイカルのツングース族」

(Špicin) Шпицин, А. А., Шаманизм в отношении к русской археологии (ЗРАО XI). Ст. Петербург 1899. シピーツィン「ロシア考古学との関係におけるシャマニズム」

(Šrenk) Шренк, Л., Об инородцах Амурского края II-III. Ст. Петербург 1899, 1903. シュレンク「アムール地方の原住民について」

Stadling, J., Shamanismen i norra Asien (Populära etnologiska skrifter 7). Stockholm 1912. スタトリング「北方アジアにおけるシャマニズム」

(Stefanovič) Стефанович, Я. Ф., На шаманстве (З 1897). Москва. ステファノヴィチ「シャマニズムについて」

Steller, G. W., Beschreibung von dem Lande Kamtschatka. Frankfurt u. Leipzig 1774. シュテラー「カムチャツカ誌」

(Šternberg) Штернберг, Л., Античный культ близнецов при свете этнографии (СМАЭ III). Ст. Петербург 1916. シュテンベルク「民族学から見た古代の双生児崇拝」

——, Die Religion der Giljaken (AR VIII). Leipzig 1905. 「ギリヤークの宗教」

——, Культ орла у сибирских народов (СМАЭ V, 2). Ленинград 1925. 「シベリア諸民族の鷲崇拝」

Strahlenberg, Ph. J., Das Nord- und Östliche Theil von Europa und Asia. Stockholm 1730. シュトラーレンベルク「ヨーロッパとアジアの北部と東部」

(Sumcov) Сумцов, Н. Ф., Отголоски христианских преданий в монгольских сказках (ЭО 1890, 3). Москва. スムツォフ「モンゴル民話に入ったキリスト教伝説」

Tchihatcheff, P., Voyage Scientifique dans l'Altaj oriental et las parties Adjacentes de la frontière de

China. Paris 1845. チハチェフ「東部アルタイおよび中国接壌地帯の学術旅行」
Thomsen, W., Inscriptions de l'Orkon（MSFOu V）. Helsinki 1896. トムセン「オルホン碑文」
（Timrjašev）Тимряшев, С., Похороны и поминки у чуваш-язычников д. Ижалкиной, Чистопольского уезда, Саврушского прихода（ИКЕ 1876, No. 8）. Казань. チムリャシェフ「サブルーシ教区チストポール郡イジャルキナ村の原住民チュワシの葬礼と追善」
（Titov）Титов, Е. И., Некоторые данные по культу медведя у нижнеангарских тунгусов Киндигирского рода（СЖС I）. Иркутск 1923. チトフ「アンガラ下流ツングース・キンディギル氏族の熊崇拝に関する若干の資料」
Toivonen, Y. H., Pygmäen und Zugvögel（FUF XXIV, H. 1-3）. Helsinki 1937. トイヴォネン「ピグミーと渡り鳥」
（Tokmašev）Токмашев, Г. М., Телеутские материалы（ТТОИС III, 1）. Томск 1915. トクマーシェフ「テレウート資料」
（Tretjakov）Третьяков, П. И., Туруханский край, его природа и жители. Ст. Петербург 1871. トレチャコフ「トゥルハンスク地方、その自然と人」
（Troščanskij）Трощанский, В. Ф., Эволюция черной веры у якутов. Казань 1902. ［Москва 2012］ トロシチャンスキー「ヤクート人におけるシャマニズムの進化」
——, Любовь и брак у якутов（ЖСт 1909, 2-3）. Ст. Петербург. 「ヤクート族の恋愛と結婚」
Vámbéry, H., Die primitive Kultur des turco-tatarischen Volkes. Leipzig 1879. ヴァンベリー「テュルク・タタール族の原始文化」
——, Noten zu den alttürkischen Inschriften der Mongolei und Sibiriens（MSFOu XII）. Helsinki 1899. 「モンゴルとシベリアの古代テュルク碑文への覚え書き」

（Vasiljev）Васильев, Ъ. А., Основные черты этнографии ороков（Э 1929, I）. Москва.　ワシーリエフ「オロッコ民族誌の基本特徴」

Васильев, В. Н., Изображения долгано-якутских духов как атрибуты шаманства（ЖСт 1909）. Ст. Петербург.　ワシーリエフ「シャマニズムにつきもののドルガン・ヤクートの霊像」

——, Шаманский костюм и бубен у якутов（СМАЭ I, 8）. Ст. Петербург 1910.　「ヤクートのシャマンの装束と太鼓」

（Vasiljevič）Василевич, Г. М., Некоторые данные по охотничим обрядам и представлениям у тунгусов（Э 1930, 3）. Москва.　ワシーレヴィチ「ツングースにおける狩猟の儀式と観念に関する若干の資料」

（Veniamin）Вениамин, Самоды мезенские（ВРГО III）. Ст. Петербург 1855.　ヴェニヤミン「メゼンスクのサモエド族」

（Verbickij）Вербицкий, В. И., Алтайские инородцы. Москва 1893.　ヴェルビツキー「アルタイ地方の原住民」

（Veselovskij）Веселовский, А. Н., К вопросу о дуалистических космогониях（ЭО 1890, II）. Москва.　ヴェセロフスキー「二元論的宇宙発生論の問題に寄せて」

——, Разыскания в области русского духовного стиха（ЗАН 1883, 1889）. Ст. Петербург.　「ロシア宗教詩研究」

Веселовский, Н. И., Современное состояние вопроса о «каменных бабах» или «балбалах». Одесса 1915.　ヴェセロフスキー「「石婦」すなわち「バルバル」問題の現状」

（Vitaševskij）Виташевский, Н. А., Из наблюдений над якутскими шаманскими действями（СМАЭ V, 1）. Петроград 1918.　ヴィタシェフスキー「ヤクート・シャマンの動作の観察より」

——, Материалы для изучения шаманства у якутов（ЗВСОРГО II, 2）. Иркутск 1890.　「ヤクート・シャマニズム研究資料」

（Vladimircov）Владимирцов, Б. Я., Монгольский сборник рассказов из Pañcatantra（СМАЭ V, 2）. Ленинград 1925.

ウラジミルツォフ「パンチャタントラ由来のモンゴル語説話集」

Witsen, N., Noord en Oost Tartarye I-II. Amsterdam 1705. ヴィトゼン「タルタリアの北と東」

Zakharov, A., Antiquities of Katanda (Altai) (The Journal of the Royal Anthropological Institute LV). London 1925. ザハロフ「カタンダの古代」

(Zaleckij) Залецкий, Н. К., К этнографии и антропологии карагасов (ТРАО 1898, III). Ст. Петербург. ザレツキー「カラガスの民族誌と人類学に寄せて」

(Žamcarano) Жамцарано, Ц. Ж., Онгоны агинских бурят (ЗРГО по отд. этнографии XXXIV). Ст. Петербург 1909. ジャムツァラノー「アガ・ブリヤートのオンゴン」

(Zatopljajev) Затопляев, Н., Некоторые поверья аларских бурят (ЗВСОРГО II, 2). Иркутск 1890. ザトプリャーエフ「アラル・ブリヤートの若干の俗信」

(Zeland) Зеланд, Н., Киргизы. Этнологический очерк (ЗЗСОРГО VII, 2). Омск 1885. ゼーラント「キルギス族、その民族誌的概略」

(Zelenin) Зеленин, Д., Ein erotischer Ritus in den Opferungen der altaischen Türken (Internationales Archiv für Ethnographie XXIX). Leiden 1928. ゼレーニン「アルタイ・テュルク族の供犠におけるエロティクな儀礼」

——, Культ онгонов в Сибири. Москва 1936. 「シベリアにおけるオンゴン崇拝」

——, Табу слов у народов восточной Европы и северной Азии I. Запреты на охоте и иных промыслах (СМАЭ VIII); II. Запреты в домашней жизни (СМАЭ IX). Ленинград 1929, 1930. 「東ヨーロッパおよび北アジア諸民族における語彙のタブー 第一巻 狩その他の生業における禁句。第二巻 家庭生活における禁句」

(Žiteckij) Житецкий, И. А., Очерки быта Астраханьских калмыков (ИОЛЕАЭ LXXVII, 1, Труды этнограф. отдела

XIII, 1). Москва 1893. ジテツキー「アストラハン・カルムクの生活の概要」

(Zolotnickij) Золотницкий, Н. И., Корневой чувашско-русский сиоварь. Казань 1875. ゾロトニツキー「チュワシ・ロシア語根辞典」

訳者のあとがき

シャマニズムという語は、今日ではすでに、限られた専門領域のわくを出て、かなり広範囲に、ときには弾力的に用いられている。シャマニズムの担い手であるシャマンという語の源は、ツングース系の諸語におけるシャマーン、サマーン、ハマーンなどの形にあることから見て明らかなように、本来は、極東からスカンジナビアにかけて広く分布する北方ユーラシアの狩猟民および一部の遊牧民に特有な宗教観念と、それにまつわる儀礼の総体を指すものであったが、やがては拡大されて新大陸、オセアニア、アフリカ大陸に行なわれている原始的宗教の一部を指すにも用いられるに至った。

わが国では、はじめ「シャマン教」というかたちで定着し、のちに英語文献が広く用いられるようになってから、シャ（ー）マニズムと称されるようになったもののようである。そして、この「シャマン教」というかたちの導入者は、白鳥庫吉《くらきち》であり、その基にあったのは一八四六年にカザンで刊行されたバンザロフのあの有名な論文であったのではないかと思われる。たとえば、明治四十二（一九〇九）年、白鳥が満鉄歴史調査部で行なった講演記録には「シャマン教」という語がとどめられている（岩波版「白鳥庫吉全集」第五巻、四八二ページ）。民族学関係の文献にこの語がしばしば登場するようになったのは昭和元（一九二六）年頃からで、たとえば有賀喜左衛門「シャマンの服飾に就いて」（『民族』一―四、五号）、図下大慧《くにしたたいけい》「シャマンという語原義について」（『民族』二―一号）、小島武男「蒙古シャーマンの文書について」（『民族学研究』二―三号）など一連の論文は、すべてこの年の日附けをもっている。もっとも荒川惣兵衛（『角川外来語辞典』一九六七年）によれば、一八八四年刊の丸善百科全書には「サマニスム」の項目があったという。しかし、これは実体に語が先行した例であろうと思われるので、なかみを伴って用いられたのはほぼ明治の末頃からとみて大きな誤りはなかろう。

わが国で、シャマニズムに関心が寄せられるようになった動機の一つは、日本語の系統論的所属と、日本文化の源流を明らかにしたいという努力が始まっていたからである。つまり、前者のウラル・アルタイ語族の仮説を補強するために、言語外的な要素から、この語族に算《かぞ》えられる諸族間の文化的親縁性をつきとめるという見通しの中で、シャマニズムはその共通項として注目されてきたのである。言うまでもなく、日本においてはそれが神道の中心的要素にあたるという了解があった。このような当時の雰囲気は、日本の朝鮮半島から大陸への侵略とあいまって、東北アジア諸民族と日本民族との一体性を強調するうえで、政策上、決して不都合な要因ではなかった。つまり、学問的実証の領域を別にすれば、ウラル・アルタイ説の暗黙の容認のうえに、大陸の諸族と日本民族とを関係づける潜在的意図は常に存在していたのである。

加えて、日本の支配が朝鮮から大陸の内奥に進んで行くにしたがって、日本人自身の手によって、朝鮮、モンゴル、ツングース諸族のシャマニズムに関する詳細な実見報告さえもたらされるようになった。他方では、白鳥庫吉の翻訳によって、今日ではシャマニズムの先駆的古典となっている、バンザロフの「黒教或ひは蒙古人に於けるシャマン教」が知られていた（一九四二年）。ニオラッツェの「シベリア諸民族のシャーマン教」が邦訳されたのも、ちょうどこの頃である（牧野弘一訳、一九四三年）。敗戦によってしばらく杜絶していたシャマニズムの研究は、再び日本における古代国家の形成と、国家宗教、神道の成立に関連して話題にのぼることになった。

ところが、新たに話題になり始めたシャマニズムの概念は、なるほど、その後、歴史に登場した東・北アジア諸民族の風俗習慣を記した漢籍資料の利用によって、より豊富になってきてはいるが、十九世紀から現在にかけて、ロシア、ヨーロッパの研究者が集積した著作は、ほとんど手のつかないままで残っている。その量はあまりにも尨大で、とても片手間で読めるほどのものではない。それは、本書の巻末におさめた文献一覧から容易に想像できる。しかもこの書物もまた、ヨーロッパが戦火に包まれる直前に世に現われたものであって、その後シベリアでは、ハルヴァが利用した文献に匹敵するほどの調査報告や研究論文が現われている。なかでも、ソビエトとヨーロッパの研究者の協力によって生まれた、ディオーセギ「シベリア諸民族の信仰世界とフォークロア」（V. Diószegi, Glaubenswelt und Folklore der sibirischen Völker, Budapest 1963）は、ハルヴァの時代の研究を活用しながら、より精緻な成果を見せているよい例である。ソビエトにおける研究は、すでにその民族出身の研究者が生まれ、この三十年間の歴史の激流の中で生じた巨大な変化を追跡してきた。シャマニズムの存立基盤をなす社会的環境は破壊されて、シャマンもコルホーズ員となった。反宗教・反迷信カンパニアも系統的に進められてきた。それにもかかわらず、その名残りがすっかり一掃されたわけではない。たとえば、ウラン・ウデの民族学者ミハイロフ氏によって、イルクーツク県のブリヤート人のもとでは、独ソ戦当時、シャマン的守護霊もまた兵士にしたがって前線に向かい、そこで果てたものもある。ために、もと三百六十六あった守護霊のうち、帰還したものは百二十六だけであると信じられているという、興味深い現代の伝承が報告されている（T. M. Михайлов, Бурятское шаманство и его пережитки, Иркутск 1962.「ブリヤートのシャマニズムとその残存」)。戦後現われたこうした研究書には、個別の民族誌として書かれたものや、あるいはアニーシモフのように、「世界像」そのものをとりあげたものもある。なかでも、最近のものとして、トゥルハンスクを含む広範囲にわたる各地のツングースについて、十五年間も実地調査を続けてきた老練な民族学者V・A・トゥゴルコフの「トナカイの背に乗った猟師たち」(B. A. Туголуков, Следопыты верхом на оленях, Москва 1969) を挙げておきたい。この小冊子は、一般読者向けの平易な読物として編まれていて、ツングース人の古老自身に書かせた「世界」の図や、またハルヴァの書に述べられている、葬礼の際に鍋釜の底を抜いて伏せる儀礼のありさまが、一九六二年撮影の写真入りで報告されている（本書第二巻三四ページに収録。この本は本訳書刊行の十年後、一九八一年に斎藤晨二氏の訳で『トナカイに乗った狩人たち』として刊行されたが、なぜかこの写真は収めていない）。

ハルヴァの研究は、それにもかかわらず、本書が現われて三十年余を経た今日もまだその価値を失っていない。シャマニズムに関する本格的な研究書で、ハルヴァとこの書の名を挙げていないものはない。というのは、十九世紀から一九三〇年代に至るまでの研究を、これほど集約的に、もれなく示している例は他にないからである。すなわち本書は一九三〇年代までのロシアとヨーロッパにおけるシャマニズム研究における総決算である。

しかし本書の内容がよく示しているように、これは理論の書ではなく、何よりも、なまの資料の書である。この意味で、訳者はこれを「シベリアの金枝篇」と呼ぶにふさわしいものと考える。本書の価値の一つは、十九世紀ロシアの各種紀要に発表され、今日では利用するにもすこぶる困難な論文の要点を数多く引用している点にある。最近わが国で邦訳されて親しまれているM・エリアーデの著作におけるシャマニズムに関する知識と材料は、ほとんど、このハルヴァ（ドイツ名でホルンベルクとなっていることもある）に負うている。日本の理論好きの読者は、理論から一歩下りて、シャマニズムに関して、いかに多年にわたる多くの研究者の骨折りによって、こうした資料が集積されてきたかを、このハルヴァの書を通じて知られるのもまた一興であろう。引用は大小三百篇に近い論著におよび、ロシア人の寄与が大きい。

これらの報告をものした好事の士はどんな人物であったか。訳者はその方面にも関心は浅くないが、とりあえずここではしょっておくとして、随所に引用されるポターニンはオムスク流刑中のドストエフスキーと親交があったし、ブリヤートの研究には、そこに流された政治犯の関与が少なくなかったと指摘するにとどめておこう。

本書は、わが国で無名の書であったわけではない。たとえば故石田英一郎氏の論文集「桃太郎の母」の数篇では随所にその引用がある。しかし、みずからの蔵書を貸し与えて訳者に一読をすすめられたのは大林太良《たりよう》氏であった。もう十年以上も昔のことになる。博学で、しかも惜しみなくそれを分かたれるこの先達から訳者は少なからざる学恩を受けている。訳者はその後、ガリマールのエスペース・ユメーヌ叢書の一冊として現われた、本書の仏訳 Les représentations religieuses des peuples altaïques, traduit par Jean-Louis Perret, Paris 1959 を利用することができた。この仏訳の底本はドイツ語版である。ドイツ語版は一九三三年のフィン語版 Altain suvun uskonto を大幅に増補して、フィンランド科学アカデミーが編集発行したものである。本訳書はこのドイツ語版 Die religiösen Vorstellungen der altaischen Völker, Helsinki 1938 にもとづき、フランス語版を参照しながらできあがったものである。フランス語版には、ときに目だたない脱落個所もあるにはあるが、ヨーロッパ語相互間の翻訳としてはきわめてすぐれている。訳者はこのフランス語版を参照することによって、ドイツ語版だけでは陥ったかもしれない誤りを避けえたことがしばしばあった。

訳者として、まったく心もとないのは動植物名の訳語である。この種の語彙《ごい》に関して信頼できる辞書はわが国には存在しないようである。シャマニズムにおいて重要な意味をもつこうした語彙を、間にあわせの訳ですませることは危険であることを知りつつも訳者は目をつむった。辞書の訳語で見るかぎり、仏訳はしばしば独訳からはずれており、フィン語とドイツ語との間にも、この点で周到な調整が行なわれたかどうかも保証のかぎりではなかろう。訳者はやむなく、独・仏両版と、不備な辞書との間を行きつもどりつ、つじつまを合わせる努力は最初から放棄した。

文献目録は原著ではすべてローマナイズしてあったが、ロシア語文献に親しむ者には何としても不都合であるので、すべて、現代正字法によって、キリール文字に書き改めた。ただ配列は原著のとおり、ローマナイズしたアルファベット順にしてある。この目録によって、シャマニズムの古典的研究の大部分がロシア語によってなされたことがあらためて認識されるであろう。

本書に例示される諸民族は、単に「アルタイ語族」にとどまらず、「極北（古アジア）」、「ウラル系」の諸族にも及ぶ。その大部分はソ連邦内に居住していて、民族の呼称も、民族自身の政治的・文化的自治が確立されるにしたがって他称から自称に切りかえられた。したがって、ソビエトの文献には、本書に現われたままの形では登場しないので、次のように読みかえねばならない。たとえば、

ヤクート→サハ
ゴルド（ゴリド）→ナナイ
ツングース（せまい意味での）→エヴェンキ
ラムート→エヴェン
ギリヤーク→ニブフ
イェニセイ・オスチャーク→ケート
カムチャダール→イテリメン
コリャーク→ヌムルラン
ユラーク・サモエド→ネネツ
オスチャーク・サモエド→セリクープ
ヴォチャーク→ウドムルト
チェレミス→マリー
ヴォグール→マンシ
オスチャーク→ハンティ

のごとくである。

文中には多数の注があるが、これらはすべて、文献の引用個所を示したものにすぎないから、読者は通常の場合、いちいち参照する必要はない。［　］内はすべて訳者のものであって、ことがらの簡単な説明と、ときに現代の正書法を示した。シベリア諸民族の語彙が多数引用されるが、その表記は必ずしも正確ではない。特にウムラウトや長音符の脱落がおびただしい。フランス語版もこの種の誤りはそのまま踏襲している。そこで訳者はラドロフやベートリンクの辞典類と、これら民族語の現代正書法による辞典を用いて、不徹底ながらも補正を加えた。補正が著しい場合は、特に現代の正書法表記をかかげた。引用する場合には本書にかかげられたものを用いた方がよい。傍点は原文ではすべてゲシュペルトとなっている。

本書の日本語訳がどうしても必要なものだという考えを述べられたのは大林太良氏であった。たずさわっている地域からすれば、訳者にとっても、氏以上に翻訳の刊行は切実であった。本日本語訳の出現は、日本文化の「北方要素」としてのシャマニズムを論ずる際により確かな基盤を提供するはずであり、その意義をよく理解して出版を引き受けられた三省堂の担当者のかたがたに敬意を表したい。

最後に、本書の翻訳について、フィンランドのモンゴル学者ペンティ・アアルト Pennti Aalto 教授に照会したところ、ただちに、本書もその叢書の一冊である FFC（Folklore Fellows Communications）編集長ラウリ・ホンコ Lauri Honko 教授を紹介された。ホンコ教授は、フィンランド科学アカデミーの委員会にかけたうえで、その公式決定にもとづいて本書の日本語訳刊行に承諾を与えられた。訳者は両教授のご好意に心から謝意を表するとともに、おそらく、フィンランドの学問的伝統を示す代表的な例をわが国に紹介できたことに喜びを覚えるものである。

一九七一年七月　　訳者

再刊にあたって

本訳書があらわれてから、じつに十八年の歳月が流れた。旧版の「訳者のあとがき」で述べておいたように、本書の翻訳がどうしても必要だとして、私にそれをすすめられたのは大林太良氏であったが、じつは私自身にも、いかに骨が折れてもこの翻訳だけはやっておきたいという、ものにせかれるような気持があった。それを、「たずさわっている地域からすれば、訳者にとっても、氏以上に翻訳の刊行は切実であった」というふうに、当時は抽象的にしか表現しなかったが、いまはその「切実」だと思われた事情をはっきりと述べておきたい。その事情というのは、当時、日本のほとんどすべての大学をゆさぶっていた大学紛争のことである。

当時私の勤務校であった東京外国語大学もその例外ではなく、いやそれどころか、紛争が最も鋭いあらわれかたをした場所であった。なかでもモンゴル語学科は、学問と教育にかかわる、内的・外的矛盾の容赦のない噴出を前に、なすすべもなかった。私はいまでも、当時の学生の叛乱の真の原因は、決して政治的な動機によるものではなく、大学と、そこの制度の中で学ぶということの根本の矛盾が、風俗の変化として現われたのだと考えている。研究者という生きかたも風俗の一つであるとするならば、多くの人たちが試みたように、学生に対して政治的な答えを出そうとするのは見当ちがいであって、そこはあくまで研究者として応えなければならない性質のものであると考えた。私は叛乱する学生たちと対話ができるためには、かれらの手に、とにかくハルヴァの翻訳を握らせたいと思ったのである。

モンゴル語もその一つであるところのアルタイ語族については、かなり硬直した、比較言語学的研究の蓄積がある。その前提からすれば、「アルタイ語族」とは、文化とは峻別されなければならない純粋に言語上の概念であるが、ハルヴァはこうした言語上の共同性を暗黙の前提にしながら、一挙に世界（宇宙）観・宗教的観念の共同性、すなわちシャマニズムの共有としてとらえなおしたのである。この大胆な試みによって、まことに驚くべき精神世界が描き出された。学問は創造と挑戦によってこそ、人々の中に生きる資格をもちうるのだということを、我々のやせこけた専門領域で、これほどていねいに教えてくれる著作は他にないであろうと、当時私は思ったのである。

翻訳は二か月ほどの間にできてしまった。学生は授業を拒み、大学当局も教師ですら、大学構内へ立ち入ることを禁じたから、その分だけ翻訳に専念できた。しかし、せっかく本になったこの翻訳が、教室で十名前後の学生の教科書として使われたのは、わずか半年の間だけであった。本訳書があらわれた翌年の春に、私は東京外語を去って岡山大学に移ることに決心し、また実行したからである。

一九七一年に本訳書があらわれてから、在庫が尽きてしまうまでにあまり時間はかからなかった。九年後の増刷分も、砂漠にそそがれた水のように、あとも残さず消えてしまった。残部があったら分けてほしいと各方面からの問いあわせを受けても、私自身がいまは初版の一冊しか持っていないのである。

本書の読者ははじめは一般の人というよりは、その道のひとかどの達人と呼ばれるような人たちであった。たとえば、私は、国語学者の大野晋氏から、氏の著書があらわれるたびごとにそれを贈っていただいているが、そのわけは、ご著書の中に、それほどもしばしば、このハルヴァが引用されたり、参照されたりという、光栄に浴しているからである。それだけに、長く続いた本書の品切れは、訳者としては残念この上ないことであった。ときには、本書の入手がかなわぬために、全体をコピーして持っているというような好事の人の話さえも聞いた。そうするうちに私をして、是が非でも再版を出してもらわねばならないと思わせる一つのできごとがあった。それは二年前の、中国、内モンゴル自治区での経験であった。

一九八七年九月、内モンゴルの首都フフ・ホトで、「内蒙古大学蒙古学国際学術討論会」が開かれ、中国の外からも約四十人のモンゴル学者が参加した。どういうきっかけであったか、ホテルの私の部屋に、突然一人の精悍な風貌の青年があらわれて、自分はシャマニズムの研究家だが、自分でもシャマンをやっていると自己紹介した。そして、一九八五年に、ホロンボイル新華書店が発行した、『モンゴルのシャマニズム』と題するモンゴル語の本を私の手に置いた。その青年は、内モンゴルには、まだ実際に巫術《ふじゅつ》をやっているシャマンがいると言って、何人かの名を教えてくれた。その名は手帳に書きつけてある。そこで私は、モンゴルの研究家もぜひハルヴァを読んでおいた方がいい、それはこういう本だと話した。その青年は、日本語のわかる友人がまわりにいるから、読むことは何でもない、ぜひ送ってほしいと言ったのである。私はそのときに決心した。今度こそは三省堂を説得して、ハルヴァの新版を出してもらおうと。ハルヴァを読むことによって、内モンゴルのシャマニズム研究は、どれだけ刺戟され、強い励ましを得ることだろうかと私は想像した。そのとき、私は大いに興奮していたらしく客が立ち去ったのにも気がつかなかった。

帰国してから、もう一度そのモンゴル語の書物を見ると、著者はボヤンバトという。表紙の裏に出ている写真の著者は、やや老けた感じで机に向かう人民服姿の男で、机の上に積んだ原稿の上には、はずした眼鏡が置いてある。ところがホテルで会ったあの青年シャマンは、スマートな背広姿で若々しく、かれが老眼鏡を使う人などとはとても思えない。顔は似ているようでもあり、似ていないようでもある。それでは、かれはあのとき手帳に記した現役シャマン・リストの中の一人だったのだろうか。私はいまもって、キツネにつままれたような思いである。私としては、本書の再刊が出たら、ホロンボイルの新華書店を通じて、ボヤンバト氏に送るしか他に方法はないのである。

今日の内モンゴルのシャマニズム、およびその研究を教えてくれる、いまのところ唯一のこの著作が、主として依拠しているのは、モンゴル人民共和国のCh・ダライ氏の『モンゴル・シャマニズム略史』(一九五九年)である。私も二十年ほど前に、この『略史』のコピーを手に入れて熟読したことがあるが、それにもとづいた本書はあくまで概説風な内容であって、『元朝秘史』の記述などからの歴史的な復元は、特に新しいものではない。しかし、それでもやはりところどころに、現存する内モンゴルのシャマンたちからの聞き書きや、フィールド調査の成果らしきものが挿入されている。なかでもぜひ見たいと思うのは、一九八一年六月六日の日附けのある、ジェリム盟フレー旗で作成されたという、「シャマンの記録」と題する手書き原稿である。また、シャマンが諸霊を呼び出すときなどに唱する歌謡も、中国で一般に行なわれているハモニカ式楽譜とともに収録してある(三〇七、三〇八

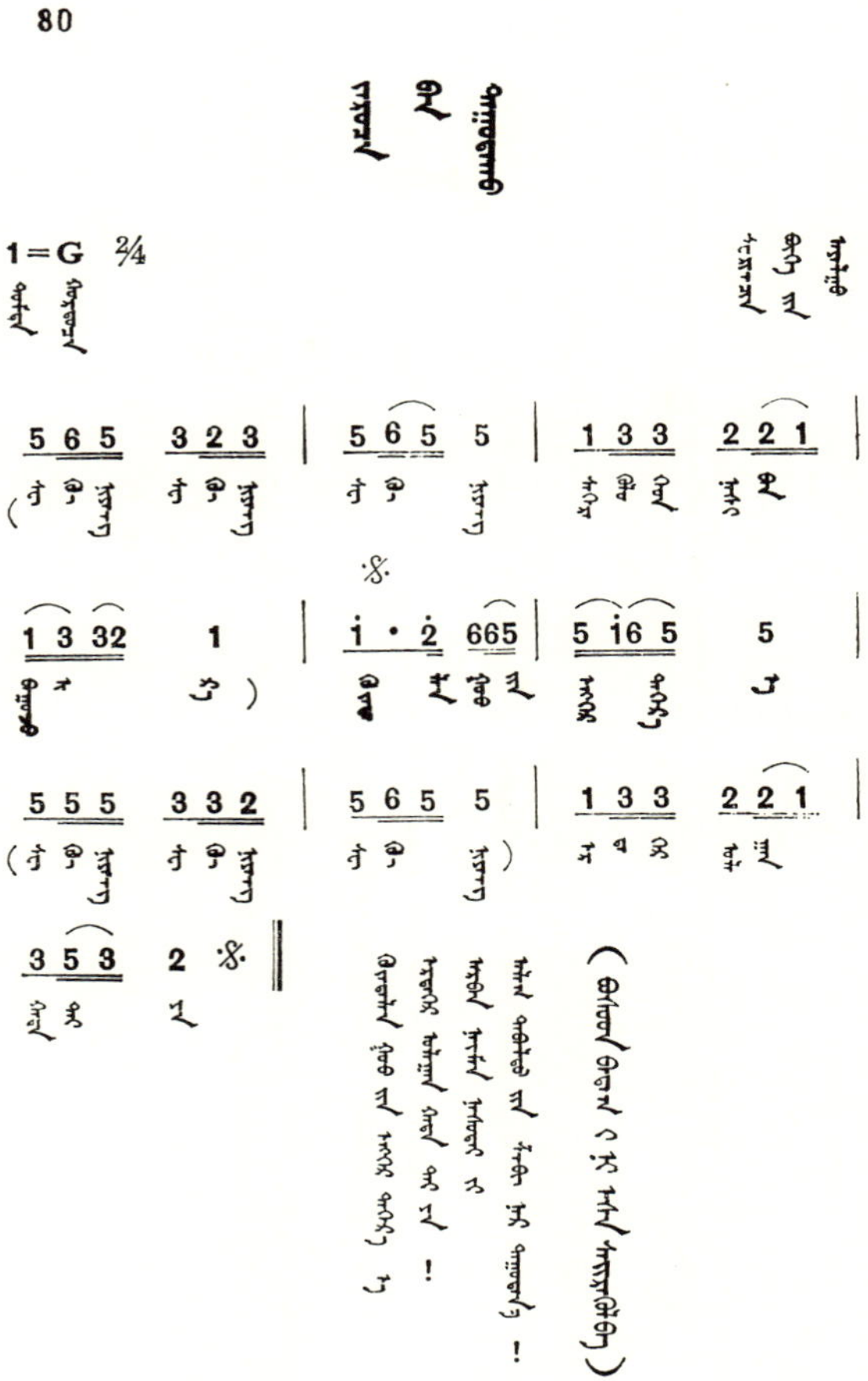

ボヤンバト著『モンゴルのシャマニズム』より
「助手霊の呼び出し」の歌謡

81

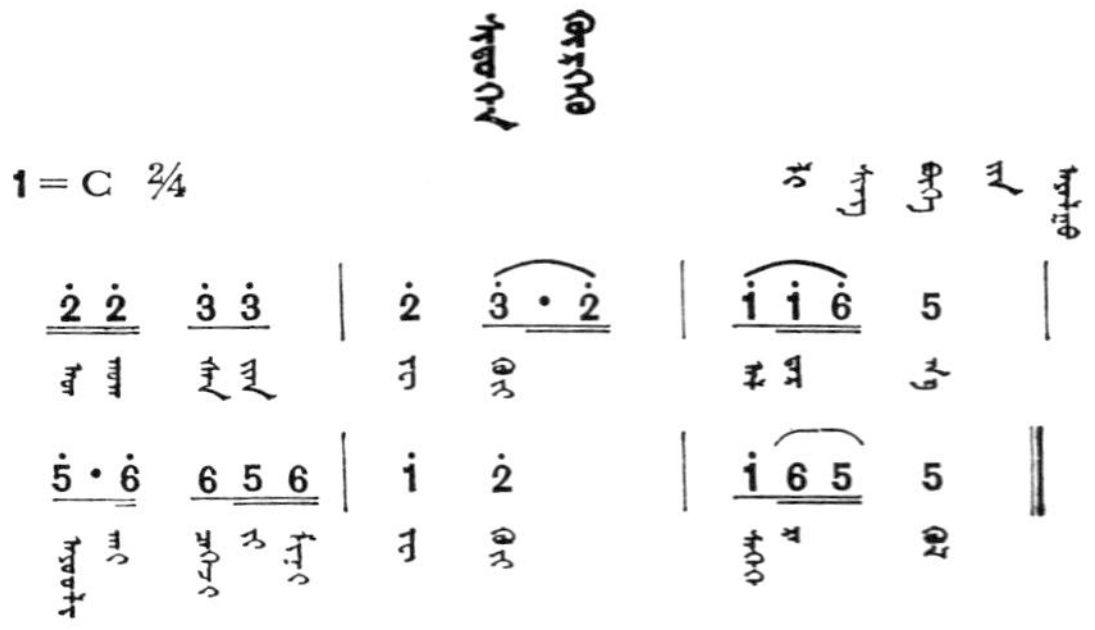

同書より
「諸霊を送る」の歌謡

ページ図版参照)。要するにこの本は、内モンゴルにおけるシャマニズムの調査は緒についたばかりであるが、しかし、関心はなかなか深いということを教えている。おそらく今後、ハルヴァの訳書は多大の興味をもって迎えられ、必ずや将来行なわれる研究のための強い導きの糸となるにちがいないと思うのである。

本訳書があらわれた後、わが国においても、シャマニズムという名を書名に含んだ書物や論文がいくつも刊行された。しかしこの分野で、とりわけ北アジアのシャマニズムの研究において、堅固なアカデミズムにもとづいて書かれた著作は、たいていが翻訳ものである。これらの訳書の刊行は、困難な出版事情のもとで、訳者の情熱と、出版社の犠牲的精神との稀有な結合のもとではじめて実現したものである。この機会に、私が思い出すそのいくつかに言及し、ハルヴァのこの再刊を手にする読者のための助けとしたい。

㈠　フィンダイゼン『霊媒とシャマン』(和田完訳、一九七七年、冬樹社。原題：Hans Findeisen, Schamanentum, Kohlhammer 1957)。本書もまた、その多くをハルヴァに負うている、きわめて水準の高い概説書であって、ドイツ民族学の視点からの、先史学的な、新しい解釈が盛り込まれている点に特徴がある。訳者の和田完氏が当時大変な苦労をして、出版社を見つけられたことを私は知っている。私による本訳書の書評は、同年三月二十一日の『日本読書新聞』に掲載されている。なお私自身も、この書の著者の名を、和田完氏が示されたのと同様の読みかたをしていたが、その後、ドイツ人の口から実際に発音されるのを聞き、またドゥーデンの発音辞典によって確かめたところによっても、フィントアイゼンとするのが正しいと思われる(岩波現代選書の一冊として出された、イワーノフ、トポローフの『宇宙樹・神話・歴史記述』では、もっと具合の悪いことに、フィンデイゼンと、さらにロシア語読みでゆがめられている)。

(二) ロット＝ファルク『シベリアの狩猟儀礼』(田中克彦・糟谷啓介・林正寛共訳、一九八〇年、弘文堂。原題：Eveline Lot-Falk, Les rites de chasse chez les peuples Sibériens, Gallimard 1953)。本書は弘文堂の人類学ゼミナール叢書の第十四巻として刊行されたが、私に翻訳を依頼されたのは、ハルヴァの場合と同様に、大林太良氏であった。著者はフランス生まれの人類学者であるが、シャマニズムを狩猟儀礼にあらわれた側面から研究し、その女性としてのみずみずしい解釈にはまことに人の心を打つものがある。たとえば絶えざる危険と緊張に満ちた狩猟儀礼の中で、何故女性がしりぞけられ、排除されているかについて、他の著者たちの多くが、女に特有のけがれによって説明しようとしているのに対し、彼女が、けがれの観念は、後の時代になって加わったものであることを説明しようとしている個所である。しかしこの点の説明では、私はやはり、ロット＝ファルクには批判されているが、胎内に果実をやどすがゆえに、女は動物から守られねばならないとするハルヴァの解釈の方に一層ひかれるのであるが。

フィントアイゼンとロット＝ファルクのこの二著は、克明な記述に心がけたハルヴァを、それぞれの仕方で発展させ、新しい解釈をつけ加えている。ハルヴァと読み比べてみることによって、読者は多くのことを学ぶにちがいない。

ついでに、小篇ながら、ハルヴァの主題に著しい関係のある二つの論文の翻訳も併せてここにのせておくのが有益であると思う。

㈢　アドルフ・フリートリッヒ「ツングース族の世界像——生活と生命の起源に関する一自然民族の意識」（大林太良編『神話・社会・世界観』一九七二年、角川書店。原題：Adolf Friedrich, Das Bewußtsein eines Naturvolkes von Haushalt und Ursprung des Lebens, Paideuma, Bd. 6, 1955. 後に W. E. Mühlmann, E. W. Müller (hrsg.), Kulturanthropologie, Kiepenheuer & Witsch 1966 に収録される）。

㈣　ワルデマール・ヨヘルソン「ヤクート族の馬乳酒《クミス》祭り」（大林太良編『現代のエスプリ60 儀礼』一九七二年、至文堂。原題：W. Jochelson, The Yakut, Anthropological Papers of the American Museum of Natural History, 1993）。これらはいずれも大林太良氏のすすめを受けて行なった翻訳である。

ハルヴァ、フィントアイゼン、ロット＝ファルクのすべての著書を通じて、最も豊富な資料にもとづいて記述が進められており、また今日もなお、最も深い伝統にもとづいた研究が続行されているブリヤートでは、ついにシャマニズムの術語集すらがあらわれた。それを次に記しておく。

㈤　И. А. Манжигеев, Бурятские шаманистические и дошаманистические термины, Наука 1978（マンジゲーエフ『ブリヤートのシャマニズムの、および前シャマン期の術語』）。本書には、ブリヤートの神話、英雄叙事詩に登場する、神々、諸霊の名が、ほとんど余すところなく登録され、説明されていて有用である。しかし、新しい資料のつけ加えはなく、従来収録された資料のカタログ化というべき性質のものである。

最後にもう一つ重要な翻訳を指摘しておかなければならない。

㈥　トゥゴルコフ『トナカイに乗った狩人たち』（斎藤晨二訳、一九八一年、同八四年二刷、刀水書房。原題：Б. А. Туголуков, Следопыты верхом на оленях, Наука 1969）。本書の原著は、私がハルヴァを翻訳している最中にすでに日本に輸入されていた。私の手もとのこの本には一九七〇年七月十八日に、東京のナウカ書店で購入したとの書き込みがあり、値段は百七十円であった。

　私は、豊富な経験にもとづきながら、大衆向けに親しみやすく書かれたこの本を通読し、全巻のほとんどのページが、アンダーラインや書き込みで埋まってしまった。私はそれを読んだ感激を、本訳書の初版の「訳者のあとがき」（二九八ページ）に記しておいたのみならず、本文の第二巻三四ページには、翻訳書としてのおきてを破って、このトゥゴルコフの原書の一七九ページからとってきた、一枚の写真をここに特別にはさみ込んだのである。かなりひどい写真であったが、三省堂は、それを見やすい写真にして印刷してくれた。それはバイキット地区のツングースのもとで、一九六二年に撮られた写真であって、底に穴をうがち、墓の上に伏せたフライパンである。

　さて問題は、このフライパンの解釈である。トゥゴルコフは、フライパンが死者にとって使えないように「だめなもの」、「不良品」として破壊されているところに注目している（邦訳書、一九七ページ）のに対し、ハルヴァは本訳書三四ページに見えるように、カルヤライネンの「逆さにしてある」という指摘に注目している。カターノフの言を借りれば、「地上では逆さになっていると思われることがすべて、冥土ではまとも」なのであるという。こうした微妙な解釈のちがいは、じつに興味深い議論を呼び起こすであろう。しかし斎藤氏の訳書には、この「伏せたフライパン」の写真をはじめ、いくつかの重要な資料が省かれたうえで、加藤九祚《きゅうぞう》氏の「ツングースと日本人」と題する二十ページ近い解説が附されている。ハルヴァのこの訳書は、訳者にも加藤氏にも知られていなかったらしい。もし訳者たちにハルヴァが知られていれば、別の用意をもって翻訳が行なわれたであろう。

文通だけの知りあいで、本書の翻訳に許可を与えたラウリ・ホンコ教授とは、一九八五年十月二十二日、カレワラ採録一五〇周年の記念シンポジウムに来日された折り、東京で親しく知りあうことができた。氏は当時、フィンランドの、北方フォークロア研究所の所長であった。私もこのシンポジウムにおいて、モンゴルのシャマン伝承と、カレワラとの類似点について報告を行なったのである。

本書の著者のウノ・ハルヴァという人がどのような経歴の人か、本書の翻訳を行なっていた当時は明らかでなかったが、その後、弘文堂の『文化人類学事典』に「ハルヴァ」の項目が立てられ、執筆を求められたのを機会に私は訳者としての責任感からそれを引き受け、情報を求めた。東京からは東海大学の荻島崇氏がフィンランド語の人名事典からのコピーを、大阪からは国立民族学博物館の庄司博史氏が『フィニシュ・ウグリシェ・フォルシュンゲン』誌から、ドイツ語の記事のコピーを提供されたので、それにもとづいて書いた。ハルヴァ（一八八二―一九四九）ははじめ、神学を修め、牧師補の職についたが、一年の後には職を辞して比較宗教学に専念したという。本書には著者のそのような経歴と関心とがあふれ出ている。

本書を翻訳する過程で、私はここに扱われた諸言語のあるものに専門的な知識をもち、あるいはもとうと努力した。またここに引かれているテクストの一部は、ブリヤート語やヤクート語で読んでみた。こうした作業を通じて、私は比較神話学的な見地から、これらの民族の伝承と、日本の伝承との間にいかに密接な平行現象があるかに強く印象づけられた。この方面での私の考察は、「モンゴル神話と日本神話」（大林太良編『日本神話の比較研究』一九七四年、法政大学出版局所収）に発表されており、また一九八五年三月十三日から十六日にかけて、大阪の国立民族学博物館が主催したシンポジウム

「日本文化の源流」でも、同様の見解を発表しておいた。それは最近小学館から刊行されたばかりの君島久子編『日本民間伝承の源流』に、「北アジア・中央アジアの神話的伝承におけるブリヤート・ヤクート核」と、いくぶん大胆な題名のもとに収められている。しかし私は小心かつ禁欲的な言語学畑で育ったので、天馬宙を馳けるがごとき大胆な仮説にまではなかなか進めない。

それにもかかわらず、「ブリヤート・ヤクート核」と日本神話との間に、私は次のような強い類似点を指摘している。すなわち天上における神々の物語、天孫の降臨、神器の授与、従者（記紀では五《いつ》伴緒《とものを》）の同行、神器の魔力による危難からの脱出、太陽女神（記紀のアマテラスとブリヤートのマンザン・グルメあるいはナラン・ゴーホン）と荒ぶる神（スサノヲとゲセル、あるいはオロンホの英雄）、荒ぶる神の天上からの追放、神の身体の各部分よりの神々の化生などである。しかし、物語そのものは文芸的生成の結果であって、より重要なのは、そこにほとんど意味を失ってはめこまれている、あるいはより正確に言うと、「遺留品」としてとどめられている神話の断片である。そのようなイデオロギー的共有物として、たとえば、唾《つば》、よだれ、鼻汁、涙など（記紀にはシラニギテ、アヲニギテとしてあらわれる）、人体からの分泌物の呪力をあげることができよう。

この種の共有物として、たとえば次のような興味深いモチーフ、しかも日本神話が変質し、あるいはそこから失われた部分を補綴《ほてつ》するものとして、次のようなブリヤートの伝承に読者の注意を喚起しておきたい。

すなわち日本の神話に登場する、神々の最初の性交を述べた、イザナギ、イザナミの、ミトノマグハヒにおいて、最初の子はヒルコ（不全の子）として生まれたために「葦船にのせて流し棄て」られた。その不全の誕生のもとになったマグハヒのありさまを、記紀のいずれもが、男神が天の柱を右から、女神が左からまわった後、女神が男神に先立って声をかけたと述べている。古事記が、そのマグハヒのやりなおしとして、「先の如往き廻り」した後に、こんどは男神から先に声をかけたのでうまくいったと述べているのに対し、日本書紀では、こんどは男神が先に声をかけただけでなく、柱のまわり方も前とは逆にしたからと述べている。ところで、やはり最初の性交を叙したブリヤートの伝承において、イザナギとイザナミに代わって登場するのは、「父なる銀の柱」（男性器）と「母なる黄金のトーノ（遊牧天幕の頂部にある煙出《けむだ》しの穴）」（女性器）であるが、それらがうまくめぐり合わなかったのは右まわりであったからで、次に左まわりにしたところ、うまく合わさって受胎をなしたと述べている。くわしくは『文学』一九七一年一一月号の拙稿「「北方系神話」について」（後に伊藤清司・大林太良編『日本神話研究1』学生社に収録）を参照されたい。ここでは「男が先に」という儒教イデオロギーの影響がまったくあらわれておらず、まわり方の誤りのみが不運な受胎の原因とされているのである。以上は、私の提唱する「ブリヤート・ヤクート核」の重要性を強調するために述べたのであるが、このことから、ハルヴァがアルタイ系語族の世界観復元のために用いた伝承群の中には、そこでは注目されずに終わっているが、日本神話研究のためには、これからなお、注意深く発掘されねばならない部分が残されていることがわかるであろう。

話をもとにもどせば、本書の翻訳の過程で私が心がけたもう一つのことは、これらの伝承を、できるだけもとの言語のテキストにもどしてたしかめたいということである。その結果は、随所にちりばめられた、諸霊や神々の名の、私による原語表記である。西洋語による著者たちの表記の最大の欠点は、母音の長短のちがいが無視されていることである。本書の中で、そのような場合があまりにも多いので、部分的に気づいたところは訂正してあるが、徹底して行なったわけではない。このような点には注意すべきであるという気持を、たとえ部分的にではあれ、実例によって示したにすぎないのである。

私につきまとって離れない、このような心づかいからすると、すぐにやめてもらいたい、耐えがたい気持のする表記がある。それはほかでもない「シャーマニズム」ということの表記そのものである。初版のあとがきにも述べておいたように、語源とされるツングース語によれば、シャマンあるいはシャマーンとするのが至当であると思われる。ロシア語、ドイツ語、フランス語等、すべて「シャマーン」を語基としているにもかかわらず、ひとり英語のみが、これを「シャーマン」とし、また英語以外の言語を扱う日本の辞書が、訳語に、わざわざ、意識的な妥協によってか、あるいは知らずしてか、英語由来の表記を用いることによって、この耳ざわりな呼び名を学術の世界にまでひろめる役割を演じているのである。奇妙なことだが、この方面の研究における、わが国の先駆者白鳥庫吉は、バンザロフのあの著名な論文を、「黒教或ひは蒙古人に於けるシャマン教」と正しく訳しているのに、一九七一年に復刊本にしたとき編者はそれを、ミハイロフスキーの論文とともに「シャーマニズムの研究」という表題をつけて一書にまとめている（本訳書第二巻二六九ページ参照）。英語発音からの表記に従えば、このマンは、英語の「人」という語源解釈を受けやすいのも、もう一つの難点である。ささいなことがらのようであるが、シャマン、あるいはどうしてもどこかをのばしたいのであればシャマーンと書き、発音することによって、この語の起源が英語ではなく、ツングース語にあることを常に想起したいし、また発想を原点にもどす効果があるだろう。

以上述べたところからも見てとれるように、ハルヴァの本訳書刊行後、いくつもの注目すべき研究書があらわれた。とりわけフィントアイゼンの、「野獣の殺戮により背負い込む罪業」を、人々にかわってみずから引き受けるシャマンの人格は、「倫論的頂点」を示すものであり、「攻撃性に彩どられた欧米の合理主義の文化」に対置したとき、北アジアのシャマニズムは「尊敬と深い内的感動を呼び醒まさずにはおかないのである」という指摘は、敬虔な宗教的回心にまで人をさそうのである。そうして、こうした研究が深まれば深まるほど、それらの研究に堅固な土台を与えたハルヴァの本書の偉大さと貴重な貢献とが、一層深く感得されるのである。

一九八九年三月　　訳者

東洋文庫版へのあとがき

本訳書がはじめて世に現れた一九七一年から、じつに四二年の歳月が流れた。この四二年は決して短い時間ではない。物理的にのみならず歴史的時間としてでもある。

まず最大のできごとは、本訳書であつかうシャマニズム現象の主要舞台でもあるソビエト連邦が崩壊したことである。ソビエト連邦の国家的教義からすれば、シャマン的世界像やそれへの信仰は許しておけないはずであるにもかかわらず、シャマニズム研究は禁圧されなかったのみならず、重要な研究が生まれ、その成果は刊行されさえしたのである。今このことを私は、アニーシモフなどによる一連の研究を念頭に置いて言っている。おそらくシャマニズムは、ソビエト社会においてもはや生きた現実の力を失い、すでに化石化してしまった、無害な太古の遺産であり、人類史を復元するための資料にとどまるにすぎないものと考えられたからであろう。

ところがソ連邦が崩壊すると、シャマニズムは過去の遺物のような研究対象としてではなく、実際に「シャマンする」ことを伴った、生きた現象としておさえがたく流れ出したのである。とりわけブリヤート・モンゴルでは隣接のモンゴル国から大シャマンが招かれ、バイカル湖のほとりでブリヤート、ハルハ両族のシャマンたちによって行われた盛大な合同の儀礼に私も招かれて、その始終をつぶさに観察したのである。そこには政治的に分断されたモンゴル人が、文化的一体性を回復しようという意図がはたらいていたように感じられた。シャマニズムは、二一世紀に入って、分断された民族の文化的・政治的統合のきっかけを作る重要な一項目になりうる可能性が示されたのである。

その一方で、若い世代の間では、一種のファッションとして人気を集めているらしい現象も見られた。あるとき、まだ二〇代のはじめとおぼしき若い女性が近づいてきて、私はシャマンですと自己紹介したうえで、シャマン連盟の会長といったような肩書きを印刷した名刺を差し出したのである。彼女の背後には少なからず、このような若い男女がいると見てとれた。これは教育も常識もある若い青年層にあらわれたシャマニズムの新しい発展である。

このような知的で意識的な、現代ネオ・シャマニズムとは別に、やはり、涸れることのない民俗呪術的な形をとったシャマニズムは、文化の底流として、断たれることなく日常生活の中で続いているように思われる。

十数年前のこと、ブリヤート・モンゴルで私は知人からシャマンに会ってみないかとすすめられた。連れていかれたのは、近代的な大きな病院の裏庭のようなところであった。言われたとおり木陰で待っていると、初老の男があらわれた。私はあらかじめ用意して持っていたウオトカのびんを取り出すと、男は一枚の硬貨を私の胸に当て、さらにその上にびんを当てて、しばらくびんの中の液体をとおして硬貨を注視していた。ややあって、その男は、「あんたのからだの中には、放射能がいっぱいたまっている」と、みたての結果を告げた。そして何か大きな病気をしなかったかと聞いた。思い当たるのは、その前年、私は脳外科の手術を受けるにあたって、たくさんX線などの波を浴びたことだ。

　男はそれ以上余計な話をすることなく、さっさと病院の中にもどっていった。彼自身、この病院の中のどこかの病室に住んでいるのだと私は想像した。このようなシャマンの活動は、ソビエト時代も断たれることなく続いていたのではないかと思われる。

　シャマン現象は、地震のような天変地異や、異民族の侵入などによるはげしい政治的・社会的不安が生ずると、日常の壁を破って活動しはじめることは、一九世紀の探検家たちが報告している。たとえば、チェルスキーは、ブリヤートを旅行中たまたま地震が起きたとき、シャマンが無我のうちに踊り歌うさまをポターニンに書き送っている。シャマンが村から村へと踊り歩くと、そこにたちまち人々が合流するありさまは、まるで一種の疫病の感染のようでさえあると。

　このばあい、シャマン現象は、人々が心理的苦境を乗り切るための生理的反応のように思われる。ソ連邦崩壊後しばらくの間は、シャマニズムを奉ずる諸民族は、抑圧体制の支配から脱出したおかげで、一般的に解放的な気分に満たされた。人々は楽観的な気分にひたっていた。しかし、二〇一〇年代に入ると、プーチン大統領の政治的なしめつけが各民族共和国に強い緊張感を与えはじめた。何よりも民族共和国の大統領が住民の投票によって選ばれるのではなく、ロシア大統領の任命制に切り替わった。こうした政治の転換による抑圧の再来が、民族の危機として感じられれば、その反応はシャマンにおける生理現象として現れ、シャマニズムが秘める、底知れぬ深層をよみがえらせる気配すら感じられる。

　シャマン現象は、宗教というよりも、宗教以前の肉体と精神の深層に宿った、真に人間的で、するどく敏感な、いつわりのない感性から湧き出る衝動であることがいよいよ明らかになっていくであろう。

次に、ソ連邦の崩壊が私の研究のうえにもたらした新しい展開について述べておきたい。それは本訳書の随所に登場するポターニンにかかわることがらである。この人がいなければ、シベリア・シャマニズムはここまで色彩豊かに描き出せなかったであろうと思われる人だが、彼は民族誌家であるにとどまらず、他の一面では、シベリアの分離・独立を生涯かけて訴える人だった。しかしソビエト期を通じて、ポターニンのこの面は触れられなかったか、あるいは注意深く避けられてきた。一八六五年、シベリア独立運動の首謀者として投獄され、十月革命に際しては、ボリシェヴィキの中央集権主義に一貫して反対した、ソビエト政権にとっては有害な人物だったからである。

三省堂から本訳書の新版が刊行された一九八九年ごろから、私はこのような面でのポターニンを注目しつづけてきた。ソビエト末期から崩壊後にかけて、ロシアでもこの人について研究が進んでいることを知り、私が新しい研究に踏み出すうえで強い励ましとなった。その成果は、本訳書につづいて刊行される、『シベリアに独立を!―諸民族の祖国《パトリ》をとりもどす』(岩波現代全書003)に盛り込んである。この本の中で、一九世紀の中ごろ、民族誌の研究が政治的な理想主義と手をたずさえて進んできたことを私は描き出そうとした。ポターニンのみならず、ペカルスキー、セロシェフスキーなどといった、本訳書の成立にとって欠かせない人たちも、ポーランドの独立を叫んだことでロシア当局に捕らえられて、シベリアに流刑となったポーランド人であった。

こうした人たちがどのような研究を行ったかを知るためにも、本訳書の原注は省略することなく、すべて収めてあるので、文献目録で確認しながら読んでいただきたい。そうすることによって、シベリア・シャマニズムの研究を集大成したウノ・ハルヴァのこの仕事が、いかに偉大なものであったかを知ることができる。

なお、毎回のあとがきで強調しておいたことを、ここでもまたくりかえして記しておかなければならない。本訳書が描き出しているのは、シャマン（あるいはエヴェンキ語などのように方言形サマン）とシャマニズムであって、決してシャーマンやシャーマニズムではないことを。「シャーマン」は英語の人名であって副大統領や軍人や教育家の名としてたびたび現れるほか、ときには「シャーマン戦車」などという物騒なしろものの名として現れることを考えれば、なおのことである。ツングース語起源のこの名を口にするときには、シャマンのマにアクセントを置くことにより、英語の人名との「同音衝突」はなんとしても避けたいところである。

最後に本訳書が「東洋文庫」の一冊になるという、栄誉ある地位を得るに至ったことでは、平凡社編集部の直井祐二さんに心からのお礼を申し上げなければならない。直井さんははやくから本訳書の、時を経てますます増していく価値に注目されておられたらしく、このたびのうれしい提案をなされたのである。本訳書の東洋文庫入りは、直井さん自身が感じておられる以上に重要なものであると私は思う。したがって訳者としての私は、四〇年も昔の訳文をもう一度原文にあたって読み直し、できるだけ、つまずきなく、味読に耐えるようにと工夫したつもりである。

自然の一部としての人間というわれわれ生物、その上に生ずる生と死のいたみにいかに心理的に適応していくか、その技術をシャマン現象の中でみつめていくとき、私たちは測ることのできない、生の意味に思いを致す手引きを得ることができるであろう。

二〇一三年三月　　訳者

田中克彦《たなかかつひこ》

1934年生まれ。東京外国語大学モンゴル語科、一橋大学大学院社会学研究科、ボン大学哲学部で、モンゴル語、言語学、民族学、文献学を学ぶ。現在、一橋大学名誉教授。著書に『ことばと国家』『言語学とは何か』『ノモンハン戦争――モンゴルと満洲国』(以上、岩波新書)、『漢字が日本語をほろぼす』(角川SSC新書)、『ことばとは何か――言語学という冒険』(講談社学術文庫)などがある。

シャマニズム2
――アルタイ系諸民族の世界像(全2巻)　東洋文庫835

2013年5月15日　初版第1刷発行

訳　者　田　中　克　彦
発行者　石　川　順　一

印　刷　創栄図書印刷株式会社
製　本　大口製本印刷株式会社

発行所　電話編集 03-3230-6579　営業 03-3230-6572　振替 00180-0-29639
〒101-0051 東京都千代田区神田神保町3-29
株式会社　平　凡　社

平凡社ホームページ http://www.heibonsha.co.jp/

ISBN 978-4-582-80835-3
NDC分類番号 163.9　全書判(17.5 cm)　総ページ 326

《東洋文庫の関連書》

- 19 東方旅行記 J・マンデヴィル著 大場正史訳
- 42 ペルシア放浪記〈托鉢僧に身をやつして〉 A・ヴァーンベーリ著 小林高四郎・杉本正年訳
- 55 デルスウ・ウザーラ〈沿海州探検行〉 アルセーニエフ著 長谷川四郎訳
- 59 オルドス口碑集《こうひしゅう》〈モンゴルの民間伝承〉 A・モスタールト著 磯野富士子訳
- 110 128 189 235 298 365 モンゴル帝国史 全六巻 ドーソン著 佐口透訳注
- 150 王書《シャー・ナーメ》〈ペルシア英雄叙事詩〉 フィルドゥスィー著 黒柳恒男訳
- 158 183 東方見聞録 全二巻 マルコ・ポーロ述 愛宕松男訳注
- 163 209 294 モンゴル秘史 全三巻〈チンギス・カン物語〉 村上正二訳注
- 197 223 228 騎馬民族史 全三巻〈正史北狄伝〉 田村実造・羽田明他訳注
- 445 異《い》域録《いきろく》〈清朝使節のロシア旅行報告〉 トゥリシェン著 今西春秋訳注 羽田明編訳
- 508 東洋における素朴主義の民族と文明主義の社会 宮崎市定著 礪波護解説

- 545 西域文明史概論・西域文化史 羽田亨著
- 566 ゲセル・ハーン物語〈モンゴル英雄叙事詩1〉 若松寛訳
- 591 ジャンガル〈モンゴル英雄叙事詩2〉 若松寛訳
- 601 614 630 659 675 691 704 705 大旅行記 全八巻 イブン・バットゥータ著 イブン・ジュザイイ編 家島彦一訳注
- 653 655 657 大唐西域記 全三巻 玄奘著 水谷真成訳注
- 694 717 740 マナス 少年篇／青年篇／壮年篇〈キルギス英雄叙事詩〉 若松寛訳
- 720 デデ・コルクトの書〈アナトリアの英雄物語集〉 菅原睦・太田かおり訳
- 761 762 中国昔話集 全二巻 馬場英子・瀬田充子・千野明日香編訳
- 786 タイガを通って〈極東シホテ・アリニ山脈横断記〉 アルセーニエフ著 田村俊介訳
- 789 ヴォルガ・ブルガール旅行記 イブン・ファドラーン著 家島彦一訳注
- 805 806 トルキスタン文化史 全二巻 V・V・バルトリド著 小松久男監訳
- 814 ウラル・バトゥル〈バシュコルト英雄叙事詩〉 坂井弘紀訳